古典文獻研究輯刊

三四編

潘美月・杜潔祥 主編

第13冊

續經義考・周易之部
（第八冊）

周懷文 著

國家圖書館出版品預行編目資料

續經義考・周易之部（第八冊）／周懷文 著 -- 初版 -- 新北市：
花木蘭文化事業有限公司，2022〔民111〕
目 8+212 面；19×26 公分
（古典文獻研究輯刊 三四編；第 13 冊）
ISBN 978-986-518-868-9（精裝）
1.CST：易經 2.CST：研究考訂
011.08   110022682

ISBN-978-986-518-868-9

9 789865 188689

古典文獻研究輯刊
三四編 第十三冊   ISBN：978-986-518-868-9

續經義考・周易之部(第八冊)

作　　者　周懷文
主　　編　潘美月、杜潔祥
總 編 輯　杜潔祥
副總編輯　楊嘉樂
編輯主任　許郁翎
編　　輯　張雅淋、潘玟靜、劉子瑄　美術編輯　陳逸婷
出　　版　花木蘭文化事業有限公司
發 行 人　高小娟
聯絡地址　235 新北市中和區中安街七二號十三樓
　　　　　電話：02-2923-1455／傳真：02-2923-1452
網　　址　http://www.huamulan.tw 信箱 service@huamulans.com
印　　刷　普羅文化出版廣告事業
初　　版　2022 年 3 月
定　　價　三四編 51 冊（精裝）台幣 130,000 元

續經義考・周易之部
（第八冊）

周懷文 著

目

次

第八冊

T

邰清泉 易解 佚

◎光緒《曹縣志》卷十四《人物志》：著有《易解》，精《禮經》。

◎孫葆田《山東通志》卷百二十七《藝文志》第十：是書見光緒《曹縣志》本傳。

◎邰清泉，字文淵。山東曹縣板城里人。讀書以窮理躬行為本。

譚愛蓮 易學南征 十四卷 佚

◎自序〔註1〕：易者盧躡之名守宮是也，一名蜥蜴，又名蝾螈，與雲通氣，與虮同形，可禱雨，能嘔雹，身色無恆，日十二變。古聖以易名經，取其變也。程子謂「易，變易也，隨時變易以從道」，可謂一言以盡之矣。夫易，所謂為天地立心、為萬民立命者也，固不可全作卜筮觀，亦不可全作義理觀，總要引之倫紀之上、返之身心之內，方得古聖前民之意。今以其略言之，初二三四五上為卦位，陰陽中正為卦德，剛柔上下為卦體，剛自某來而居某、柔自某來而居某為卦變，天健地順、雲雨山澤等為卦象。初三五為陽位、二四六為陰位，九為陽爻、六為陰爻，以陽居陽、以陰居陰為得正。二為下卦之中、五為上卦之中，居二與五為得中。假如初九為得正而不中，初六為不中不正，九二中而不正，六二正而得中，九三正而不中，六三不中不正，九四不中不正，六四正而不中，九五中而得正，六五中而不正，上九不中不正，上六正而不中。初是內卦下爻，四是外卦下爻，故初與四應。二是內卦中爻，五

〔註1〕錄自《寶慶府志》卷第百三十六《國朝耆舊傳》十一。

是外卦中爻，故二與五應。三是內卦上爻，上是外卦上爻，故三與上應。但陰與陽為正應，陰降陽升為正應之尤，若陰與陰、陽與陽則不應矣。如初六與九四、六二與九五、九三與上六則相應。若初九、九四、初六、六四、九二、九五、六二、六五、九三、上九、六三、上六皆為無應。上爻天位，中爻人位，下爻地位，此上中下三爻實具三才之位也。乾兌金震巽木離火坎水艮坤土，乾君坤藏，為大父母而生六子。八卦各以一交八而生六十四卦。五為君位，二為臣位，此六爻成列，實具五行父子君臣之道也。至於消息盈虛，或事或理或象則為時，貴賤上下亦為位。逐爻位相比為比，五乘四、四乘三、三乘二為乘，一左一右為錯，一上一下為綜。二三四五為中爻，二三四互體於下、三四五互體於上為互卦。揲蓍為占，發動為變，以及河洛經緯、先天後天等，各有精義，須博學詳說，以會其通可也。夫易道無窮，精蘊莫底，天以圖開義，羲以畫啟文，文以彖示周，周以爻發孔，自微而顯，自幽而明，自無文而有文，引而伸之，安有底止哉！竊謂夫易大端有三：有象數之易，有義理之易，有經世之易。余前所集《周易精蘊》，其於象數、義理言之備矣。經世之易乃中和之道，所以位天地而育萬物者也。故本先儒所論身心所得，因而寫成此集，以達道為經，以達德為緯，以一誠為骨。極乎不顯天載，歸於成懼慎獨，洗盡謬說以完潔淨精微之體。學者誠體乎此，則所以淑身淑世者，其亦不待他求而得之矣。自本年正月二十六戊午日起，至二月二十二癸未日書成，爰附誌其意如此。乾隆四十八年癸卯歲二月二十二日，九葉譚愛蓮淨方子敬誌。

◎乾州廳饒學泰序〔註2〕：《易學南征》者，吾師為學易者津梁之作也。吾師飭躬砥行，言必忠信，動必禮義，其學以六經為正宗、四子書為嫡派，務在踐履篤實，講貫精詳。其立教以誠敬為本、以求放心為要，儒林中君子人也。甲辰冬，自蜀過乾，因與吾廳珠泉胡先生為至交，因緣得見先生，隸弟子籍，親炙之下，如坐春風中。吾師誨人亹勉不倦，每日為諸生講授諸經。同學中有執易學問難者，因出《南征》一草相示。師之言曰：「易學之要，在存理遏欲，當自念非不愧不怍之身，則無以自立於天壤，而處多憂多懼之地，將何以自證於古今？易之蘊在乾坤之並建，易之奧在復姤之相生，故當畢取兩間之變化，以自治其身心。學於乾以自強而陽之上憂其亢，學於坤以永貞而陰之處戒其凝，則吾學始全，於效法易簡而得天下之理，自有神而明之之日

〔註2〕錄自《寶慶府志》卷第百三十六《國朝耆舊傳》十一。

矣。又必悉泯我生之功譽，以達觀其消息。警至日之閉，關學之即見天地之
心；戒金柅之女，壯學之即遇中正之理。則吾學始協於深幾。引伸而畢天下
之能事，自有會而通之之一境矣。昔北山黃公善醫，先寢食而後鍼藥；濟陰
侯生善筮，先人事而後說卦。吾之所以學易者如是。《南征》之草，不外乎克
復之心法也。夫古來無不學之聖人，而世宙有可學之天地，學者誠能存養省
察，以女子守身為存天理之方，以武夫勝敵為克人欲之法，則於易也庶幾乎！」
噫！某等於易學之亦有年矣，自經師指授以來，不勝登山觀海之歎。因請公
之世，師瞿然曰：「余之草此，聊以自愓，於先聖之藩籬固未窺萬一也，安敢
問世哉！勿妄言，罪矣！」某等拜曰：「昔鄭、王、程、朱之於易也，無非欲
使學者存省自得。今師之書乃後學寡過之方，先聖不傳之秘也。」師默然，因
示曰：「爾等為我敬書之，以就正於有道，可也。」爰與二三同志，薰沐而肅
書之。乾隆五十一年丙午六月既望，乾廳受業門生饒學泰沐手謹識。

◎胡思甲序〔註3〕：六經惟易最簡，猶必經數聖人之手而後成，蓍圓而卦
方，父作而子述，至今有疑義焉。然聖人教之，慮天下日行悔吝之途，惶迷失
措，靡所嚮方。其立言大旨，使人遷善遠罪而已。自漢以來，三家嗣興，九師
繼起，或以象數，或以義理，固各有所見，亦各有其弊。沿及程朱，議始有
定。夫易，潔淨精微者也，余處偏陬，幸因陳編修微識其略。歲戊子肄業嶽
麓，得交古梅九葉譚子。其人儒先流也，潛心經學，其立身行詣頗得易教之
遺。余幸共筆研，見其所著《周易精蘊》，淵深廣大，心竊服之。嗣後歸里授
徒，每講及易，未嘗不念老友而賦《蔓草》也，閱今十八載矣。適吾友自蜀回
楚過乾，因延請訓誨子姪。茲值大比，門人有以《易經》應舉者，因出《南
征》一草相授。余細玩之，見其精當簡確，所云深於易者，其庶幾乎！夫行己
以道德為本，而修辭以立其誠為先。若吾友者，是真能以身所行而發之言者
也。其為先聖之干城、名教之坊表而後學之津梁者，豈淺鮮哉！乾隆五十一
年丙午歲六月望武水珠泉胡思甲建新甫敬題。

◎《寶慶府志》卷第百三十六《國朝耆舊傳》十一：邃於經學，尤深於
易。著有《周易精蘊匯解》一十八卷、《翼傳質疑》五卷、《易學南征》十四
卷、《翼傳圖說》六卷。其《精蘊匯解》及《質疑》諸卷，稿初就，寫呈督學
盧文弨，甚見稱重。錢塘梁國治按察湖南，索其書觀之，欲以付刊，會遷去，
未果。

〔註3〕錄自《寶慶府志》卷第百三十六《國朝耆舊傳》十一。

◎譚愛蓮（1735～1811），別號淨方子，又署九葉山人。湖南邵陽新化人。乾隆三十三年（1768）肄業嶽麓書院，按察梁國治等譽為程朱功臣。乾隆五十六年（1791）歲貢。無他嗜，獨好藏書，家貧無力購買，每從人借讀，盡通五經，附縣學籍稍稍授徒。乾隆庚寅，闈卷出錢唐黃九敘房，以第一人薦，已中定矣，名次稍後，黃拂然攜其卷出。錢澧提學湖南，見其文，深加稱許，為刊入試牘。畢生研易，著書立說，五十年如一日。其易學得自族叔學時。晚年授徒龍源書屋，嘗有詩云：「易數妙中玄，精研五十年。著成六四卦，換得一支藤。老僕心難俗，高僧意不慳。名山留古跡，付與杖朝賢。」著有《周易精蘊匯解》十八卷、《翼傳質疑》五卷、《易學南征》十四卷、《翼傳圖說》六卷。

譚愛蓮 翼傳圖說 六卷 佚

◎自序〔註4〕：班固云：「昔孔子晚而好易，讀之韋編三絕而為之傳。」傳即十翼也。一上下兩象傳所以釋文王卦詞之意也。其法先釋名後釋詞，其釋名則雜取卦德、卦體、卦象，有兼取者，有但取其一二者，要皆以傳中首一句之義為重也。其釋詞有直據卦名而論其理者，有雜取卦象、卦德、卦體者，一則所以盡名中之緼，以見詞義之有所從來；一則以為二體之斷例，以見辭義之無所不包也。一上下兩象傳，「天行健」等以下，先儒謂之大象；「潛龍勿用陽在下」等以下，先儒謂之小象。大象傳是釋卦之上下兩象，所以示人讀伏羲之易之凡也。象則本乎羲，名則因乎文，義則斷以己，別推出一太極道理以為後世觀象之訓也。小象傳是釋兩象之六爻，所以釋周公所繫爻象之意也。或數句中取一句，或一句中取一字，其法總因位之當否、爻之中正與否而之言之也。凡此四翼，皆依經而立，是以先儒費、鄭輩遂割裂四傳，併乾坤《文言》之傳以附經中，獨《繫》《說》《序》《雜》無可支附，仍存孔師之舊。今案上下兩《繫》成位成能，首尾開合，脈絡貫通，支分節解，實為《大學》《中庸》之祖。《說卦》蹟隱深遠，統八萬四千道法之宗。《序卦》則大翼乎文王之卦詞，體似論例，包元會運世之全。《雜卦》又別立見解，似箴似銘，開《太玄》《洞極》《潛虛》《皇極》之門。乾坤又獨立《文言》，啟紀傳考通之路，凡此六翼，將千古氣數、宇宙至理靡不推闡。其精微廣大，先儒多引而未發。夫易道無窮，精蘊莫底。天以圖授羲，羲以畫啟文，文以卦示周，周以爻

〔註4〕錄自《寶慶府志》卷第百三十六《國朝耆舊傳》十一。

發孔，自微而顯，自幽而明，自無文而至有文，引而伸之，安有底窮期哉！今據鄙意將六翼詮圖，凡所論說皆以先師之言為本，以經釋傳，用易註翼，具撰成帖以附經外。第不知於先聖立言之旨少窺萬一否耶！故誌之以敬正有道焉。乾隆丁未四月望之乙卯日也。

譚愛蓮 翼傳質疑 五卷 存

鈔本

譚愛蓮 周易精蘊匯解 十八卷 存

鈔本

◎自序：昔孔子刪《詩》《書》，說者以為子夏傳其學；訂《禮》《樂》則失其業；修《春秋》，游、夏不能贊一詞。贊《周易》，說者以為商瞿授其傳。自漢以來，各有師承，歷歷可指。蓮生居僻壤，罕所見聞，里俗鄙生，至謂《易》《禮》《春秋》為孤經，讀者亦鮮，況精其微乎！間有一二業是經者，秘為珍寶，居為奇貨，常取其書觀之，則皆場屋標題，於經義固未之及也。蓮自幼時有志是書，未得門徑，往往望洋而返。及讀魏伯陽《參同契》中有云「千周爛彬彬兮，萬遍將可覩；神明或告人兮，靈明忽自悟」，乃矢志於是經，思之思之，神鬼通之，一旦恍然似有得其門戶者。伏讀《折衷》《述義》，遂於易之表裏精粗無不到，而易學之全體大用無不明矣。自是屏跡深山，洗心滌慮，焚香靜坐，採先儒之論，融眾說之精，集為《周易精蘊》十八卷，自著《翼傳質疑》五卷。稿初就，適學使盧召弓先生文弨搜羅遺書，蓮遂以稿呈正，先生書其後云：「《精蘊》融貫先儒之說，而能折其中於程朱傳義，極為可傳；《質疑》自立己見，思多創獲，於宣聖之微，亦頗窺見一斑矣，再加研究，可以附垂。」乾隆戊子，肄業嶽麓，時按察梁公國治及監司、郡守諸公咸索觀余書，稱為程朱功臣。閱己酉一病復生，庚戌貢成均，想古人多重科名，未免費日力於科舉。至嘉慶甲子，困棘闈者十八科矣。鬱鬱怏怏，病患大作。乙丑憊困不起，延至丙寅五月，氣息奄奄，乃勉坐書樓，檢數十年以來所作經史子集等書，手稿充棟，顧都無有傳吾學者，激欲付之丙丁，意又不忍。乃取篋笥易稿觀之，則已被蠹魚殘朽矣。不勝慘感，寢食俱廢，泣泫數日。思欲棄之，又廢數十年之功；欲繕書之，又恐不能卒業。乃於六月朔日著之先聖，遇履之觀。余會其意，爰於十五日之吉，設立五聖神位，登樓整席，洗手焚香，頂禮端書，簷暗閽昏，目眵手顫，忍死卒業，困苦不堪，衰老病中，每日不多。今

勉強工竣，余故幸其事之成，以待後世之知我者。故敘其源委如此。時嘉慶
十二年也。

譚大勳 費氏易林辨同 佚

◎王柏心《百柱堂全集》卷四十三《候選教諭譚君墓誌銘》：所著駢散文、
古今體詩、《讀書一得》、《讀詩一得》、《水經注刊誤》《新唐書摘繆》《明事類
編》《焦氏易林辨同》《長陽志備攷》，惟駢文及詩梓三之一。

◎譚大勳，字兆元，一字力臣。先世自巴東徙居長陽磨市。道光乙酉科
選拔貢生。嘗主郎山書院講席。

譚紘 易經詮義 佚

◎民國《東莞縣志》卷八十三《藝文署》一：《易經詮義》（國朝譚紘撰。
范《志》）。◎譚紘，廣東東莞人。著有《易經詮義》。

譚楷 周易大傳釋辨 一卷 佚

◎民國《順德縣志》卷十四《藝文略》：《周易大傳釋辨》一卷（國朝譚楷
撰）。

◎譚楷，廣東順德人。著有《周易大傳釋辨》一卷。

譚楷 周易摘疑 三卷 佚

◎民國《順德縣志》卷十四《藝文略》：《周易摘疑》三卷（國朝譚楷撰）。

◎郭汝誠序〔註5〕：易也者象也，象也者像也，六經皆言人事，《周易》
獨言天道。其義精微廣大，不可執一。其象昭示著明，不可拘泥。自漢儒徵
實、宋儒蹈虛後而《周易》之義遂有以穿鑿附會失之。來子易註並互卦、錯綜
以取義，且舉史事以申明之，多發先儒所未發，能補程朱之闕。今讀譚子穀
山《摘疑》之篇，不惟正漢宋諸儒之失，且補來子所未及。吁，可以抉經心而
執聖權矣！其妙自序盡之，所謂摘疑，非別立門戶以詆毀攻擊為能也。先儒
一時之偏見，或於一節一句一字之錯解，當時未必遂慊於心。使當時有以疑
相質而正之者，先儒亦應折服而從善。則後人摘其疑而正之，吾知先儒亦必
默契之。無他，註經者以經為主，非以註經者為主。合於經旨者信之，信其註
實信其合於經者也；不合於經旨者疑之，疑其註實疑其不合於經也。先儒本

〔註 5〕錄自民國《順德縣志》卷十四《藝文略》。

非自以為是，而靳後人之不得摘疑，則後人如有所疑，亦何妨折衷於是，而默會夫聖經以求信哉！此譚子《摘疑》一書，余決其必傳也。余尤服其貫通全經，旁徵曲引，善於求信而非輕於用疑也。是為序。

譚書 易經易解 佚

◎同治《蘇州府志》卷第一百三十八《藝文》三：譚書《易經易解》《臨江閣集》。

◎民國《震澤縣志》不分卷：《易經易解》（譚書撰）。

◎譚書，江蘇震澤（今蘇州）人。著有《易經易解》《臨江閣集》。

譚獻 復堂易貫 不分卷 存

山東藏清鈔本

◎譚獻（1832～1901），字仲修，號復堂，浙江仁和（今杭州）人。同治六年舉人。屢試禮部不第，納貲入官，署秀水縣教諭，歷知歙縣、全椒、合肥等縣。後告歸鄉里，專心著述。晚年應張之洞之邀，主湖北經心書院。又著有《復堂類集》《復堂詞話》，輯有《篋中詞》六卷。

譚熊元 周易初學易知 八卷 存

湖南省中山圖書館藏道光三年（1823）長沙周會友堂刻本

◎或題譚熊沅。

◎自序略曰〔註6〕：六經炳如日星，予於易何知？言易者亡慮數百家，予又奚贅？曰：文所以載道也，學所以明道也。道無人不有、無時不流，明之固將行之，未有不明而克行者。他書言用而或略於體，言行而或歧於天，若《易》者，開天明道之宗，時歷三古，業資數聖。括其端於象數理氣，備其旨於卦爻象傳，事無大小、時無遠近、人無聖愚，實踐莫不見易之體，即莫不可以得易之用。然其為書，至變至精至純，專門名家，窮象盡數、推理求意，尚有泥而不通、疏而無著之病，下此曾不能解其辭與其辭所由繫，又何由知之而使人人與能哉！夫三百八十四爻，指事言者惟泰與歸妹，及帝乙明夷、及文箕升、及岐山既濟，乃高宗耳。若皆以象言，左腹何以可入右肱，奚宜偏折頂，或滅之臂，或困之牛。執黃馬、乘白金，乃為車玉，且作鉉。

〔註6〕錄自同治《清泉縣志》卷十《藝文》。

臨以八月，復以七日，或龍戰而虎咥，或過祖而遇妣。甲庚之先後，巽蠱分詳；牛豕之牿牙，大畜竝列。凡此難以悉舉，聖人何故改其辭邪？因象以繫，各指所之，所謂稱名小而取類大也。故學者宜先據卦爻之辭以求辭中之象而窺象中之意，由淺悟深，即近推遠，然後知陰陽一道也、天人一理也、體用一源也。聖人作《易》以成天地之能、因貳以濟民之行，其情皆見乎辭也。予少學易，不揆檮昧，謹取先儒緒論，彙而輯之，間亦參以己見，非敢謂遽有心得也，其於易知者知之，其難知者則徐以俟之，質諸同人，或以為寡過之助云爾。

◎譚熊元，字仁山。湖南清泉人。舉人。嘉慶十九年（1814）任沅江縣教諭。

譚秀 周易卦象匯參 二卷 存

山東藏清樂易堂鈔本

山東藏稿本

續四庫影印山東藏清樂易堂鈔本

◎卷首題：受業酆文昭次原氏參訂，後學賀翰清翊宸氏校閱。

◎譚秀，字瀛芝。山東濰陽人。又著有《續錦集》十六卷。

譚學時 易學六十四卦圖傳 佚

◎譚學時，字顯子。湖南新化人。譚愛蓮族父。

譚學時 周易圖象傳解 佚

◎同治《新化縣志》卷第三十三《藝文志》一：《周易圖象傳解》（邑人譚學時撰）。

譚元颺 易經講義 三卷 佚

◎民國《開平縣志》卷三十八《藝文畧》一：《易經講義》三卷（清譚元颺譔。元颺有傳。據王《志》）。

◎譚元颺，廣東開平人。著《易經講義》三卷。

譚志道 讀易本義 佚

◎民國《東莞縣志》卷八十三《藝文畧》一：《讀易本義》（國朝譚志道撰。

張賡《志》)。

　　◎譚志道，廣東東莞人。

湯斌　乾坤兩卦解　一卷　存

　　復旦大學、山東、湖北、四川、上海藏同治九年（1870）蘇廷魁等刻湯文正公全集本

　　中州古籍出版社2003年范志亭等輯校湯斌集排印本

　　◎蕭穆《敬孚類藁》卷九《記湯文正公全集》：同治元年夏，余以事到河南，購得新印本《湯子遺書》十卷，為公門人王廷燦編輯，即《四庫全書》據以著錄者也。其文較《遺稿》本字句稍有刪節，又有《乾坤兩卦解》一卷、《洛學編》五卷、《疏稿》二卷、《家書》一卷、《擬明史稿》二十卷、《年譜》初本一卷定本一卷、《嵩談錄》三卷、《困學錄》一卷。

　　◎蕭穆《敬孚類藁》卷九《跋嵩談錄》：歲在壬戌，穆客大梁，購睢州湯文正公《湯子遺書》十卷、《洛學編》五卷、《擬明史稿》四十卷、《疏稿》《年譜》《志學》《會約》《家書》各一卷，公生平所著并事蹟具於此矣。又附刻有《乾坤兩卦解》《困學錄》《嵩談錄》各一卷，不見年譜傳狀著錄……若《乾坤兩卦解》乃公曾孫發祥所刊，間有與傳義稍異，而發明精審。公居林下，欲折衷先儒論說，自為一書，寄孫徵君書云：五經中惟《易》與《春秋》最難，故先治其難者。旋公承徵君《洛學編》之命，在康熙十二年癸丑。又五年，公應詔舉博學宏詞，遂出山，欲定之書未曾卒業。公子未刊者，以公未成之書也。今公曾孫發祥於舊篋中檢而刊之，以為足徵公窮經之苦心，可謂善繼其志者矣……若《乾坤兩卦解》確為公著，不得以非公子所刊並未見年譜傳狀著錄而疑之也。

　　◎湯斌（1627～1687），字孔伯，號荊峴，晚號潛庵。河南睢州（今睢縣）人，一說睢陽（今河南商丘南）人。順治九年進士，授檢討。丁憂家居，師孫奇逢於百泉。康熙十八年舉博學鴻詞，授侍講，與修《明史》。累官禮部尚書，改工部尚書。乾隆二年賜諡文正。又著有《春秋增注》八卷、《擬明史稿》二十卷、《潛庵先生疏稿》一卷、《徵君孫先生年譜》二卷、《孫夏峰先生年譜》二卷、《乾清門奏對記》一卷、《志學會約》一卷、《常語筆存》一卷、《湯文正公家書》一卷、《湯文正公遺書》《湯子遺書》四卷首一卷、《湯文正公全集》（一名《湯子遺書》）。

湯道煦 易學玩圖錐指 三十六卷 存

北大藏嘉慶二年（1797）茗香齋刻本

哈佛藏清木活字印本

◎光緒《撫州府志》卷六十九之一《人物志》：生平所學尤深於易，著有《易學玩圖錐指》三十六卷。

◎光緒《撫州府志》卷七十六《藝文志》：《易學玩圖錐指》三十六卷（湯道煦撰）。

◎光緒《江西通志》卷九十九《藝文略》一《國朝》：《易學玩圖錐指》三十六卷，湯道煦撰（《臨川縣志》）。

◎湯道煦，字育南。江西臨川人。性孝友，不慕榮進，力學不倦。

湯濩 讀易考略 六卷 佚

◎同治《蘇州府志》卷第一百三十六《藝文》一：湯濩《讀易考略》六卷、《春秋曆補》、《說文部序》、《六書集義》、《六書譜》、《音聲定位圖》、《楚辭古韻》四卷、《測天新說》六卷、《石鼓文詮》三卷、《歷朝大節錄》二十卷、《湖上集》、《秋懷集》、《金陵名勝集》、《雁字倡和集》。

◎湯濩，字聖弘，一字昭夔。江蘇蘇州人。又著有《春秋曆補》二卷、《楚辭古韻》四卷、《測天新說》六卷、《石鼓文詮》三卷、《歷朝大節錄》二十卷、《說文部序》、《六書集義》、《六書譜》、《音聲定位圖》數十卷、《湖上集》、《秋懷集》、《金陵名勝集》、《雁字倡和集》、《香草堂稿》。

湯聖清 周易講義 佚

◎乾隆《太平府志》卷二十六《人物志·文學》：著有《周易講義》、詩文數百篇。

◎民國《蕪湖縣志》卷五十《人物志·文學》：著有《周易講義》及詩文數百篇。

◎民國《蕪湖縣志》卷五十六《藝文志·經部》：《周易講義》（清湯聖清著）。

◎湯聖清，字澄原。安徽蕪湖人。郡庠貢士。少聰敏，攻苦精進，與兄聖教共以學行相砥礪。

湯斯祚 易學質疑 佚

◎民國《南豐縣志》卷二十七《人物傳》十二《文苑》二：著有《易學質疑》等集，見《藝文志》。

◎光緒《江西通志》卷九十九《藝文略》一《國朝》：《易學質疑》三卷，湯斯祚撰（魯鴻撰傳）。

◎湯斯祚（1684～1764），字衍之，號亦廬。江西南豐人。湯爆子。博學能詩。乾隆五年（1740）應鴻博廉正，乾隆十年（1745）任江西新昌縣訓導。乾隆二十五年庚辰（1760）以老病去職，主琴城書院講席。又著有《識之錄》十卷、《亦廬詩集》三十卷《文集》十二卷《雜著》六卷《尺牘》八卷。

湯維清 周易繫辭 不分卷 存

山東藏底稿本

◎湯維清，福建三明明溪縣人。附生。

湯維清 周易注釋 二卷 存

山東藏清鈔本

湯偉 易準 佚

◎光緒《宣城縣志》卷三十五《載籍》：《性解》《易準》《仁說注》《離騷經貫》（並湯偉著）。

◎嘉慶《寧國府志》卷二十《藝文志・書目》：《性解》《易準》《離騷經貫》，並湯偉著（宣城）。

◎嘉慶《寧國府志》卷二十九《人物志・文苑》：著有《性解》《易準註》《離騷經貫》。

◎光緒《宣城縣志》卷十八《文苑》：作《性解》《仁說註》《易準》，已刊。又《離騷經貫》藏於家。

◎湯偉，字駿公。安徽宣城人。幼奇敏，喜讀古書。家貧力農，農不贍，仍出授徒。嘗曰：「文何必法，詩何必律，吾以達吾意焉耳。」年四十始應試入邑庠。康熙庚午舉於鄉，一試禮部不第，遂遍眺名山大川，外出十八載始歸。年七十授江寧教諭，任滿遷國子監典籍，以老告歸。年九十三卒於家。

湯秀琦 讀易近解 四卷 存

中國科學院藏清初鈔本

◎目次：

上卷上：易學源流解、太極解（周子太極圖、邵子伏羲直卦圖）、圖書解一、圖書解二（河圖中宮、河圖分衍、河圖大衍、洛書）、伏羲畫卦解（伏羲畫八卦圖、伏羲畫六十四卦圖）、伏羲卦圖解（伏羲八卦圓圖、伏羲六十四卦圓圖、伏羲六十四卦方圖、方圓分層次、方圓分統類）、文王後天卦圖解（文王八卦圓圖）。

上卷下：伏羲文王卦位配河圖解（伏羲卦位配河圖、文王卦位配河圖）、羲文六十四卦次序解（伏羲正對圖、文王反對圖、八卦分三才圖）、揲蓍倚數解（揲蓍倚數本河圖、揲蓍卦扐三變左右得數圖、揲蓍卦扐三變左右六十四象圖）、揲蓍觀變解、衍變互體解（卦變圖、八卦分宮持世圖、納甲圖、八卦納甲方位圖、五卦圖、五位圖）。

中卷：上下篇義解一（程子上下篇義圖、廣程子上下篇義圖、陰陽分居上下篇圖、八重卦分居上下篇圖）、上下篇義解二（胡雙湖上下篇圖）、上下篇義解三、卦名解（孔子釋卦名義）、文王卦辭解一、文王卦辭解二、周公爻辭解一、周公爻辭解二、周公爻辭解三。

下卷：孔子彖傳解、卦體解（卦體圖、二五剛中柔中總圖）、卦德解（卦德圖）、卦象解、彖辭卦變解（彖辭言卦變十九、朱子卦變圖）、大象解、小象解、繫辭上下傳解、說卦傳解、序卦傳解、雜卦傳解一、雜卦傳解二（雜卦本圖、雜卦上下配方圖、前三十卦配坤右旋圓圖、後三十四卦乾左旋圓圖、雜卦次次圖、乾坤左右旋圖、上下篇雜卦各十二）。

◎例畧：

一、六經浩渺，學者須各自立一門庭，此程朱讀經之法也。大易六十四卦三百八十四爻，言象數者不勝其舛駁，言義理者局守乎章句，以潔靜精微之旨而其流弊若此，豈聖人作經之旨乎？琦沉酣傳註有年，而竊厭乎末流之弊，於是取義諸家，舉易中綱要分別作解，一以潔靜精微為宗。其一解未竟者復二解三解以申之，期於了白聖人作經之旨而已。至於字句訓詁則傳註具在，不復勦說，庶幾自立門庭也。

一、易道大成於孔子，而觀象繫辭則本於文周，開天設卦則始於羲皇。至羲、文所效法者，則皆天地之垂象變化也。是易書雖成於聖人之手，易道則原於天地之心，故太極為理之源，圖書為數之祖，而卦畫方位興焉，揲蓍

觀變起焉，交易變易之次序、卦爻象象之義類出焉，此大易之源流所當循序而明者也。今自太極圖書而下，次第作解以別之，分為上中下卷。上卷解羲皇圖畫及蓍法，中卷解文周卦次、彖爻，下卷解孔子十翼。語雖淺近，或於聖人天地之心少不謬於萬一爾。

一、易有古易有今易。古易傳自孔子，以文王、周公卦爻辭為上下二篇，又有《彖》《象》《繫辭》《文言》《說卦》《序卦》《雜卦》自為十篇，所謂十翼者也。孔門五傳而至田何，西漢諸儒皆祖之。今易出於費直，以《彖》《象》《文言》參入卦中，田易迨漢末已廢，而費氏獨興，遞傳至鄭康成、王弼皆祖費氏，今之行世者蓋費易也。朱子志在復古，其作《本義》篇次皆以古易為斷。朱子豈矜新立異者乎？蓋以從古易則四聖人著作本旨各有首尾可尋，今易以孔子《彖》《象》《文言》解釋經義，雖其義類相從，而四聖人著作規模則隱矣。琦今謬為作解，皆遵古易篇次，庶幾文、周、孔著作規模不相混淆，亦祖朱子意也。

一、自兩漢以來言易者皆有辭象變占，惟焦贛傳於京房者專主陰陽占察而不及義理。至魏王輔嗣則專以通辨虛無言易而不及象數。唐孔穎達、顏師古輩述而疏之，於是象數之學儒者諱而不講，然於先天聖人設卦觀象之義幾蔑如矣。即周、程諸儒尚以說理為宗，惟邵子得傳於希夷，而河洛圖書之數始顯。朱子兼取而折衷之，闡象明理，稽變考占，而義理象數始足懸於日星。今所作解則祖述朱子為多，而以周、程、張、邵佐之，即漢唐以來微旨奧義，及後儒推測盡變，有相發明者，蓋採輯以濟所未逮，期於不踰壇宇而已。

一、易中諸解，先儒俱有成義，但彼此詳署不同，當互為損益耳。獨文王上下經次序，孔子雖有《序卦傳》而舉義甚略，似不足盡文王之旨。惟程子有《上下篇義》、胡雙湖有「乾坤主上經、咸恆主下經」之說，而亦未有大暢其蘊者。至《序卦傳》後，孔子復作《雜卦》，又取上下經次第而顛倒之，仍其反對之偶而更置其先後之序，豈無意哉？諸儒俱未有定論，蓋《序卦》者文王之易而《雜卦》者孔子之易也，與伏羲方圓二圖相為表裏，其可忽而不講乎？竊嘗於二義中頗加研析，作《上下篇義解》及《雜卦傳解》，雖本先儒遺意，而管見一斑亦時有之，敢以質之通人。

一、易之有圖自河洛始，伏羲因而畫卦，而圓圖方圖興焉。蓋天地不言而成化，故假圖以顯理，羲皇有卦畫而無文字，故作圖以明象，易之有圖，由語言文字未起而設也。至文王繫辭則後天八卦一圖而外，其他不必復作矣。

以有語言文字在也。乃周、邵諸儒以來諸圖又往往間作者，豈其有加於文王哉？朱子云：「事無實據，則虛理易差」，故託諸空言，不如見諸圖象者為徵實而可據也。今於諸解之後，後即其義而為之圖，有因舊圖而表彰之者，有創新圖而辨定之者，又以佐語言文字之不及爾。

一、圖書傳自古始，先儒之說備矣，類皆尊圖於前而後繼之以說。今諸解皆在先而反列圖於後者，非敢褻視古圖也，緣先儒為說，所主在圖，故先圖而後說。琦今作解，所主在經，因明聖人作經大旨，特假圖以申之耳。況諸圖有本於古始者，又有因解義而創新之者，則解經當位正義，而立圖特其餘緒也。故先解後圖，與先儒圖說不同如此。碧潤主人湯秀琦弓菴謹識。

◎提要（題二卷）：是編取《周易圖說》為之發明，使淺顯易解。舊有圖者因圖而推衍之，舊有說而無圖者補圖以證佐之，蓋於易專主數、於數專主宋學者也。

◎光緒《江西通志》卷九十九《藝文略》一《國朝》：《讀易近解》二卷，湯秀琦撰（《四庫全書存目提要》。字弓庵。臨川人。謹按《經義考》作三卷，今從《四庫目錄》）。

◎湯秀琦（1625～1699），字小岑，又字弓庵，號碧潤。江西臨川溫泉榆坊人。幼而穎異，喜讀經史，不事章句。崇禎十三年（1643）副貢。順治三年（1646）遷汝西莊避亂。康熙五年（1666）壯遊江淮吳越，諸時賢爭與交。康熙十三年（1674）遠遷至東陽村，著書立說。康熙十七年（1678）舉歲貢，與湯斌往交甚密。為鄱陽教諭，諸校煥然一新。建玉茗書院。臨終遺詩云：「七十四載浪殷勤，專研五經要留真。詩意刻就餘麟壁，留作來生未了因。」又著有《春秋志》十五卷、《讀詩略例》、《尚書便蒙》、《論孟聚辨》、《歷代綱要學矩》、《碧潤草》、《庚辛紀遊》、《問海》、《叶音》、《經餘吟種松》、《賢厄言時藝》、《柯竹亭》。

湯寅 易經注釋 佚

◎光緒《江西通志》卷九十九《藝文略》一《國朝》：《易經注釋》，湯寅撰（《南豐縣志》）。

◎湯寅，江西南豐人。著有《易經注釋》。

湯有信 易經集解 佚

◎嘉慶《太平縣志》卷六《儒林》：著有《學庸口義》《易經集解》《朱子

四書或問記疑》及《四書典故》等書。

　　◎湯有信，字景范，號誠齋。安徽太平（今黃山）人。潛心力學，務以履踐篤實為要。雍正四年，大學生孫嘉淦以人品端方保舉河西令，旋補浙江嘉興令。政尚寬厚，民多感化。平生為學剖晰濂洛關閩源流，張伯行稱為理學正宗。

湯豫誠　周易象說　四卷　存

　　河南藏清鈔湯川南遺書本

　　◎湯豫誠（1673～1747），字素一，號川南。河南儀封（今蘭考）人。湯斌族孫。康熙四十八年進士，五十九年授海豐知縣，三年報最，升東昌府知府，又擢山東督糧道。因中傷改任戶部員外郎。又著有《四書困學編》、《詩經說略》、《春秋訂誤》、《清泉堂政略》等。宣統元年（1909）特旨入祀鄉賢祠。

唐彪　身易　一卷　存

　　山東藏康熙三十九年（1700）刻昭代叢書本

　　山東藏道光中吳江沈氏世楷堂刻昭代叢書本

　　◎光緒《蘭溪縣志》卷十三《人物志》：以明經任會籍、長興、仁和訓導，課授生徒，皆有條緒可遵。存心仁恕，立論和易。嘗問學於黃梨洲、毛西河之門。胸羅萬卷而原本於道，仇滄柱稱為金華名宿。解職後益力於學，所著有《身易》二篇、《人生必讀書》、《讀書作文譜》、《父師善誘法》等書。

　　◎唐彪，字翼修。浙江蘭溪人。曾受學於應嗣寅（1619～1687）、王言遠。又著有《父師善誘法》《讀書作文譜》，合稱《家塾教學法》。

唐吉漢　周易實事　十五卷　首一卷　存

　　雲南藏鈔本

　　四川藏清成都明達堂刻本

　　◎或著錄作者為文嗣，實則文嗣為唐氏號。

　　◎目錄：自序、作易源流辨、易學歧途辨、卷首易實事象、上經卷一至七、下經卷八至十一、繫辭傳卷十二、說卦傳卷十三、序卦傳卷十四、雜卦傳卷十五。

　　◎乾隆五十六年序謂於作噩冬棄舉子業，於作噩夏遇師授此心法，「嗣乃

今而知易有傳授心法，非可以聰明而能悟也，嗣自作照冬，棄舉學業，留心易學如是也」、「易字是易道實事之象」、「方是易之實事，方是易之骨髓。」逐句注講。

◎范照蘭《著菴先生年譜》道光戊申四十三歲：夏四聖復以易全經理象數實事授之，作《周易辨真自訓詳解》（後改名《周易實事》），隱其名曰文嗣馨生子。其註易也，朝夕居樓中，齋沐焚香，屏除事物，夜授一卦，晝即書之，百餘日而初稿成。

◎唐吉漢，字維炳，別號著菴。江西豫章（今南昌）人。喜讀周易，書齋名「易室」。

唐吉會　周易纂注　佚

◎光緒《湘潭縣志》卷十《藝文》：《周易纂注》（唐吉會撰。吉會有傳）。

◎唐吉會，湘潭人。貢生。著有《周易纂注》。

唐吉士　易象圖說　佚

◎咸豐《順德縣志》卷之十七《藝文略》一：《易象圖說》《周易引解》（並國朝唐吉士撰）。

◎唐吉士，廣東順德人。著有《易象圖說》《周易引解》。

唐吉士　周易引解　佚

◎咸豐《順德縣志》卷之十七《藝文略》一：《易象圖說》《周易引解》（並國朝唐吉士撰）。

唐建中　周易義疏　佚

◎彭維新《墨香閣集》卷八《翰林院庶吉士唐君赤子墓誌銘》：四歲受書里塾，目數行下。年餘，四子書、《易》、《書》、《詩》、《孝經》、小學悉能記誦……著有《周易／毛詩義疏》《國語／國策糾正》，豎義創闢，多前人所未發。詩文皆有奇氣，無因襲語。鍾退谷、譚寒河，君鄉先輩也，幼時即抨擊其著述。素與方靈皋友善，詔九卿舉博學宏辭，靈皋時為小宗伯，欲舉君，慮其不赴，使客喻意。君大詫，曰：「欲薦而使我知，此典不光矣。」峻拒再四而止。

◎唐建中，字赤子，一字怍人。湖北竟陵人。卒於揚州。著有《周易義

疏》《毛詩義疏》《國語糾正》《國策糾正》。

唐鑑 讀易反身錄 一卷 存

南京藏嘉慶十九年（1814）刻本

◎周按：此書有題小岱山人撰者，以其字號著錄也。

◎曾國藩《曾文正公文集》卷三《皇清誥授通奉大夫二品銜太常寺卿諡確慎唐公墓誌銘》：在廣西著《讀易反身錄》。

◎唐鑑（1778～1861），字栗生、澤翁，號鏡海（敬楷），又稱小岱山人。湖南長沙府善化縣人。因祖母譚氏、父仲勉及配寧夫人皆葬於山東肥城，以父命徙籍山東，故又為肥城人。嘉慶十四年進士，選庶吉士，散館授檢討，官至太常寺卿。又著有《讀禮小事記》二卷、《四經拾遺》四卷、《國朝學案小識》十四卷、《朱子學案》八十卷、《畿輔水利備覽》八卷、《平瑤紀略》二卷、《省身日課》十卷，《朱子年譜考異》、《四砭齋省身日課》等。

唐鑑 讀易識 二卷 佚

◎曾國藩《皇清誥授通奉大夫二品銜太常寺清諡確慎唐公墓誌銘》：晚歲著《讀易識》。

◎羅汝懷《綠漪草堂文集》卷二十《兵部尚書雲貴總督善化賀公傳》：晚尤致力《周易》，時有獨得，郵書唐太常鑑反覆論之，不為苟同。

唐鑑 易牖 二卷 佚

◎曾國藩《皇清誥授通奉大夫二品銜太常寺清諡確慎唐公墓誌銘》：及入為九卿，又著《易牖》《學案小識》等書。扶掖賢俊，倡導正學。時如今相國倭仁艮峯、侍郎吳廷棟竹如、侍御竇垿蘭泉、何文貞公桂珍輩，皆從公考德問業。國藩亦追陪几杖商摧古今。

◎光緒十年黃膺《國朝學案小識重刊後跋》：竊維公生平志朱子之志，學朱子之學，慎思明辨，篤信謹守，無稍依違馳雜於其間，纂述凡百餘卷。曰《易牖》，曰《讀易識》，曰《四經拾遺》，格致之書也。曰《讀易反身錄》，曰《讀禮小事記》，曰《四砭齋省身日課》，修齊誠正之書也。曰《畿輔水利備覽》，曰《平瑤紀略》，治國平天下之書也。曰《朱子學案》，洎是編，則統格致誠正修齊治平而一以貫之也。公之書悉本之朱子，即公之學案也，亦即國朝諸先生宗朱學朱者之學案也。

◎賀長齡《復唐鏡海同年書》〔註7〕：大著《易牖》奉繳承命作序，自忖夙少研究，雖近喜讀易，而所得至淺，深恐膚末無當，遲回久之。然盛意不可虛也，謹撰數行以報，惟裁鑑焉。竊以易道甚大，而立象盡意一語最得先天之妙。盈天地間皆象也，不可盡也，而大指不外陰陽。伏羲但以畫畫依稀像之，不著一物而無物不包。我夫子每於《象傳》旁推交通，贊其時義、時用之大，於豫隨十二卦特示其例，使天下後世知易之一書直如造物之無盡藏，終身觀玩無有窮已。尊著極力推闡，殆亦此意。近讀寶應喬氏《易俟》，見其於我夫子《彖傳》《象傳》所以發文周之蘊者實能有所闡明，深得贊易本指；間有不遵《本義》處，則皆取正於傳，衡裁頗當。其於《彖傳》中剛柔往來上下則取來氏「兩卦相綜則不用卦變」之說，似為得之。惟卦變以渙自否來，否之二進而居渙之四，故曰渙其羣；以三陰之中去其一，則羣散也；曰渙有丘，則進而居四，如丘之高也；曰匪夷所思，以非三陰等輩所及料也，似又恰當。若蘇氏以三百八十四爻皆乾坤六爻之剛柔所往來上下，故曰周流六虛，其說自圓通無滯。究以何者為正解，請詳示之。喬氏於坤六五不主臣道，而以文景恭儉之主當之，與尊著之以皋夔稷契言者異其意，蓋以五為君位不可屬之臣耳，似稍泥，易〔註8〕固不可為典要也。至於明夷復等卦則以上爻屬之君，以其失位也。又如師革大有等卦之上爻則皆謂統論全卦之義而不專主本爻，所見卻是。何如，何如？近有遵義童生徐元禧，年才三十三，著有《周易廣傳》。其名書之意，蓋以推廣我夫子之傳義，而不敢自出意見，其大指則以河圖為太極，而於河圖之數極其推闡，頗有發明。又稱引其先兄某《雜卦圖說》，蓋將雜卦繪圖平列靜玩，悟出我夫子當日所以云云之意。若僅作反對說，則序卦詳之矣，何取乎雜亂各卦復衍一番乎？此說似前人所未及，頗有意義，寸楮不能詳也。每念吾人處世，承乘比應四字盡之，而文之序卦，一反一覆，尤周盡世情之變。所以處之者，惟審乎時與位耳。剛柔取其相應，而有時以不應為善；剛柔取其當位，而有時以不當為善，則皆視乎卦義。而其道屢遷，要之惟其正耳。故乾卦開首即曰利貞，六十四卦皆同此義，容有貞凶、貞厲，未有利不貞者，此吾輩安身立命之符也。大著所云吉凶在心不在占，可謂一言以蔽之。故曰君子所居而安者，易之序也；所樂而玩者，爻之詞也。又曰君子居則觀其象而玩其詞，動則觀其變而玩其占，是以自天佑之吉無不利，比如

〔註7〕錄自賀長齡《耐庵文存》卷六。
〔註8〕《湖湘文庫》標為「似稍泥易」，疑誤。

伊川之踐履盡易則天人合矣。高山仰止景行行止，雖不能至，然心嚮往之。微有商者，昔安溪先生嘗詔其徒，當如橫渠修詞之法，抉窈微，尚體要，力去宋以後之冗長。今觀榕村書良然。竊意晚年撰著宜用此法，異時藏山傳人，亦約而易守。何如，何如？

◎賀長齡《耐庵文存》卷六《復唐鏡海同年論易第三書》：差旋得手教，反覆誦繹，益我良多，敬佩敬佩。弟於易學不但全無心得，即粗淺文義亦尚未了徹，而性頗好之，好之而又不能潛玩精思，開卷欣然，掩卷輒復茫然。此所以鹵莽滅裂，內之既無以養其心，外之又不能以應事，真吾夫子所謂德之棄者。每一循省，不自覺其愧汗之交集也。惟於朱子所謂易為卜筮作者，始而不免惶惑，久之乃信。今則信之益深，雖屢經前賢抨擊，終以其說為不可易。來教謂伏羲作易以前，民用非為著而何？固亦深然其說矣。而又謂至秦乃列卜筮家，以為知術而不知道，此自京、焦以來用易者之失，而卜筮之本指豈然哉？古之時與天近，凡舉一事必筮而後行，每誦「齋戒以神明其德」之語，覺古人無時無處不臨以天，即一卜筮而格致誠正之學畢舉矣，朱子所謂至粗而有至精者存也。若專以理言，則恐語精而遺粗，賢愚不能皆獲其用，而於吉凶與民同患之旨微隔一塵矣。此朱子所指當時言易者之失，但從中半截說起，忘卻上半截根源也。夫夫子之十繫固專以理言，然亦就卦爻中推說其理耳。所謂聖人之蘊因卦以發也，而聖人之精則朱子所謂本義也。《周官》三易掌於太卜而不列於造士之四術，似非至秦而始以為卜筮之書也。易至難言，果能心通其意，雖當一物未交，而觀象玩詞無不可作占觀。朱子每以靈旗課舉似學者，此意殊微妙可思，何如，何如。來教又以先天圖為無此理，謂天上地下居然一否卦，離東坎西則無春秋，「天地定位」一節不可以相對言。先生研玩功深，非確有所見豈能為是言？而反之於心仍有未帖然者，亦不敢不貢其愚。朱子以邵子推卦畫相生之次第，為易之宗祖，而先天大圓圖則左陽右陰根互相生之次第，非以節候言也，而何離東坎西遂嫌於無春秋乎？地天交而為泰，此自後一截說話，故《序》於乾坤十卦之後，而天上地下則定位之所以為定也，似不可以否言。先天對待後天流行，先入之說且姑置勿論，第玩《說卦傳》「故水火相逮，雷風不相悖，然後能成變化，既成萬物也」，吾夫子之意似謂有先天之對待以立其體，方有後天之流行以致其用，所以發羲、文兩圖相成之妙者於此可見，何如，何如。夫子於睽上九見豕、載鬼諸象不釋一詞，而以「羣疑」二字渾之，此言易者之定宗也。漢以來言象者誠如來

教不免傅會穿鑿之失，吾輩今日言易自當掃除一切，庶幾無失潔淨精微之旨。然朱子嘗言易之取象固必有所自來，而其為說必已具於太卜之官，顧今不可復考，則姑闕之。而直據詞中之象以求象中之意，使足以為訓戒而決吉凶，其亦可矣，然亦不可直謂為假設而遽欲忘之也。數語似最圓到，何如，何如。居恆嘗謂易為天書，非人智慮所能為而實須臾不可離。舉目皆易，學者猶可彷彿；踐履皆易，則非大賢以上不能。來教謂只患義不精不患不能占，馴致其道，將所謂極深而研幾者於是乎在矣，而何占之非學，何學之非占哉？凡此瞽說，皆淵照所已及，而見未謂當者，今輒復以瀆陳，非敢膠執鄙見也，中所未安不敢自匿，且欲借為承教之地，或一再往復，更有以發前教之所未宣乎？幸望，幸望！

唐三復 周易精義 不分卷 存

山東藏民國初鈔本（1947 年佚名批點）

唐三復批點 易道真傳 五卷 存

山東藏漢聖學社 1930 年刻漢口胡長茂印本（題三復居士批點）
◎宋陳摶原撰。

唐昇 二極圖經 佚

◎民國《當塗縣志・人物志・文學》：髫齡時即明天文、精易理，曹洛禋歎為天授。著有《二極圖經》一卷（曹洛禋《留影雜紀》）。
◎唐昇，字旭如。安徽當塗人。康熙間在世。

唐守誠 來氏易注 佚

◎唐守誠，字馨丹，號真峰。雲南曲靖南寧人。嘉慶庚午（1810）舉人。道光丙午大挑一等，得大姚知縣。不樂為吏，呈請改教職。歷官通海縣訓導、廣南府教授。在通海尤久。專意著述。凡經史子集無不摘要手鈔，不精其義不止。諸經多有註解。又著有《山川形勢考》《亦夢軒集》《留暉草》《寄齋草》等書，多未刊行。

唐守誠 周易淺述 六卷 未見

◎光緒《續雲南通志稿》著錄光緒昆明刻本

◎周按：是書引證史傳闡釋易理，解說簡明。

唐守誠 周易新解 六卷 存

光緒十二年（1886）刻兩節本

◎周按：是書引證史傳解說易理，採《周易折中》及《來注》以釋易，簡略淺近。書為兩節本，上層引證來說及史事以釋卦爻之義，下層解說文法。其得失可參尚秉和《易學羣書評議》卷四。

唐世大 易經叶韻 一卷 存

國圖藏乾隆二十年（1755）刻本

◎光緒《益都縣圖志》志二十一《益都縣藝文志》：國朝唐世大（有傳）《五經便覽》《四書領韻》（俱無卷數。二書皆刊行本。《五經便覽》者，《周易叶韻》《毛詩叶韻》《書／禮集言》《春秋摘字》也。《四書領韻》者，因反切非幼學所知，用漢儒讀若之例，意在正讀，旁及點畫，誠課幼之善本、小學之指南也）《四書字彙》（無卷數）《講約》一本（凡二十條）。

◎周按：國圖藏乾隆二十年（1755）刻本唐世大《易詩叶韻》二卷，疑為《周易叶韻》《毛詩叶韻》二書合刊。

◎唐世大，字于京。山東益都南仇人。雍正初舉於鄉，官東阿教諭。生平著述甚富，稿多不存。

唐文 易解 佚

◎道光《續修桐城縣志》卷之十六《人物志‧文苑》：所著有《易／詩／書／春秋解》。

◎道光《續修桐城縣志》卷二十一《藝文志》：《易解》《詩解》《書解》《春秋解》（唐文撰）。

◎唐文，字觀朝，號夢元。安徽桐城人。縣學生。博學好古，教授於鄉，因材誘掖，後學多所成就。生平言行不苟，尤篤於宗族。

唐文治 讀易提綱 一卷 存

十三經提綱本

◎唐文治《茹經先生自訂年譜》民國七年：冬，編《十三經提綱》，《易》《書》《詩》《三禮》成。

◎唐文治《茹經先生自訂年譜》民國八年：編《十三經提綱》，《春秋左氏》《公羊》《穀梁》三傳，《論語》《孝經》《爾雅》《孟子》成。合上年所編，共分二卷。是編之意，專為開示初學讀經門徑，後人得此，當不至畏難止矣。

◎唐文治（1865～1954），字穎侯，號蔚芝，晚號茹經。江蘇太倉人，1912年定居無錫。曾入南菁書院，師黃元同、王先謙。光緒十八年（1892）進士，官至農工商部左侍郎兼署理尚書。後潛心教育，任上海高等實業學堂、郵傳部高等商船學堂監督，創辦私立無錫中學及無錫國專。又著有《十三經提綱》《尚書大義》《詩經大義》《國文大義》《論語大義》《孟子大義》《國文經緯貫通大義》《茹經堂文集》《茹經先生自訂年譜》《紫陽學術發微》《陽明學術發微》等。

唐文治 易微言 佚

◎唐文治《周易消息大義》卷四《學易反身錄》：有學易之道，有占易之法。君子觀其象而玩其辭，學易之道也；動則觀其變而玩其占，占易之法也。《論語》：「五十以學易，可以無大過」，學易之道也；「不恆其德，或承之羞」、「子曰：不占而已矣」，占易之法也。然則學易者而後能占，而占易者必本于學。二者相需要，必反諸身心而後歸于實用。蹇之大象傳曰：「君子以反身修德」，蓋古聖人經歷世變，既竭心思知以藏往，示人以吉凶悔吝、進退存亡得失之道，莫非修身之標準。而後世治易者，或穿鑿象數，或張皇幽渺，是豈聖門之家法哉？！文治讀易數十年於茲，嘗作《易微言》，刊入《讀易提綱》。茲復取讀《繫辭傳》心得之處，摘錄為一編。雖無當于聖道之萬一，而於修身正心、應世接物、講學為政諸大端，舉不外是。蓋首列三章，性理學之權輿也；次列釋卦爻，十九節與末九卦所陳則處世之要道也。將以作為家訓、校訓並作為國訓焉（研究章次，務讀全經）。

唐文治 周易消息大義 四卷 首一卷 存

山東藏 1934 年唐氏鉛印無錫國學專修學校叢書之六本

臺灣文聽閣圖書有限公司 2009 年林慶彰主編民國時期經學叢書本

華東師範大學出版社 2012 年歷代文史要籍注釋選刊高峰點校本

◎目錄：卷首八卦取象歌並名義、分宮卦象歌並釋義、十二辟卦消息圖。卷一乾坤二卦大義。卷二復臨泰大傳夬五卦大義、卷三姤遯否觀剝五卦

大義。卷四學易反身錄、周易應讀書目表。

◎周易消息大義自敘：夫易何為者也？致廣大而言之，冒天下之道，通天下之志，定天下之業也。盡精微而言之，極深研幾，窮理盡性以至於命也。而究其奧旨，要歸於古聖伏羲所言消息之教，陽用事為息，陰用事為消也。文王傳其教，於乾、坤、蠱、臨、復諸卦言之。周公傳其教，於坤初、明夷五、升上言之。孔子傳其教，於泰傳曰「君子道長，小人道消」，否傳曰「小人道長，君子道消」，此言國家治亂之消息也；於剝傳曰「君子尚消息盈虛」，於復傳曰「剛長，復，其見天地之心」，此言人心善惡之消息也；於豐傳曰「日昃月食，天地盈虛，與時消息」，此言天地間氣化之消息也（此特以辭而言，若論象數，則六十四卦發揮旁通，無非消息之周流也）。孟子傳其教，曰：「日夜之所息，平旦之氣，好惡與人相近。得其養，無物不長；失其養，無物不消。」引孔子曰：「操則存，舍則亡。」操存，陽者，息也；舍亡，陰者，消也。因一心之存亡，推之即一身一家之存亡，又推之則一國天下之存亡。消息之幾，危乎微乎！《易》類萬物之情，實則格物之書。《大學》言「致知在格物」，後人聚訟紛如，不知其大義備於易，末學自不識爾。《大象傳》言「厚德載物」、「類族辨物」、「稱物平施」、「育萬物」、「言有物」，皆格物學也。《說卦傳》「帝出乎震」章說震、巽七卦，皆言萬物。《序卦傳》言「物穉」、「物畜」、「物不可以終通」、「終否」、「終盡」、「終過」之類，皆格物學也，實皆消息也。《繫辭傳》言「無有遠近幽深，遂知來物」、「有不善未嘗不知」，是即鄭君所謂「知於善深則來善物」也；又言「乾知大始，坤作成物」、「易簡而天下之理得」、「雜物撰德，辨是與非」，是即朱子所謂「窮至事物之理也」。鄭君、朱子皆本易理釋《大學》也。而握其樞機，則自復「小而辨物」，極之「開物成務」、「先知覺後知，先覺覺後覺」，因一心之消息，推及於身與家與國與天下之消息，舉凡廢興存亡、進退得喪、風俗遷流、運會變革，不外消息之幾。危乎微乎！人第知格物之學，探賾索隱，足以知周萬物，道濟天下，庸詎知皆消息之隱藏於其中乎！正學榛莽，異說紛龐，人心如矛戟也，人命如草芥也。吾為此痛，爰本天地大生之德，發明消息大義，將以曉學者，達神恉，正人心，拯人命，吉凶與民同患。樂民之樂，是為比樂；憂民之憂，是為師憂。危者安其位，亡者保其存，亂者有其治，其殆庶幾乎！癸酉季冬月，唐文治自敘於無錫國學專修學校。

光緒乙酉，文治年二十一，受易於定海黃元同先生之門。先生易學專

家，著有《十翼後錄》八十卷，漢宋兼採。每談易義，口講指畫，孳孳不倦。文治爰擬撰《周易大義》，僅成數卦，旋橐筆津沽，遊宦京師，遂中輟。己酉，年四十五，講易於上海南洋大學。諸生科學繁重，義取顯明，僅採《程傳》與項平甫先生《周易玩辭》、楊誠齋先生《易傳》，編輯教授，亦未能成書。甲子，年六十，講易於無錫國學專修館。復博考漢宋諸家之說，間下己意。其有未明者，輒與友人吳縣曹君叔彥往復討論，獲益非尠。編成《消息大義》三卷並附《學易反身錄》一卷，蓋已三易稿矣。茌苒數十年，所造僅止於此，深用疚恨。《易》之為書，天道之顯，性命之藏，聖功之鑰，陰陽動靜幽明之故，禮樂之精微，鬼神之屈伸，仁義之大用，治亂吉凶生死之數，莫不悉備，所以開物以成務，崇德而廣業。由正心、修身，達於治國、平天下，要皆歸於實用，故曰精義入神以致用也。而後儒溺於圖像，牽於訓詁，假於時日、風候、占驗，以矜奇而炫異，誤哉！誤哉！茲編之作，本於孔聖洗心、寡過、其要無咎，與亞聖正人心息邪說之旨，而於陽息陰消之精蘊、君子小人進退之大原尤三致意焉。至於先儒家法通例，略加蒐錄，尚多疏漏。蓋不過為教授之書，略示門徑。若學者以為取足於是，則重吾之過矣。文治附記。

唐文治 周易憂患九卦大義 一卷 存

民國鉛印茹經堂新著本

唐文治輯校 周易讀本 四卷 附五贊筮儀卦歌圖說 存

民國醒園刻十三經讀本本

◎朱熹本義，唐文治輯校。

唐文治批點 周易程氏傳 四卷 存

上圖藏光緒刻本

◎宋程頤原撰。

唐咸和 周易遵孔 四卷 佚

◎光緒《滋陽縣志》卷八《人物傳》：著有《周易遵孔》四卷藏於家。

◎唐咸和，字介石。山東滋陽人。廩貢。少有文行，兼精岐黃。由例貢生官訓導，歷任招遠、鉅野二學。

唐獻采 易說偶鈔 六卷 存

臺灣藏稿本

◎唐獻采，浙江桐鄉人。唐如柏父。贈奉直大夫。

唐敦謙 易古興鈔 十二卷 首一卷 存

湖南大學、上海藏同治七年（1868）邵州唐氏棣商樓刻本

◎自序〔註9〕：人麻雀三伐，毛龜五出首，不可不謂不負於古乎？胅而王安坐磯、丁令題柱，今莫得而睹矣。墜經洗耳蕆，聞襄沙騷賦，不可謂不湮於古乎？胅而跂望河洋、游洄湘浦，今又在何許矣。惟其資天事父資地事母，浩浩兮性天，淵淵兮靈府，居仁之安宅，由義之正路。舉世譽之如浮雲，眾人非之等敝羽，游心嬰兒，無好無惡。故其發於言也，大無不包細無不與，從之而塞乎兩閒，衡之而薄乎四寓，質之鬼神而無疑，迄及蠻貊而莫阻，是為合古之道。今夫易，三古生生之譜也，黃、唐為宗，羲、燧為祖，文、周似續，相後雖長，至仲尼猶旦暮也。嬴氏暴虐，咸陽烈苣，《易》以卜筮，用幸免於火。迨漢徵求遺經於草垺，一庖犧之開物成務也。傳授於田、楊、施、孟諸家，一文周繫辭之過遇也。馬、鄭、陸、虞之分條析縷，一孔子集大成以閎眾甫也。慨自蒼奸隕祚，戼金當午，儒術聿興，遇其妃主，撼希微於煨盡，述先喆以待來者。士而有志好古，其非斯人之徒與而誰與？若夫輔嗣甥舅，別有旨趣，其忘蹏筌為得魚兔，得言忘象，職是之故，譬歸邱林而解綦組、厭粱肉而甘菽茹，納乾巛於粟黍、挹滇滓於牖戶，物色在牝牡驪黃之外，殊不屑度之寸寸、量之銖銖。彼謂其埽象而恬憺是慕，匪直古人銜冤莫訴，並將欺岡後人而適以自誤也。敦生逢不辰，幼小失怙。棣商樓上迭相規，檼筮天火於首望，定交談天之下武。嗣為兄弟，佗山誼膴。蘿谷先生，寔維仲甫，兒古心奇，稽古功苦。通古神之乾雷，精古聖之靈素。放先天之臆說，抉太極之科斗。風雨雞鳴，不時羣處。半登鬼錄，古阡星聚。山陽鄰篷，幽思瘛呂。廑存向秀，涼涼踽踽。不得已而，病蠱抽緒。樓居十季，載離寒暑。寢食弗遑，忘乎其所。漁獵丙丁，專致甲部。曰《易古興》也，則純以象數時氣為主；曰《書古訓》也，則安國早世，不逮事於巫蠱；曰《詩古式》也，則餕餖卜、毛之大小序；曰《春秋古史》也，則三傳罅漏曷勝苴補；曰《禮古典》而《樂古章》也，則下學操縵襍般而上悟。凡茲言必己出，

〔註9〕又見於同治《新化縣志》卷三十三《藝文志》一。

義非襲取。苟瓦合而爭鳴,盉玉寡而孤鉒!任惡良自心知,庶鄭北海之緘發起云尒。邑司馬君魏仲芸能讀宦學之貽書,悉丹鉛而黜黮。簡練孫吳而腹有甲兵,汜覽方志而籌堪借箸。陽湖惲中丞聞其風度,壯其氣努,辟以印書,授以資斧,閎謀乘倅,睿選貔虎。命曰安寶營,利用禦寇於伏莽。同治六年,木樨香吐,斅夾《易古興鈔》而越若來,蓋曰攙摼而就準繩規矩。仲子乃轉為容於太守杜鶴田公祖,迹其視民則目陽、愛士則身頮,遂慫恩付梓而媵之以敘。嗟乎!世固不乏屠酤兒貪厥賈利倍五,封阿陼豪婬賭,一揮綽而輒破不貲之數。嵒人骨欠姸嫵,為溫飽而倔,強要齎挩,微仲子永肩一心以助,予曾不得以覆醬瓿,毋寧醫衍陳奔,老骳蟫咀,偕艸木終古而黰腐也歟!

◎太谷杜瑞聯序〔註10〕:咸豐戊午,余奉命典試楚南,訪屈宋之遺徽,攬沅湘之勝概,雖梗柟杞梓,美不勝收,而入彀中者類多知名之士。他日藍謝青成,勳垂竹帛,厚有企矚焉。迨今上嗣統之五年,余由諫垣出守邵州,沿途所經,但見山水奇秀,真氣鬱蟠,無怪乎人材之傑出也。蓋寶郡為召伯循行之地,遺愛猶存。至宋濂溪周子以永州別駕權邵州軍,樂育英才,闡明正學,故生其間者多嗜古窮經之彥。余學陋才輇,良用自媿,然又竊幸與此邦人士之大有緣也。先是陽湖惲中丞因頻年軍務未竣,邊防緊要,箐林叢藪,未免戒心,迺仿漢亭長察盜之法,於郡郛置安寶營,辟授魏司馬仲芸領之。司馬博學能文章,自粵逆竄境,捐資貲倡團,以捍衛鄉梓為己任。余蒞任以來,謹率先宗杜母之彝訓,朽索馭駟,實司馬裨助之力居多。明年秋仲以其同邑唐赤兌布衣《易古興》一裘見示,並囑敘言以弁其端。夫易之為名何昉乎?許氏云「日月為易」、《莊子》云「易以導陰陽」、《繫傳》云「陰陽之義配日月」是也。顧易以日月合文為名,日月於卦象一坎離爾。法象莫大乎天地,曷為舍諸?蓋陰陽之道形而上者,非日月無以觀法象。譬諸人身,天地其形骸,日月則五官之耳目、五臟之心腎也。人苟外而聾盲內而水火不濟,生生之理不幾熄乎?《繫傳》云「生生之謂易」,又云「易行乎其中」,又云「易立乎其中」,日月合文,蓋取諸此。余嘗竊憾畫卦象辭之間必有闕文,如「履虎尾不咥人亨」七字連讀,則象言乎象者無徵;履字絕句,則觀其象辭又書不盡言,聖人之意不可見。他如否之「匪人習坎有孚維心亨」、艮「其背不喪其身」諸象亦肰。夫畫卦之始有象無文,自倉頡刱造、黃帝正名百物,而乾坤

〔註10〕又見於同治《新化縣志》卷三十三《藝文志》一。

屯蒙諸名以著，彖辭首題卦名，文王端有稟承，如《爾雅・釋詁／訓／言》之類，但不知何以遺佚也。卡兌此書，於畫卦後跳行補卦名，乃跳行書彖辭，實獲我心。閉戶造車，出門合轍，潛思細玩，不覺渙然冰釋矣。若夫以經解經，不空不鑿，所謂言有物也。又以天地之心為乾元坤元，即老子所謂恍兮惚兮其中有物，尤足徵聖人竊比之學。自非天地為胸懷、日月為眼目，烏能辨此。其讀書匪直得閒矣，是千古慧炬矣。卡子少孤，依母昆季八人，鄉黨宗族稱其孝友。與卡子葳相為授受，殆亦東坡、潁濱兩先生。其人者講學於棣商樓，卻埽修業，侶漁樵而儕農圃，田稚蓬頭，山妻拍髻，隨時求志。其人同心其利斷金，同心之言其臭如蘭，願與卡子觀其象而玩其辭，觀其變而玩其占焉。卡子籍甚，靡竟荊衡，無翼而飛，不脛而走，式是吹劍一唊，以為仡仡耨經者勸。

◎尚秉和《易說評議》卷九有評議可參。

◎唐敫謙，字叔兌。湖南興化人。布衣。工詩文。室名棣商樓。於諸經各有撰述。而於易尤嗜。又著有《易古興鈔》十二卷、《書古訓》、《詩古式》、《春秋古史》、《禮古典》、《樂古章》六書。

唐勳 易經覺語 佚

◎道光《阜陽縣志》卷十一《人物志》一《宦績》：著有《易經覺語》《尚書參詳》《詩經話》《論語類編》《一元消長統天八卦方位圖說》《格致誠正圖說》《修齊治平圖說》《楚游草》《歷下吟》《驥沙草》《燕游記次》《琴譜》《長嘯譜》等書。

◎唐勳，字萬有，號乾齋。安徽阜陽人。康熙己未進士，授廬陵令，後補臨縣令。

唐一麟 周易曉義 不分卷 存

中央黨校藏稿本

四庫存目叢書影印中央黨校藏稿本

◎四庫提要：是書成於乾隆戊辰，大旨主於義理，與《本義》不甚異同，惟不取朱子卦變之說。

◎唐一麟，字仁甫。江蘇武進人。由貢生官江寧府學訓導，以憂歸。寓居宜興，尤與本邑庠彥陳蒙吉相契善。

唐允思　周易傳義　佚

　　◎《浙江通志》卷一百八十五人物七《孝友》：著有《易傳義》《詩經圖解》行世。

　　◎乾隆《紹興府志》卷五十三《人物志》十三《儒林》：著有《周易傳義》《詩經圖解》。

　　◎唐允思，字伯文。浙江會稽人。

唐朝彝　易學說編　佚

　　◎光緒《漳州府志》卷四十一《藝文》一著錄。

　　◎唐朝彝，字偕藻。福建漳浦縣銅山所（今東山縣銅陵鎮）人。康熙六年（1667）進士，官至宗人府府丞。歷任廣西、山東、山西、京城、河南、廣東等道御史，清廉節儉。為官三十年，不能營一室。又著有《西臺疏草》《匯青堂詩集》。

唐知練　讀易集說　佚

　　◎光緒《東安縣志・人物》第六之二：初，曾鏞知東安縣事，時召徒講易，知練與相往復，撰《讀易集說》以博稽同異，鏞甚重之。

　　◎唐知練，字丹山。湖南永州東安人。道光十四年（1834）歲貢。知銑長兄。師零陵蔣濂。卒年七十五。又著有《唐氏遊記》二卷、《香山雅集》。

唐枂　周易實義　六卷　卦變圖　一卷　存

　　上海藏道光十年（1830）樂壽堂重刻本

　　◎陶澍序〔註11〕：昔夫子定六經，以潔靜精微為易教。至於韋編之絕，猶待學於假年，蓋若斯其難也。自商瞿子木傳之以至田何，其流遂廣、漢《藝文志》易十三家，隋《經籍志》易說六十九部，皆多於《詩》《書》之數。唐宋以來愈益加多，豈聖人之所難，反為後人之所易耶？蓋《易》之為書本騰天窮淵而莫可究詰，人之說易者亦與為騰天窮淵而莫可究詰，其相尋於虛也久矣。夫天下有一物即有一象，有一象即有一理，或近取諸身，或遠取諸物，吉凶悔吝，不容絲毫假借。伏羲之畫、文王之彖、周公之爻、孔子之傳，無非教人即實象以求實理而已。後儒昧此，舍其實而課之於虛，若京氏之卦氣、

〔註11〕又見於陶澍《印心石屋文鈔》卷八。

鄭氏之爻辰、虞氏之納甲，探極幽微，要皆易中之卮言剩說耳，而豈聖人立卦繫辭之本意哉？秀水唐孝廉枳，與余交有年。其人肫然古質，老於公車數十載。既卒之後，其孤刻其《周易實義》六卷，以書來乞序曰：「先子學易三十年，精力悉殫於。思得公一言以為重，庶不至湮沒無傳焉。」余取而讀之，字櫛句比，所以為後學啟其塗徑、正其步趨者甚至。談名理而不入於元渺，述象數而不失之支離。金柅、莧陸則特取《說文》，兩儀四象則定從大衍，主善為師，一空門戶，洵不負《實義》之稱，可謂深明作易之本者矣。其中偶有一二新義，要皆由探討力索而得，如坤六二爻辭，君以「直方」為句，與「霜、章、囊、裳、黃」為韻，蓋取惠氏之說。又以「大不習」為句，亦猶豫九四之言「大有得」。按諸象傳，雖以直方釋六二，而未嘗加「大」於「不習」之上，似古讀與今無異。大畜「豶豕之牙」，君取鄭氏改「牙」讀如「互」，然古韻麻魚相通，五上兩爻「牙」、「衢」為韻，與《詩・祈父》「牙」、「居」韻一例，似非誤文。君今已矣，惜不得一與商榷及此。雖然，易無達義，聚訟彌多，荀、虞、王、鄭各有別解，義苟可通，無妨並立。君之書富矣，義備矣，而余之所欲獻疑者止此，益以見君之於易無義不實，雖一字一讀，而其犖犖不苟有如是也。

　　◎光緒《嘉興府志》卷五十三《列傳》：著有《周易實義》六卷、詩文若干卷。

　　◎光緒《嘉興府志》卷八十《經籍》：唐枳《周易實義》六卷（陶澍序略曰：談名理而不入元渺，述象數而不失支離。其中偶有一二新義，要皆確有所本）。

　　◎唐枳，號蔗圃。乾隆戊申舉人。主講上海書院。

唐宗海 醫易通說 二卷 存

南京中醫藥大學藏光緒二十五年（1899）尚古堂刻本

山東藏光緒二十七年（1901）刻本

◎目錄：

上卷：緣起。考辨。總綱。太極。兩儀。四象。先天八卦。天干。地支。花甲。

下卷：後天八卦。八卦方位。八卦取象。醫易通說之人身八卦。醫易通說之重卦。醫易通說之六子。醫易通說辟卦。醫易通說之月候。交易。變易。不易。互卦。爻位。序卦。雜卦。引伸。

◎緣起：余每談醫輒引易義，聽者多河漢其言，不知人身臟腑本於天地陰陽，而發明天地陰陽者莫備於易。雖近出西學，窺測算、量、光、電、化、熱、汽機製造，無不精奇，然推究其理，一一皆具於易中。故吾說易，每參西學。西人譯易，譯為變化二字，是西人已知《易經》為化學氣數之根源。將來西人必有通中國文字者，詳譯易文，當大有益於西學。乃知中國聖人，貫三才，匯萬匯，互古今而其能外。惜乎中國自元明後，制藝設科，學術浮薄，於《詩》、《禮》、《春秋》且不能身體力行，何況《易經》所言皆是性與天道！故注家空談名理，罔得實跡，甚且翻衍卦爻，與小兒鬥七巧圖更無以異，將一部《易經》置諸無用。豈知聖人作易，開物成務，無一語話諸空淡。愧吾少學，未能通德類情，以盡發《易經》之旨，惟於易道見有合於醫理者，必引伸之，為醫學探源，為易學而引緒。尤願中國通儒，共參易旨，泰西賢士，同明易道。以參贊天地之化育，則誠盛德大業矣。

◎總綱：西學有《物理推原》一書，由一名一物次第推求，而歸本於造化主，是萬殊推到一本，《中庸》所謂：「其次致曲，曲能有誠」也。中國聖人作易，由太極衍為八卦，由八卦重為六十四卦，範圍天地曲成萬物。是一本散為萬殊，孔子所謂「吾道一以貫之」也。太極者，謂天地未分之先只渾然元氣一團而已。由太極生出兩儀，有陰有陽；由兩儀生出四象，則陰中又有陽，陽中又有陰；由四象生出八卦，邵子所謂先天八卦也。非僅空名，實有此八樣氣化以化成天地。於是乎天旋地轉，陽為晝陰為夜，遂有河圖九數之位。積晝夜以成四時，天地轉運，四時互更，又有洛書十數之位。天與地一往一來，將先天八卦之氣，變而為後天八卦之運，則萬物成矣。物相雜，卦相蕩，合為六十四卦三百八十四爻，則變化盡矣。《焦氏易林》又衍為三百八十四卦二千三百四爻。然《內經》云陰陽者「數之可千，推之可萬」，安能以爻象盡之？聖人舉例發凡備於六十四卦，廣矣，大矣，莫能外矣，何必更加推衍。吾於易義尤不過窺豹一斑，只就確然可據、有關醫學者約略言之，所望醫學昌明，允躋仁壽。至於易學，尤望海內群公闡明聖道，位天地，育萬物，豈曰小補之哉！謹將臆說序例於後。

◎唐宗海（1862～1918，一說 1851～1908），字容川。四川彭縣人。光緒十五年（1889）進士。名醫家，主張損益乎古今、參酌乎中外。又著有《中西匯通醫書五種》、《醫學一見能》、《中國醫學入門》、《痢症三字訣》、《六經方證中西通解》等。

陶必銓 易經抉微 佚

◎同治《安化縣志》卷十一《輿地》引秦瀛撰《墓志銘》：著有《易經抉微》《書經抉微》《春秋彙覽》《分韻新編》《茮江古文存》《茮江詩存》《茮江制義》《安化縣志》《安化縣志稿》。

◎陶澍《陶澍全集・印心石屋文鈔》卷二十四《例贈儒林郎翰林院編修顯考茮江府君行述》：務貫通，不為章句學。每開卷，縱橫盈几案，批卻多前人所未發。熟於掌故，窮源竟委，指數如掌上紋、年月甲子無一舛漏。尤喜搜節義事，為文傳之，自言他日有可存者，吾古文也。為制義，幽杳沉刻，力追先輩。然文愈高，遇益澀，處矮屋六十餘晝夜，簷風暑景，辛苦備嘗。雖屢薦未售，終不少貶以求合。詩宗杜、韓各家，原本性情而不蹩於法。所著有《易經抉微》《書經抉微》《春秋彙覽批點》《杜少陵集批點》《韓昌黎集》《分韻新編》《茮江古文存》《茮江詩存》《茮江制義》《安化縣志》，待刊。平生不營財產，視阿堵物猶土苴也。偶有贏餘，專置古籍，插架甚富，皆印「愛吾廬藏本」於卷首。愛吾廬者，府君書室。嘗書杜兼「清俸買來手自校，子孫讀之知聖教，鬻及借人為不孝」語示不孝等曰：「吾書雖非俸買，然舌耕所餘，得之尤艱，宜珍惜以貽子孫。」嗚呼，手澤具存，不孝等其敢忘傳經之苦心耶？

◎陶必銓（1755～1805），字士升，家茮江濱，故自號茮江。湖南安化人。陶澍父。優廩生，喜藏書，每卷印「愛吾廬」數字於其首。善詩文。屢試不中，以授徒終生。又著有《春秋彙覽》《分韻新編》《批點杜少陵集》《批點韓昌黎集》《茮江古文存》《茮江詩存》《茮江制義》《安化學志》《安化縣志稿》。

陶成 易經參考 無卷數 存

南大藏乾隆南海陶氏觀我室刻吾廬遺書本

◎陶成，翰林院檢討。與惲鶴生主纂雍正《江西通志》。

陶大眉 周易指要 八卷 存

山東藏嘉慶二十五年（1820）甲州陶氏家塾聚秀堂刻經解指要〔註12〕七種附二種本

―――――――――

〔註12〕陶大眉、陶起庠撰，陶起庠等輯刻。

◎陶大眉，字又坡。湖北廣濟（今武穴）人。歲貢。乾隆六十年官安陸訓導。

陶方琦 鄭易京氏學 一卷 存

上海藏光緒會稽徐氏鑄學齋鈔漢孳室遺著本

續四庫影印上海藏光緒會稽徐氏鑄學齋鈔漢孳室遺著本

◎卷首題：漢孳室經學卷三。附臧氏《經義雜記》一條論《說卦》「寡髮」《釋文》本又作「宣髮」。又附《拜經日記》二條，一論《家語·弟子行》引《詩》「應侯慎德」毛氏古文等作「順德」，一論坎上六「繫用徽纆，寘于叢棘」《周禮·朝士》寘鄭司農注引作「示」。

◎鄭易京氏學敘：漢易有兩京房：一為楊何弟子，其書不傳；一即君明，吹律自定為京氏者，今世猶傳其《易傳》《積算》諸書，並傳其災異、飛候之說，其《章句》十卷見於陸氏《音義》、李鼎祚《集解》及晁呂《易音訓》者，已屬希廔。如「朋盍簪」簪作撍，「剝牀以膚」膚作簠，「大耋之嗟」耋作絰，「剝牀」作剬劀，「大人虎變」變作辨，「列其夤」夤作胐「歸妹以須」須作嬬，「為瘠馬」瘠作柴，「為墨足」作朱足，大抵古說留遺，必有師授。京氏自謂受於梁人焦延壽，獨得隱士之說，託之孟氏。劉向校書，考易家說，以為諸家易說皆祖田何、楊叔子、丁將軍，大誼畧同，惟京氏為異。然孟、京所傳諸訓時有相同。《漢書·藝文志》有孟氏京房十一篇，《災異》孟氏京房六十六篇，京曾為《孟氏易注》，當不甚遠也。鄭君師事京兆第五元，始通京氏易，故注《詩》《禮》時引伸易義多與易注不同，蓋箋詩注《禮》在於中年而元城注易暮歲，先通京易，故《詩》《禮》注中所引易義於京為近。所惜鄭君之注零替殆盡，與京氏《章句》竝致堙翳，無可推撣。今錄其二十餘科，以見鄭易用京實有碻據，且陸績曾為京氏之學，其與鄭易同義者，亦並採之以著於篇。今文淵原可以演贊，鄭雖後從馬融受費氏古文之學，然昔人著說擇善而從，往哲師承勸有家法，即鄭君交辰之義亦本京氏，京氏精于樂律，且曾著《周易分野》一書，交律祖構，豈有殊與？遂為《鄭易京氏學》一卷。

◎姚振宗跋：子珍學使自撰《漢孳室著書目》，有《鄭易京氏學》一卷云：「鄭君前從京君明受易，今文之學也。」茲從其未訂稿本依經文次第寫錄，末附記云：「以下可補入臧氏所采《詩》《禮》中易注定為京氏學者附

之」，今就《拜經堂叢書》附錄臧玉琳《經義雜記》一條、臧在東《拜經日記》二條如右。是為《鄭易疏證》十種之五，故署曰《巽繘齋鄭易第五種》（鄭君先通京氏易，則此帙似當在在馬氏學之前，今姑仍原目）。據《著書目》所載尚有《鄭易諸家通義》二卷、《鄭易王氏同義述》一卷、《鄭易禮說》及《鄭易緯義》各若干卷、《鄭易源流攷》一卷與《爻辰說》二卷、《互體說》一卷凡七種，皆未見存稿，或未成也。昔人有言曰：「古籍散亡，漢人經說每致湮沒，學者要當于旁見側出中求其微指，以疏通證明之」，學使是書蓋亦此意，特惜其書未殺青，僅有此三種而遽齎志以沒也。悲夫！光緒丁亥歲正月，里人姚振宗謹識。

　　◎陶方琦（1845～1884），字子縝（珍），號湘湄，一號蘭當，譜名孝邈。浙江會稽（今紹興）陶家堰人。曾師李越縵，為其高足。工書善畫。同治六年（1867）補甲子科舉人。光緒二年（1876）進士，官授翰林院編修，五年（1879）督學湖南。撰有《韓詩遺詩補》、《淮南許注異同詁》、《倉頡篇補輯》《字林考逸補本》、《漢廬駢文選》、《老子傳輯本》、《湘湄閣遺詩》、《漢孳室文鈔》、《蘭當館詞》、《溪廬詩稿》、《許君年表》。其《漢孳室文鈔》卷一有《日月為易說》、卷三有《萬物之所說釋》、卷四有《許氏說文用孟氏古文易說》、補遺有《用九見羣龍無首說》。

陶方琦　鄭易馬氏學　一卷　存

　　上海藏光緒會稽徐氏鑄學齋鈔漢孳室遺著本
　　湖北藏清姚氏師石山房鈔本
　　國圖藏清末民國蘭格鈔本
　　復旦藏王氏學禮齋鈔本
　　1935 年趙詒琛、王保譿、王大隆輯乙亥叢編十六種鉛印本（附勘誤表）
　　續四庫影印上海藏光緒會稽徐氏鑄學齋鈔漢孳室遺著本
　　◎卷首題：漢孳室經學卷二。
　　◎條目：上經乾聖人作而萬物覩。屯乘馬班如。蒙上九擊蒙。需元亨貞吉。師師貞丈人吉。否臧凶。小畜輿說輹。履不咥人。豫豫、殷薦之上帝、拚于石。剝剝、剝牀以辨。復六三頻復。无妄无妄、不菑畬。大畜日閑輿衛。離則大耋之嗟。下經咸初六咸其拇、咸其腓。恆上六振恆。大壯羸其角。晉失得勿恤。家人婦子嘻嘻。睽睽、後說之弧。蹇往蹇來譽。解雷雨作而百果草木

甲宅。損或益之十朋之龜。夬九五莧陸。姤以杞包瓜。萃萃亨王假有廟、若號、齍咨涕洟。升升、王用亨于岐山。革革。震震來虩虩、笑言啞啞。艮艮其限、列其夤。豐豐其蔀、日中見沬、闃其無人、自藏也。繫辭上在天成象在地成形、震无咎者存乎悔、故君子之道鮮矣、言天下之至賾而不可惡也、古之聰明睿智神武而不殺者夫。說卦雷風相薄、為矯輮、為黔喙之屬。

◎鄭易馬氏學敘：劉向以中古文易較三家，惟費氏經與古文合。《漢書‧儒林傳》《隋書‧經籍志》云梁有漢單父長費直注《周易》四卷亡，與本傳所稱「無章句，徒有《彖》、《象》、《繫辭》十篇、《文言》解說上下經」者不合，大抵為費學者坿益之。東漢之世，其學獨盛，陳元、鄭眾皆傳費學，馬融、鄭康成諸儒皆為之注，故今易乃費氏經也。馬氏《易傳》，《七錄》云九卷，隋《經籍志》：「梁有漢南郡太守馬融注一卷，亡」（一乃十字之訛），《釋文敘錄》及唐《藝文志》皆有《馬融傳》一卷，其書久佚，見於陸氏《釋文》及《正義》《集解》三書，猶可略見馬氏之易授於鄭君，吾道其東，自循師訓，馬、鄭皆為費氏之學，立說必合。惜兩書竝亡，無可演贊。荀悅《漢紀》云「馬融著《易解》頗生異說」，故鄭君注易多遵費氏古文，而解義與馬氏或有異同，當仁不讓，折衷於是，故《鄭易》為大成而馬氏乃其先河也。《繫辭》「大衍之數五十，其用四十有九」，馬氏注曰：「易有太極，謂北辰也。太極生兩儀，兩儀生日月，日月生四時，四時生五行，五行生十二月，十二月生二十四節氣，北辰居位不動，其餘四十九轉運為用也。」其注無妄「天命不佑」為天不右行，明夷「夷于左股」謂天左旋（馬改股為般，其注屯「盤桓」亦作般，云：「般旋」），皆與鄭君爻辰之義相合。稽述淵原必有受授，謹擇其同恉者為《鄭易馬氏學》一卷。陶方琦敘。

◎姚振宗跋：子縝學使自譔《漢孳室箸書目》，有《鄭易馬氏學》一卷云：「鄭君後受馬季長易古文之學也」，茲從學使手訂寫本鈔錄，是為《鄭易》十種之四，故署曰《巽繘齋鄭易第四種》。光緒丁亥歲正月，里人姚振宗謹識。

◎王大隆跋：右《鄭易馬氏學》一卷，清陶方琦撰。案方琦字子縝，會稽人。光緒丙子進士，翰林院編修，湖寧學政。著述甚富，已刊者《淮南許注異同詁》《許君年譜》《倉頡篇補輯》《字林補輯》《漢孳室文鈔》《湘纍閣詩》《蘭當詞》，未刊者尚多，其目見徐友蘭文鈔跋。此為山陰姚氏振宗快閣師石山房鈔本，武昌徐君行可以藏本寄示，爰付手民。史稱鄭君為馬融弟子，融為《易

傳》授鄭君，鄭君為《易注》而融喟然有「吾道東矣」之歎。今馬、鄭兩家注皆亡，後人僅從古書所引輯存什一。此書則條錄鄭之問於馬者，以明師說所本。方琦初欲撰《鄭易疏證》，最為十類，曰《鄭易爻辰說》《鄭易互體說》《鄭易京氏學》《鄭易馬氏學》《鄭易諸家通義》《鄭易王氏同義述》《鄭易禮說》《鄭易緯義》《鄭易小學》《鄭易源流攷》，既成者《鄭易京氏學》一卷、《鄭易諸家通義》二卷、《鄭易王氏同義述》一卷、《鄭易小學》二卷及此書五種。而此又僅存其一，其餘不知尚有傳本否。姚氏鈔本失序，今據文鈔補於首。方琦覃研許鄭之學，邃密有法，其輯佚諸書尤有功於經術。他日遺編續出，當繼是而刊行之也。乙亥仲秋，吳縣王大隆跋。

陶方琦 鄭易小學 一卷 存

國圖藏稿本

上海藏光緒會稽徐氏鑄學齋鈔漢孳室遺著本

續四庫影印上海藏光緒會稽徐氏鑄學齋鈔漢孳室遺著本

◎卷首題：漢孳室經學卷一。

◎卷末：前見尊著《鄭易疏證》八卷，于訓詁之義最詳。其中言爻辰亦墨守臯文之說，《賓巽齋文集》有《鄭易引義序》，恤不傳其書，無可以益足下。趙君分十七例與足下十二篇體例雖殊，而邥張高密之恉則一也。譚廷獻卒業志之卷崙。

◎鄭易小學序〔註13〕：方琦讀易有年，顓耆鄭說。己巳之歲，為《鄭易補遺》二卷，嗣得丁、張補正，最凡相似。又為《鄭易疏證》，既知非累載積學不得覃思，卒業幾幾中畫。同學皆縱臾其成，辛未之秋夏，發篋讀之，分別部居，求解鄭義，最茲十類，殊涂同歸，一以毌之，迺得會通其十類曰鄭氏爻神說、鄭氏互體說、鄭易京氏學、鄭易馬氏學、鄭易諸家通誼、鄭易王氏同義述、鄭易禮說、鄭易緯義、鄭易小學、鄭易源流攷，總其大凡，折衷一是。攷易自商瞿一貫綿于田何，爰有施、孟、梁邱之學，後又有京氏學、費氏學。劉中壘以中古文《易經》校諸家，皆脫去「無咎」「悔亡」，惟費氏經與古文同。是時傳費氏學者亦日眾。鄭氏初從弟五元受京氏易，後從馬融受費氏易，注易之時已為晚歲，故言理言象說為獨純。荀、虞諸家所難比並。自王弼以虛玄詮易，師說湮昧。陳、隋以前迭為興廢，唐初勅定學宮，獨存王注，鄭義乃

〔註13〕又見於陶方琦《漢孳室文鈔》卷一。

亡。汴宋猶存《文言》《說卦》《序卦》《雜卦》四篇。至南渡而亦佚。使其全書具在，至蘊粹義足當覃討。迄今以來霝替畬拾之餘，猶窺絕詣，允為易家大宗。國朝經儒蔚起，惠氏有《漢易學》亦略言鄭氏爻辰之說，其後武進張先生既訂正鄭氏《易注》，又為《周易鄭氏義》二卷，其言三才六位得應值宿之說，同條共屬，雜而不越，史謂鄭氏通於禮，為《禮象》一卷，則刱古人所未發，振灼高密之學，自足千秋。其後趙氏坦為《鄭易引義》，皆引伸張氏之學，其書不傳，無可推測，要之為鄭易全書祕證，則未有也。方琦問途已晏，惜道未專，壯不如人，汎晦三年，先成《鄭易小學》二卷，鄭氏訓詁之學略為引證，求其至當之歸，非為專室之詣。後又成《鄭易馬氏學》一卷、《鄭易京氏學》一卷、《鄭易諸家通誼》二卷、《鄭易王氏同義述》一卷，它日假之寬閒，密勿從事，漸成十類，附諸全書，鄭氏《易贊》所云不易變異之旨，不外言理言象之兩軌。蓋爻辰、互體皆變易也，象也；禮制、訓詁皆不易也，理也，闡彰鄭學，其在是乎？

◎姚振宗跋：子珍學使自撰《漢孳室著書目》，首為《周易鄭注疏證》，凡十種，通十餘卷，其言曰：舊輯《鄭注》較丁、張本略備，書雖未成，已分十類，捃集大義，分目列下：《鄭易爻辰說》二卷（未見）、《鄭易互體說》一卷（未見）、《鄭易小學》四卷，署云「皆用訓詁」，即是帙也，蓋其《鄭易》十種之三，而其訂本之首題《鄭易》第六種，初稿又曰第八種。今依《著書目》題曰《巽繘齋鄭易第三種》，以存其槩。歲甲申三月母憂服闋，八月入都在京邸，手寫清本至「位乎天位」一條，未竟而卒，今就其初稿補完之，自「君子以飲食宴樂」條以下是，先後不無繁簡之異，職是之故也。原稿猶未分卷次，今並為一卷，譚君題識亦並存之。其云丁、張本者，歸安丁杰、武進張惠言兩家，皆有《周易鄭注輯本》云。光緒丙戌歲四月，里人姚振宗謹識。

陶方琦 鄭易爻辰攷 二卷 佚

◎陶方琦《漢孳室文鈔》卷一《鄭易爻辰攷敘》：《易》曰：「觀乎天文」，又曰：「天垂象見吉凶，聖人則之」，易兼三才，天道獨大。李鼎祚曰：「鄭多參天象」，鄭氏解易上稽天象，以乾坤十二爻當十二辰生十二律之位，乾起子、坤起未，間時而主六辰之法，謂之爻辰。今鄭易久亡，爻辰之說存於後儒采畬者十不獲一。第古人著書必有師承，鄭氏初習京氏易，後又從馬融受費氏

易，京氏費氏皆有《周易分野》一書（費直曰：「壽星起軫七度，大火起氐十一度，析木起尾九度，星紀起斗十度，元枵起女六度，諏訾起危十四度，降婁起奎二度，大梁起婁十度，實沈起畢九度，鶉首起井十二度，鶉火起柳五度，鶉尾起張十三度」，見《晉書‧天文志》及《開元占經》所引，當即費氏《周易分野》舊書）。《繫辭》：「大衍之數五十」，京房曰：「大衍之數五十，謂十日十二辰二十八宿也」，馬融曰：「易有太極，謂北辰也」，其注明夷「夷於左股」謂日隨天左旋、注无妄「天命不右」謂天不右行，皆與鄭氏爻辰之說合。古人師承各有家法，爻辰之說必本乎是。然鄭氏爻辰之義本乎月律，《周官》太師注曰：「黃鐘，初九也。下生林鐘之初六，林鐘又上生大簇之九二，大簇又下生南呂之六二，南呂又上生姑洗之九二，姑洗又下生應鐘之六三，應鐘又上生蕤賓之九四，蕤賓又上生大呂之六四，大呂又下生夷則之九五，夷則又上生夾鐘之六五，夾鐘又下生無射之上九，無射又上生中呂之上六」，又引韋昭《周語注》云：「十一月黃鐘，乾初九也；十二月大呂，坤六四也；正月大簇，乾九二也；二月夾鐘，坤六五也；三月姑洗，乾九三也；四月中呂，坤上六也；五月蕤賓，乾九四也；六月林鐘，坤初六也；七月夷則，乾九五也；八月南呂，坤六二也；九月無射，乾上九也；十月應鐘，坤六三也。乾坤十二爻應十二律，三百八十四爻皆本乾坤」，與《乾鑿度》「乾貞十一月子，左行陽時六；坤貞六月未，右行陰時六」其法不同，其義相類。《溉亭述古錄》謂京君明、鄭康成釋《周易》皆言爻辰，京氏之爻辰本合聲，鄭氏之爻辰本月律。月律者十二月所中之律也，有月律則有合聲。《周禮》太師掌以六律六同以合陰陽之聲，合聲者仍月律之辰而易其終始之序，蓋本法天之合辰，故月律之六陰律始大呂而終夾鐘也。夫十二律中陽無倍律而陰有倍律，乾惟自貞其辰而坤貞其所衝之辰，二家所本又各不同，故鄭氏以六陰月律之衝辰為爻辰、京氏以六陽月律合聲之衝辰為爻辰，司馬彪曰：「斗從天而西，此鄭氏之爻辰也」，又曰：「日違天而東，此京氏之爻辰也」，故惠氏、張氏皆取爻辰之象演為圖位，錢氏曉徵、王氏述菴並論其義。惜鄭易蕭殘，所存爻辰逸說不能多見，無能完舉。《繫辭》「範圍天地之化而不過」，李氏《集解》引九家易云：「範者法也，圍者周也，言乾坤消息法周天地而不過于十二辰也。辰，日月所會之宿，謂諏訾、降婁、大梁、實沈、鶉首、鶉火、鶉尾、壽星、大火、析木、星紀、元枵之屬，九家易中有鄭君說。」此注為鄭無疑（《釋文》引鄭注「範者法也」正同）蓋爻辰之餘義也，遂為《鄭易爻辰攷》二卷。

陶方琦 周易鄭氏義疏 佚

◎郭嵩燾《郭嵩燾全集‧日記》光緒二年七月初四日：陶子縝太守枉顧，適外出，未見。卷端載所著書《周氏鄭氏義疏》，曰《爾雅漢注述》，曰《五經異義通箋》，曰《說文通考》十二篇，曰《淮南參正》二十四卷附校勘記四卷，曰《淮南許高二注異同考》二卷，曰《漢孳室內外文編》，曰《譔廬詩存》，曰《蘭當詞》，而閱所刊朱卷，則仍時俗應試之文，了無書味，恐不免有名士氣也。

◎陶方琦《湘蘗閣遺詩》卷二《再述鄭君易疏學五疊前韻》：古易傳費孟，中祕奧難測。高密述義文，元城已暮色。經神集大成。壁書紛漆黑、不易變易中。天人蒐扉側。典午寬玄理，鄭學幾絕息。艾辰尊互體，紛爭類齊稷。深寧集燼餘，千年有同惻（舊著《鄭易小學》二卷、《鄭易爻辰解》二卷、《鄭易京氏學》一卷、《鄭易馬氏學》一卷）。國朝蔚經學，《易》賴惠張力。小子有所造，猶追駕馬勒。

◎陶方琦《漢孳室文鈔補遺‧致劉叔俛孝廉書》：奉誦大箸，淵懿名通，漢學師承，德門家法，傾企之私，有殊恒等。乾嘉而後，經學皆萃於江右。嘉定、高郵、儀徵、寶應、陽湖、武進，鉅儒迭出，一代經術，倚為盛衰。留衍至今，餘芬未沫。弟僻處孤斅，聞道已晏，西河、南江，先達寡繼、早年剽竊詞藻，汩沒人事。辛壬之劫，存籍蕩焉。往歲所述《鄭易》《魯詩》二種迄今無存。見世人無為鄭易作疏者，發篋為之區分十類，折衷一是，博思高密之義，力闡皋聞之說，治之十年，僅得數類。至於《魯詩》，演贊未盡，採遺拾墜，比勘宜精。《藝文》以為近是，即中壘《七畧》之言；中郎書於嘉平，有石經一字之本。今文統括，先河依溯。閣下劭年碩學，夙所推崇，倘有以導余先路，用袪未寤，有徵必信，曷任盼企！方琦頓首。

◎陶方琦《漢孳室文鈔》卷末徐友蘭光緒二十六年跋：道光季年，君宗姓曰在一（思曾）先生，以鄭學聲于時，箸《論語鄭注證義》《孝經鄭注證義》《春秋左傳賈服注參攷》《詩攷攷》《書疑疑》《說文引經異同攷》《玉篇太平御覽引經攷》《城門制度》《五千卷書室詩文彙》諸書，其《論語證義》《春秋參攷》阮文達公偁謂精審詳博，非老宿不能（見陶君心雲濬宣所撰《族兄在一先生事畧》）。君賡其學，師事李炁伯（慈銘）先生，畢命鉛槧，備所未及，為《周易鄭注疏證》……其裒輯佚書如《倉頡篇》、《埤倉》、《廣倉》、《字林》、《字學》、《聲類》、《桂苑珠叢》、賈逵《國語注》、《諡法》劉熙注、古易義、西漢

易義、後漢晉魏易義、侯果何妥崔憬三家易、徐邈《周易音》、蕭廣濟《孝子傳》，則緒帛所至，摭取古馨以振先師之遺者也。

陶立中 周易範圍集 佚

◎光緒《鹽城縣志》卷十六《藝文志》下：陶立中《周易範圍集》、陶泳《周易考原》（以上二部見丁晏《周易明筮編序》）。

◎陶立中，江蘇鹽城人。

陶履卓 易經存是 佚

◎乾隆《紹興府志》卷之七十七：《易經存是》（《陶氏族譜》。陶履卓撰）。

◎陶履卓，字岸生，號錞庵，號越山樵者。浙江會稽人。崇禎壬午舉人、癸未進士，以《易經》魁南宮，稱易名家。授行人，奉詔安撫粵東，尋改翰林編修，知制誥。能兩手作真草如一。又著有《孝經解》《安雅堂集》《人子要言》。

陶士偰 周易會解 佚

◎陶士偰《運甓軒文集》卷三《易經會解自序》：憶昔三十年前嘗以帖括授徒鄉里，有專義經應制舉者索講說象變，余謂功令遵朱，因就《本義》指示大意，聽者唯唯退而返之。余心殊多未安，無論奧旨，即字句尚難了然通曉，顧安所得潔淨精微者以為教哉？信乎教然後知困也。自是每閱一卦一傳，務反覆深思以求確解。思之不得姑闕所疑；思而有得，未敢自信也。爰取漢唐有宋諸儒著述，旁及近今，大率自《本義》外不下數十百種，其間或同或異，或同異參半，並觀而互質之，乃知立象設卦以後，聚天下古今人心思探索之不能盡蔍。余蠡測又盍足道歟？然輕塵願以足嶽，集腋可以為裘，日讃月註，久遂成編，題曰《運甓軒會解》，以明非一人之說為之，參酌會通而後不至羣言淆亂，俾讀者有所從違。要之，是非亦難以筆舌辯也，第求其心之所安而已矣。書成未敢示人，將繕本藏諸家塾，而子弟憚於抄寫，亟請授鋟，且曰恐久而蠹蝕散遺也，乃不獲局鑰而狥所請焉。

◎陶士偰，字倫宰，號稽（嵇）山。湖南寧鄉（今寧方）人。雍正元年（1723）進士，散館改中行評博，歷官江南太平府、湖北漢陽府、河南南陽府知府。又著有《運甓軒文集》十卷、《運甓軒詩集》八卷。

陶素耜 周易參同契脈望 三卷 存

康熙四十年（1701）遺經堂刻本（附圖說一卷）

嘉慶五年（1800）瀛堂重刻圈點本

道光丁未年（1847）尊德堂刻本

清鈔本

蓉城復真書局1915年刻增批道言五種本（陶素耜注，玉溪子增批）

上海翼化堂刻本

自由出版社2007年與周易參同契解合刊本

藏外道書本

◎目錄：仇序一首。批頂序。自序一首。讀參同契文。雜義二十條。上篇（分二十段）。中篇（分十六段）。下篇（分四段）。參同契金丹圖說（末卷）：河圖作丹圖說，洛書作丹圖說，先天八卦圖說，後天八卦圖說，嘔輪吐萌圖說，含元播精圖說，十二卦律圖說，六十卦用圖說，萬殊一本圖說，斗建子午圖說，靜照圖說。

◎道言五種批註敘：《道言五種》，首《參同》而次《悟真》者何？以《參同》為丹經之祖，《悟真》發《參同》之義也。《參同》《悟真》理已備矣，而又次乎《大要／就正篇》者何？以《參同》奧雅，《悟真》約微，故取《大要》之簡明、《就正》之直捷也。而篇終又次以《就志錄》者何？以內藥還同外藥，內通外亦須通。若只知內而不知外，將何以了易而成己濟世、濟世而成物乎？此則存存子所必注集五種之意也。夫內外之丹本仙道，魏翁作《契》而曰《周易參同》者何？蓋《大易》作之於伏羲，畫八卦而重為八八，為內外大丹之鼻祖，有黃帝演之曰《金碧》，太上演之曰《道德》，文、周、孔子演之曰《周易》。而獨與三聖之易同契者，以《周易》之言煉己築基、進火退符、合丹溫養，事至詳且悉，循序可行，故曰同契也。魏、張仙翁只就卦象以立言，陶氏注則集眾論以作解，而於《周易》經文則不可同契者。蓋易道時未當興，故只識其表而未達其裏，道其粗而未道其精也。鄙人幼承庭訓，長讀父書，頗知易道即丹道，真有若合符節者，不過命詞有異耳。故敬為批揭於其上，願與志參觀焉。若欲得其所以同契之詳實，須參看《周易辨真自訓詳解》而後可。岦歲在旃蒙單閼月在圜陽上瀚穀旦，古漢初玉溪子敘於果山之隱仙洞。

◎參同悟真注序：自昔童穉時雅志玄門之學，既而咿唔咕嗶馳驟名場者

忽數十年，初願未酬，每訪方外人，大抵導引規中諸法耳。作輟行之，訖無成效。乙丑後，匏繫金臺，廣搜秘要，始讀《參同》《悟真》，乃知返魂延命，果有別傳心法，而不獨在閉目枯坐，作槁木死灰狀也。乙亥歸里，重晤陶存存先生，證以心得，先生亦悔〔註14〕往時蒲團靜攝，不足了生死大事，爰取《道德》、《南華》及《參》《悟》諸書，閉門討論。復虛心延訪，得孫教鸞真人嫡派，遂注《參同》《悟真》，博采諸家而折衷己意，晦者闡之使明，缺者補之使完，凡藥物火候、結丹脫胎，口所不能盡吐者，皆隱躍逗露於行墨之間，俾潛心好道之士，流覽玩索，知真詮畢萃於斯編矣。昔朱子學貫天人，而於《參同》一書尚未多解，蓋不得其密諦心傳，而概求之儒理，亦焉能啟鑰而抽關耶？余交存存於越水吳山、燕臺鳳闕間，已三十餘載。及近來還甬，而先生亦笑傲林泉，有超然世外之想。每著書立說，思嘉惠後人。其最有關於性命精微者，內外丹法，各有成書。余粗心浮慕，豈能盡窺此中堂奧？倘得結廬靜地，晨夕從遊，終期策勵竿頭，一遂人元素志耳。昔春秋陸通住世七百餘年，西漢孔安國長生四百餘歲，皆儒門而通於道術者，鑿然可據也。然則此書垂世悠遠，夫豈同於燕齊迂外之說乎哉？康熙四十年臘月望日，甬江年家同學弟仇兆鰲頓首拜題（仇知幾先生兆鰲，字滄柱，鄞人也。少從黃宗羲講切性命之學，為諸生，有盛名。官吏部右侍郎，即引疾歸，與會稽陶存存研窮修養秘旨。久之，松顏鶴貌，照耀山林。蓋浩然有得者也。所著有《四書說約》《杜詩詳解》及黃老諸書行世）。

◎參同悟真注自序：柱史之《道德》、漆園之《南華》，金丹之祖也。卷舒變化，雲龍天鬼，屬辭比事，兼綜條貫。曲士之守邊見者，法眼不具，鮮不謂侮聖而畔道矣。東漢魏伯陽，祖述《周易》作《參同契》三篇，鼎器、藥物、火候，悉取卦象為證，發明妙徽重玄、緣督守中之秘，而《道德》《南華》之旨乃大顯於世。萬古丹經王，非虛語也。宋張伯端感青城丈人授訣，歌詠金丹藥物火候，交會吉凶之理，凡九十九首，名《悟真篇》，而《參同》推情合性之旨益暢。千載而後，幸有同心。是《參同》《悟真》者，《道德》之微言，《南華》之諦義，性命之極致，三教之真詮也。《道德》《南華》，其說以無為常，以自然為應，以天行為動，絕聖棄智，歸於嬰兒，忘言絕慮，和以天倪，讀者尚未知其為金丹之書也。自有《參同》《悟真》，而金丹之道乃大著。氣精交感，道歸自然，魂魄相拘，行分前後，慎御政之首，轉生殺之機，為之而主

〔註14〕悔一本作云。

之以無為，有作而還歸於無作。《參》《悟》二書固即老莊食母守母、有情有信之旨也。注《參同》者，始於彭曉、朱晦翁，而集成於俞琰，皆互有短長，惟陳致虛、陸西星、李文燭為最；《悟真》則翁、陸、陳三注外，亦互有瑕瑜，惟陸西星為醇。余童年即愛讀二書，義理幽深，未得旨趣。今者感師面命，事理豁然，而知有情、有信二語，足以盡《參》《悟》之蘊矣。情者靜之動也，信者動之符也。信之一字，千聖萬真，同此一訣。余注《參同》並集注《悟真》，非欲與前賢參訂異同，正以義理遙深，思補前賢所未發，以微窺作者之意，或不至侮聖而畔道也。已夫，以道之浩博，而不可終窮也。坐一室而睹容光，與登日而眺滄溟，其耳目之所屆，瞻聽之所及，遠近大小，必有殊矣。又況有絕雲氣、御飛龍、騎日月以出六極之外而遊無何有之鄉者，其相去何如耶？余特睹容光者耳，見眺滄溟者而窅然喪矣。夫安知不有負青天、挾倒景而神遊於無窮者之至吾前也？堯舜陶鑄於糠枇，孔子復往於兀馼，余其敢以小知自安乎？倘有見《參同》《悟真》，而謂非性命之極致、三教之真詮，不足發明《道德》《南華》之蘊，則真侮聖而畔道。其無以與乎文章之觀，無以與乎鐘鼓之聲也。猶之形骸之聾瞽矣。

◎陶素耜（1645～1722），原名式玉，字尚白，號存齋、玄真子、通微道人、霍童山人、清靜心居士等。浙江會稽人。

陶顯卿　周易精義　佚

◎民國《蕪湖縣志》卷五十《人物志·文學》：尤究心於爻象，矻矻窮年，著有《周易墳義》一編。晚精句股學。

◎民國《蕪湖縣志》卷五十六《藝文志·經部》：《周易精義》（清陶顯卿著）。

◎陶顯卿，字廷佐，號思充。安徽蕪湖人，居保豐圩。卒年八十餘。

陶鑲　周易明筮編　六卷　佚

◎光緒《鹽城縣志》卷十六《藝文志》下：陶鑲《周易明筮編》六卷（前後有丁晏序。今本存鑲子縉紳家）、《周易字詁通證》、《十硯齋文集選刻》、《射州文存》二卷。

◎陶鑲《周易明筮編自序》〔註15〕：《易》為卜筮書，朱子言之詳矣。其

〔註15〕錄自光緒《鹽城縣志》卷十六《藝文志》下。

別於後世術數之學者，以其知來藏往，不獨可以卜筮。精而言之，則有如所謂順性命之理、盡變化之道者，此所以為聖人之作也。自伏羲畫於前、文周言於後，一而二、而八、而八八六十四以至於三百八十四爻，皆依卜筮以為教。由文周五百餘年，而孔子讀之，韋編三絕、鐵撾三折、漆書三滅而為之傳，即十翼也。則又一以義理為教，而不專主卜筮。豈其故相反哉？蓋羲、文有羲、文之易，孔子有孔子之易，故其所以為教不得不異，而道則未嘗不同。迨秦燔書，《易》以卜筮獨存。漢世易興，傳受不絕。田子莊之易本於商瞿子木，班氏書載之矣。至焦延壽、京君明用納甲飛伏生克之法，然焦、京之言卦氣實本孟長卿，長卿學田易者也。漢末鄭、荀並傳費氏書，康成以互體論易，慈明以乾升坤降論易。慈明之易嘗見稱於虞仲翔。仲翔易與慈明相出入。蓋仲翔易亦淵源孟氏學，顧其說則較焦、京為更密。由漢而魏王弼易行，倡為得意忘象之說，漢易猶未盡微也。至唐貞觀中，孔穎達奉詔撰《五經正義》，於易獨取王氏，而漢學遂掃地盡矣，然言者愈多而求適乎中正者愈少。夫《易》之書象數義理二者而已，象數者何？消長剝復、七日八月之類是也。義理者何？象數所從出而消息盈虛、吉凶悔吝之所以為道者也。言象數而不本於義理，必流為方術，而非聖人之經；言義理而不本於象數，亦涉於誕妄而無憑依之實。漢氏以來千餘年間，惟有宋周子明太極之蘊、程子求義理之歸、邵子闡先天之學，皆有功於易者也。及朱子繼出，取諸濂溪，得道體之精；取諸伊川，得精義之大；取諸康節，得圖象之真。以上溯孔顏曾思孟之薪傳、堯舜禹湯文武周公之嫡脈。深入閫奧，剖晰毫芒，而天地之大、鬼神之幽、萬物之繁變，無不搜羅融析，使無遁情，以作《易本義》《啟蒙》《蓍卦考誤》之旨。鑲承庭訓，緝茅容膝，掃地焚香，靜坐讀易，並枕藉紫陽全書，然亦稍有一線活路。私以為得先生之精方可學易，於是啟家篋所藏，由秦訖唐代皆睹全書，宋元明以來所及見者又數十家。其間或自抒心得，或纂述舊文，或究心訓詁，相沿甚眾。鑲質慚駑鈍，困學廿年，集有《周易古義》《周易解義增補》《漢魏二十一家易注》三書。今仍襲朱子明筮贊意，間引儒先語錄。謹遵聖祖仁皇帝《折中》暨高宗純皇帝《述義》，並後儒篤信朱子易義，而於奇扐變占之法不無異同，是真能闡所未發，亦必錄焉。竊嘆明筮向無專書，摘要六卷，願讀者開卷而有所適從。雖於先聖箸書立言之意非曰有功，而於學者觀象以明吉凶之道未必無小補焉耳。

　　◎光緒《鹽城縣志》卷十二《人物志》三：所著有《十硯齋詩文集》、《周

易明筮編》。鑲與同邑徐檀、弟樓友善。檀字樂園,樓字陰庭,皆廩生,篤志好古,研究漢學,年未及壯而歿,時論惜之。檀著有《樂園遺稿》、《醉經軒經解綜要》,樓著有《毛詩釋故》。自樓與鑲暨山陽丁壽徵皆以經學試高等,自此學子競知讀書,江以南書賈來售者,爭以經說相炫鬻,書肆為空,風氣丕變。

◎陶鑲,字石型。江蘇鹽城人。世父德堅,諸生,以孝旌。父性堅,博覽載籍,著有《二觀山房集》,校刻鄉先生詩文集甚多。倡議祀陸忠烈於孔子廟廷,大吏從其議,請於朝,獲諭旨。鑲少無他好,篤嗜聲音訓詁之學。山陽丁晏、丁壽徵以經術名一時,鑲師晏而友壽徵,學益進。唯厭薄制藝,不屑屑為之,以此屢躓童試。道光中,侍郎祁寯藻督學江蘇,重樸學。戊戌冬,試士淮安,鑲入場試經解,寯藻初未之重也。教授周濟舊為嘉定錢大昕高弟,時適以監試在場,寯藻質以經義,濟曰:「及門有陶鑲者,真經生,濟不足備顧問也。」寯藻促召鑲至,叩以許、鄭之學,應對無滯。寯藻歎為宿學,拔入邑庠。旋食餼,時年幾四十矣。

陶鑲 周易字詁通證 佚

◎光緒《鹽城縣志》卷十六《藝文志》下著錄。

◎周濟《陶式型(鑲)周易字詁通證序》〔註16〕:儒者說經,莫敢不本於孔子,獨言易則不然。舍傳而求諸經、舍經而求諸象數,又別為圖說以先之,何其敢之甚邪!聖人之繫易也,曰開物成務以前民用而已,天不能有陽而無陰、世不能有治而無亂、人不能有君子而無小人、事不能有順而無逆,故曰天地鼓萬物而不與聖人同憂。聖人有憂之,欲扶陽而抑陰、保治而弭亂、進君子而退小人、助順而消逆,以財成輔相天地之所不足。雖或行或不行、或成或不成,而其殷殷之意未嘗以人之愚賤而不為之所,故曰吉凶與民同患。是故《易》憂患之書也,靜則無所不包,動則各隨其所值,懼質言之偏著,故為比類之詞,以俟占者之自悟。而其比類不出於象與數之中。其象則仰觀俯察非一端也,其變則消息往來非一例也。故曰雜物撰德,又曰不可為典要。且夫易之數始於二、成於八、盡於六十四,始於三、成於六、盡於三百八十四,此一數也。甲子之數始於十、成於十二、盡於六十,此又一數也。曆之數始於日月之會、成於日月星辰之會,十二月三百六十五日而不能盡也,此又一數也。是三數者,各自為數,而欲牽連而傅合之,此必不得之數也。故曰當

〔註16〕錄自《常州先哲遺書·止菴遺集》。

期之日，又曰當萬物之數，當者略言之云爾。聖人略言之，而後之儒者必欲詳言之；聖人曰不可為典要，而後儒必欲為之典要。於是詞變象占皆欲秩然齊而一之。夫使果可齊而一之，則又烏足以盡天下萬世之變而前民用哉？然而不經川巖之阻不知坦途之樂也，不嘗百藥之毒不知五穀之美也。故塗有所不必經，經之而後悟；味有所不必嘗，嘗之而後饜。若乃經之而弗悟，嘗之而弗饜，是終其身遊川巖而飽百藥也。孟子曰博學而詳說之，將以返說約也。必明乎博與詳之為約也，斯可以博與詳矣。陶生式型，家世傳易，於宋以前之說無不闚，可以為博矣；無不求其所以然，可以為詳矣。既博且詳，可以知返矣。余以諸家之學無所甄明，唯以為善言易者莫如孔子，善言孔子之易者莫如程子。其言婦孺之所解而足以應無方之變，殆所謂易簡而天下之理得者乎？式型師丁君儉卿，儉卿亦云。故其言易但詁解文字而已。式型又益廣之，名其所述曰《周易古義》。余以為其名未覈也，更之曰《周易字詁通證》而為之序。抑余又有進者，古書叚借叚形不叚義，若因形而並叚其義，將求通太廣而至於無所歸。式型其慎檢之，去取有制，則讀易之津梁舍是書何適哉？

◎劉毓崧《通義堂文集》卷二：大畜象傳云：「天在山中，大畜君子，以多識前言往行以畜其德。」今考內外卦有艮象者，自屯至小過凡十五卦，而取象於山中者惟此一卦，誠以古人之藏書必在名山，故欲多識前言往行者，皆當於山中求之，初非以其地之清遠藉資靜悟之力也。鹽城陶君式型，覃思易學，撰述甚富，頃以《山中讀易圖》屬題。余謂昔儒讀易山中者，莫著於明之來知德。然所學雖得漢儒緒餘，而或參以新說，或雜以臆見，不盡合於多識前言往行之訓，識者頗以為惜。今陶君之讀易，既紹承於家學，復奉教於山陽丁儉卿先生，其師承具有淵源，實遠過於來氏。誠由是而精覈古義、恪守成規，將見大畜所謂剛健篤實、輝光日新者，不難於克踐之矣，又豈來氏所能及哉！

陶爕臣等 周易神數 一卷 存

浙江藏鈔本

◎陶爕臣，生平不詳。

陶堯俞 大易講義 佚

◎孫葆田《山東通志》卷百二十七《藝文志》第十：本傳云：著《大易講

義》一書，詞約而理暢。

◎民國《萊蕪縣志》卷十五《藝文志》：《大易講義》，陶堯俞著。

◎民國《萊蕪縣志》卷十九《人物志》：邃於易，著《大易講義》一書，詞約而理暢。

◎陶堯俞，字時雍。山東萊蕪人。諸生。崇禎癸未城陷被執，不屈死。

陶穎 周易廣象 六卷 佚

◎光緒《文登縣志》卷九下一《人物》二：著有《周易廣象》六卷、《書說》《詩說》各二卷、《學庸講義》《四書萃說》《禹貢釋今圖》各一卷、《續柳堂吟草》二卷。

◎孫葆田《山東通志》卷百二十七《藝文志》第十：是書見《採訪冊》。

◎陶穎，字瑞東。山東文登人。諸生。

陶瀛洲 讀易存稿 佚

◎民國《威縣志》卷十《人物志》：凡充南宮、曲周、肥鄉、邯鄲及山西安邑五縣院長。計其終身，大抵在教育界中。著有《讀易存稿》《間吟偶存》二書，蓋經學而兼詞章者也。

◎民國《威縣志》卷十七《藝文志》：《讀易存稿》(清陶瀛洲撰。《讀易存稿》或云《先天易貫》)。

◎陶瀛洲，字亦環。道光乙酉舉人。

陶泳 周易考原 佚

◎光緒《鹽城縣志》卷十六《藝文志》下：陶立中《周易範圍集》、陶泳《周易考原》(以上二部見丁晏《周易明筮編序》)。

◎陶泳，字漢廣。江蘇鹽城人。性純孝。門內肅雍，家範為一邑之冠。

田嘉登 易旨家傳 佚

◎民國《紹興縣志資料第二輯‧書目》著錄。

◎田嘉登，字片升。浙江會稽人。官內閣中書。

田嘉穀 易說 十卷 佚

◎四庫提要：是書以《本義》為主，而取程《傳》輔之，凡他說之羽翼

《本義》者，乃采緝彙編，然所見未廣，引用之語不外永樂《周易大全》一書。自序謂「學者應舉由是求之，庶乎不迷所往」，則本不為發明經義作矣。

◎《皇朝通志》卷九十七：《易說》十卷（田嘉穀撰）。

◎《皇朝文獻通考》卷二百十二：《易說》十卷，田嘉穀撰。

◎田嘉穀，字樹滋，號芹村。山西陽城人。康熙五十一年（1712）進士，選庶吉士，散館任翰林院編修，官江南衛守備，改雲南道監察御史。觀書數行並下，而嗜學尤切。手所鈔撰者動盈尺，或勸少休，答曰：「吾自樂此不知倦也。」又著有《春秋說》，纂《澤州府志》。

田敬傳 周易匯參 佚

◎道光《阜陽縣志》卷十二《人物志》二《文苑》：家故多藏書，暇即手一編。殫思著述，有《周易匯參》《四書質解》若干卷。卒後稿佚失，有《文法指秘》行世。

◎田敬傳，字聖宗。安徽阜陽人。諸生。康熙中納粟助邊，議敘縣丞。

田浚 周易本義正 佚

◎民國《宿松縣志》卷三十二上《藝文志》一：《周易本義正》，田浚著（同治《志稿》本傳。石給諫送清史館《書目》闕載）。浚列《儒林傳》。是書大旨以朱子《本義》為宗，而輔以眾說。頗似元人胡炳文《周易本義通釋》。著書極多，俱待刊行。

◎民國《宿松縣志》卷三十六下《列傳》一下《儒林》：著有《周易本義正》《春秋測微》《春秋世系攷》《石鷓論》《周禮序官攷》《喪禮攷要》《授兒編說文》《敦睦堂詩韻》《帝系攷略》《晉書雜詠》《務本錄》《純正蒙求》《敦睦堂文集》。

◎田浚，字匯泉，學者稱養正先生。安徽宿松人。增貢生。讀書過目成誦，數遍輒終身弗忘。以經學受汪廷珍知，有「解經不窮」之喻。廷珍視學江西、浙江、江蘇，俱聘司襄校。主六合書院，占經學、理學分科教授，有蘇湖風範，鑄漢宋於一爐而冶之，一時成就甚繁。卒年五十九。

田壘 易經解 佚

◎民國《潛山縣志》卷十四《人物志》四《文苑》：尤邃於易，推衍先後天卦畫，著有《易經解》。

◎田壘，字左泉，號培峯。安徽潛山人。乾隆丙辰舉人。丁巳會魁，廷試後以知縣用。性孝友。操選政十餘年。年未逾四十卒。又著有《小品元音》《帖括津梁》等書。

田穆 周易淺說 佚

◎光緒《富平縣志稿》卷六《人物傳》下：著《周易淺說》待梓，稿燬於兵燹。

◎田穆，陝西富平人。副貢。篤實好學，至老弗衰。

田五柱 說彖 一卷 存

嘉慶二年（1797）田聯科鈔本

◎孫殿起《販書偶記》卷一：《爻象釋》四卷、《說彖》一卷，內邱田五柱撰。嘉慶二年其子田聯科抄本。

◎田五柱，字擎公，號陸魚。直隸順德府（今河北邢臺）內邱大良村人。雍正八年進士。發河南試用知縣、順天府教授。

田五柱 爻象釋 四卷 存

嘉慶二年（1797）田聯科鈔本

◎孫殿起《販書偶記》卷一：《爻象釋》四卷、《說彖》一卷，內邱田五柱撰。嘉慶二年其子田聯科抄本。

田易 讀易微言 佚

◎民國《紹興縣志資料第二輯‧書目》著錄。

◎田易，字濱遇，號易堂。浙江會稽人。

田□□ 易數 佚

◎紀大奎《雙桂堂稿續編》卷九《書田生易數》：丙子三月，田生以所著《易數》求質於余，書以示之。易為天地自然之理數，非可以私意安排；易又為天地渾淪森然畢具之理，非可以私意數割裂。破卦、承卦之名既詭於正，其破卦所取之干支，非六十甲子森然畢具之干支；承卦則干裂其二、支裂其四，卦疊四而裂其四，尤類於後世穿鑿附會假占驗以欺人之術。蓋第以占驗則術之小者亦驗、邪者亦驗，非天地自然之理數也。第惟天之生人，各

畀以靈明之性，雖其穿鑿附會，亦足徵靈明之自具可以亟返而歸於吾學之正。要知易以理為主，理者數之所從出也；學易以人事為先，人事者，天道之所默存也。故必專求於六十四卦之君子以，然後理明而事修，如君子以自強不息，以厚德載物，以非禮勿履，以恐懼修省之類是也。又必精求之於元亨利貞，天之四德賦於人即為仁義禮智之四德，發於情而即為惻隱羞惡辭讓是非之四端，此吾身之真易也。由是以學之，身心意知之地、視聽言動之間皆真實而無妄，則易之理得，理得而數無不通，故曰吉凶悔吝生乎動，又曰天下之動貞夫一，一者理也。舍理而求數，又溺於穿鑿附會割裂之數，則靈明之用失其正，將昧吉而蹈凶、招悔而取吝者，往往有之矣。學者其可以不懼乎？

又書：承卦以干支取卦爻而轉失干支之理。干支之理，一曰花甲子者，分之而十干各得其六，每十數而得其一也。一曰渾天甲子者，合之而六十甲子之終始相續而不絕、周流而無間也。今此承卦之起干支，自乾二乙丑至坤十六己卯，凡十五位；而甲子干支之首庚辰至癸亥四十四干支之終皆不得與。又此十五位起數之順逆分布得一百二十干支，於六十甲子宜兩周，於十干宜各兩其六。今以其法按之，甲乙丙丁十有一，己庚辛壬十有三，惟戊與癸得十二，而支之應兩其六者，或缺二而複一，或缺一而複二，或缺一而複一，於是綜六十四卦之干支，列之得五百一十二，而多寡缺複更不能以齊。如甲之子得其七，寅得十一，辰戌皆十二，午申皆五。其餘九干之不齊皆類是。是六十甲子分之而既非，花甲之均值合之而更非，渾天之無間也。或曰人事之數非萬有而不齊乎？曰：不齊者數之散殊者也，無不齊者數之統體者也。有統體而後有散殊，如人以生年月日時所值之干支為命，此散殊而不齊者也；以年乘月，以日乘時，各七百二十兩者相乘為五十一萬八千四百，皆六十甲子渾天之周流，而未嘗有所多寡於其間，此數之統體無不齊者也。又如洛書之分布甲子，三元相續得一百八十干支，而九與六十之數無不齊於是，統之於一，分之於兩，散之於四千三百二十之各有不齊，蓋惟無不齊而後可以有不齊，故一可以萬、萬可以一，有非人之私意所能安排者。若此承卦六十四盤之統體，已萬不能齊，而又何殊之可散乎？蓋卦爻干支不用其理之相為用，而用其數之不相為用，故以甲用卦而甲之多寡缺複不能齊，是以卦害甲也；以卦用甲而承卦六十四盤之三百八十四爻，不能以悉備，是以甲害卦也。兩相害而不得以相成，以其非天地自然之理數故也。

廷樾　易學管窺　無卷數　存

國圖藏同治刻本

◎劉體信《萇楚齋續筆》卷二「冷姓」條：輝發縣有廷姓：廷樾字雅南，官建陽縣知縣；廷□字芳宇，官至鹽運使。樾撰《報好音齋文稿》三卷，同治八年仲冬刊本。雖名《文稿》，實為《易學管窺》。復有《陰符經臆說》一卷則未見。

◎廷樾，字雅南。滿洲人。官建陽知縣。又著有《報好音齋雜說》一卷、《陰符經臆說》一卷，與《易學管窺》合稱《報好音齋文稿》。

同文書局主人　經藝宏括易經　不分卷　存

國圖、山東、福建、吉林、哈爾濱藏光緒十一年（1885）上海同文書局石印經藝宏括本

東臺藏光緒十四年（1888）上海積山書局石印經藝宏括本

陝西師大藏光緒十四年（1888）同文書局石印經藝宏括本

◎書名採《山東省圖書館館藏易學書目》所擬。

◎同文書局主人，生平不詳，又編纂有《試帖玉芙蓉集》四卷、《小題文府》。

同文書局主人　周易合纂大成　四卷　存

國圖、天津、河北、遼寧、天津師範大學、杭州、溫州、紹興、寧波、中國天津市委黨校、中國民族圖書館藏光緒十一年（1885）上海同文書局石印五經合纂大成本

蘇州大學、陝西師大藏光緒十一年（1885）廣百宋齋石印五經合纂大成本

國圖、佛山藏光緒十八年（1892）上海書局石印五經合纂大成本

貴州藏光緒十九年（1893）上海積山書局石印五經合纂大成本

復旦藏光緒二十二（1894）文海雨記書局石印五經合纂大成本

寧波、嵊州藏光緒二十六年（1900）上海慎記書莊石印五經合纂大成本

遼寧藏光緒上海凌雲閣石印五經合纂大成本

佟朝選　尼山心法　八卷　存

湖南藏 1930 年刻本（楊吉陞述）

遼寧藏奉天關東印書館 1936 年鉛印本

◎《東北文史叢書》編輯委員會編《奉天通志》卷一百九十三《人物》二十一《鄉宦》十五：歸家閉門讀易凡十八年，著有《尼山心法》付梓。

◎佟朝選，字瀚一。遼寧海城人。由領催辦牛莊倉務，革官斗漏規。繼辦營口船捐。在差多年，積資置產盡捐歸公。

佟國維　卦爻辭義　存

鈔本

◎楊鐘羲《雪橋詩話》卷第十二：就園都統雙成，嘗於西安市上購得《卦爻辭義》一冊，乃其先世太傅端純公佟國維所著，命其子德克新作序、隆科多繕錄者。錄成為康熙丙戌，百數十年流落關中，適為其後人所獲。毛大可有《佟國舅一等公周易注序》，當別為一書也。隆科多為太傅第三子，吳仲雲尚書謂其書法秀整，頗近晉唐人。就園出庠生，歷官協領，戊戌、壬寅間防乍浦有功，丙午授西安副都統，後署寧夏將軍。甲寅隨科爾沁忠親王剿匪東平，奏捷於馮官屯，進剿連鎮，戰功尤著。治軍之暇，手不釋卷。逮於年老乞休，賞食全俸。壓裝萬卷，劇見儒將風流。著有《聽雨軒集》二卷、《歸田草》一卷。少與巴爾達澐巖翁同塾，歸里後把酒評詩，往來成二老焉。澐巖名廷玉，字蘊之，平生好古嗜書，兼工繪事。杭州滿城當會城之西隅，著有《城西古跡考》八卷，所為詩曰《蒼雪齋橐》。

◎恩華《八旗藝文編目》：目見《雪橋詩話》。

◎佟國維，滿洲鑲黃旗人。襄勤公佟圖賴之子，忠勇公佟圖綱之弟。初任一等侍衛，康熙九年（1670）授大臣，廿一年授領侍衛大臣，尋列議政大臣。廿八年封一等公。聖祖三十五六年西征葛爾丹，皆從。五十八年薨。雍正元年（1723）贈太傅，諡端純。

佟國維　周易　四卷　存

中山大學藏康熙四十一年（1702）佟國維刻本

◎一名《公易》。

◎宋程頤原傳。

佟國維　周易彙統　四卷　圖一卷　存

遼寧藏康熙四十一年（1702）刻本

山東藏清刻本

四庫未收書輯刊影印康熙四十一年（1702）刻本

◎目錄：卷之一上經。卷之二下經。卷之三繫辭上傳、繫辭下傳。卷之四說卦傳、序卦傳、雜卦傳。

◎周易圖目：河圖圖、洛書圖、伏羲八卦次序圖、伏羲八卦方位圖、伏羲六十四卦次序圖、伏羲六十四卦方位圖、文王八卦次序圖、文王八卦方位圖、錯綜往來變化圖、八卦取象隔、分宮卦象次序，上下經卦名次序歌、上下經卦變歌。

◎佟國維序：《易》之為書始於伏羲八卦，該盡天地萬物之理，而文王、周公繫之以辭，闡其未發之機；孔子《象傳》《文言》通釋易之大旨，而明乎象占者也。後學由辭達義則端緒可辨矣。然以仲尼之聖，猶三絕韋編而嘆之曰其道甚大。蓋其道體至神，微妙而莫測，簡易而難從。易即道也，道為天地之本，天地為萬物之本，以天地觀萬物，則萬物為物；以道觀天地，則天地亦物也。道之道盡於天矣，天之道盡於地矣，天地之道盡於物矣，天地萬物之道盡於人矣。人能知其天道萬物之道所以盡於人者，然後能盡民也，能盡於民則能盡萬物，能盡萬物則能盡天地，能盡天地則合於道矣。道即理也，理也者，治理天理者也。天何理耶？四德終始，四時順行，不待理而謂之理，以其無所理故謂之理也。理即心也，盡其心者知其性也。至哉斯言！蓋性也者心之體，心也者性之發，易為天地之用，心為性之用也。天地無往而非易，人無往而非心，善明乎易者則明其心，其心善明者則明乎易矣。此道玩於腐儒，諷誦之餘，隱於百姓日用之末，若離心求易，豈不遠乎哉？予少習武事，未嘗讀書，偶於《周易傳／義／大全》採取伊川先生及宋諸儒說中精粹而易明者，稍加融貫，彙集成帙。夫易道之大，敢云窺其高厚者哉？後之高明，以為何如耳。大清康熙壬午中秋前二日，佟國維序。

◎《西河文集》序三十三《佟國舅一等公周易註序》：《易傳》有辭、象、變、占四義，而後儒說易，每以此定五易之準。故東京建學，首以施、孟、梁丘，並京房四家，分立學官。大抵施氏、梁丘氏同出於田王孫之門，以小章句起家，專主易辭。而孟喜、京房則別以卦候五行陰陽災異刻劃夫象變，以訖於占。而其後費直說行，梁丘與施氏並亡。西晉而孟、京諸書僅採入漢《五行志》，略見百一。而世之為師承者，於此絕焉。顧費氏說辭猶盛有古義存乎其間，是以鄭元、王肅輩習費氏學者，彪蒙彌互其為舊辭之詁訓未嘗乏也。王弼起而盡掃之，不特象占亡，即辭亦無一存矣。宋學代起，並四義

而分之為二，曰理、曰數，以為辭者理也，象與變無占，數也。程子言理過於王孫，而邵氏堯夫且復著圖象於孟、京之外，而漢易四學為之一新。予嘗謂學有遞趨而難於驟返，經師授受，但當就近儒所說以徐通指歸。漢易殘闕，自不如宋易之備而可徵，而無如後此者之仍紛紛也。皇舅佟公闡精一之祕，世嬗理學，因謂三古先聖奕代相傳之道莫逾於易，乃博討羣書，溯源竟委，上自儀象以下逮名物，無不周知其義，而又妙簡於諸儒所學，專以程朱之理、邵氏之數，定為指歸，謂非親見三聖，特標夫五易，而能若是乎？我皇上遠紹羲農，合墳典丘索之書而萃於一身，開運會以衍《連山》，擴地軸以繼《歸藏》，統天地民物家國政治，以隱胎乎乾坤坎離咸恆既未之易，而為之鋪者，復能發明理數，別抉幽微，表兩經十傳，為天下後世法則，此真尋蜚以來一啟闢也。朝廷下搜書之令，凡天下魮生家有裨經學者，皆得獻之禮官，進充祕府。夫聖人出世，自有圖書，四庫既開，吾必以是書為河洛之先事也已。

◎尚秉和《易說評議》卷二有議論可參。

佟國維 周易注 未見

◎恩華《八旗藝文編目》著錄。

童光俊 易經解 佚

◎光緒《黃州府志》卷三十二《藝文志》：《易經解》，羅田童光俊撰。

◎童光俊，湖北羅田人。著有《易經解》。

童鉉遠 易學管窺 佚

◎康熙《安慶府志》卷十九《文學傳》：著有《易學管窺》《慊菴制藝》，門人張廷璐刊以行世。

◎道光《續修桐城縣志》卷之十五《人物志・儒林》：著有《易學管窺》，門人張廷璐鐫板行世。

◎道光《續修桐城縣志》卷二十一《藝文志》：《易學管窺》（明童鉉遠撰。見《江南通志》。未載卷數）。

◎童鉉遠，字方平。安徽桐城人。邑廩生。刻苦勵學，程書自課，寒暑不輟。嘗講易於張相國五畝園，一時列坐而聽者數十人。其門人受業者多知名，而鉉遠竟困躓場屋以終。

童積超　童氏易通　二卷　存

北大藏嘉慶刻本（附圖說）

◎一名《童氏易通》。

◎童積超（1753～1832），字牧謙，號一齋。福建連城人。又著有《學庸講義》《太極西銘解》。

童季　易學問答　佚

◎民國《連城縣志》卷第二十《藝文志》著錄。

◎童季，福建連城人。又著有《羅經說》。

童模　易義繼志　二十三卷　首一卷　存

上海、浙江藏道光十四年（1834）刻本

◎童模，生平不詳。

童能靈　周易剩義　二卷　存

中科院藏乾隆四年（1739）冠豸山刻本

光緒二十三年（1897）童氏木活字印冠豸山堂全集本

四庫存目叢書影印乾隆四年（1739）冠豸山刻本

◎目錄：卷一：河圖具太極兩儀四象八卦、河圖分數先天八卦、河圖合數先天八卦、河圖分數後天八卦、河圖合數後天八卦、洛書先天八卦、洛書後天八卦、河圖先天變後天八卦、河圖中數用九用六、河圖全數大衍之體五十、河圖全數大衍之用四十九、河圖分二卦一揲四歸奇、河圖具先天六十四卦、河圖先天中卦、河圖先天八辟卦、河圖先天四十雜卦。卷二：河圖先天六十四卦為大衍五十之體、河圖變動全易流行為四時成歲之法、河圖後天中卦、河圖後天八辟卦、河圖後天雜卦四十變四九餘四卦歸中、河圖全易以先天大衍之體含後天大衍之用、大衍用卦綱領節目、周易上下經卦序分四正四維、周易上下經卦序先天生出次第循環無端、周易上下經卦序天地闔闢四時成歲、周易上下經卦序天地定位、周易上下經卦序摩盪於邊定位於中（《參同契》納甲之本）、周易雜卦與序卦相為經緯。

◎凡例：

一、畫卦本於圖書，朱子《易學啟蒙》以中數為太極、外八數為八卦，云：「析四方之合為四正，補四隅之空為四維」，亦甚明確，但於某數應得某

卦未嘗逐一疏明其義，故他日《語類》又云：「河圖洛書與八卦九章不相著，不知何故？」是當時猶自疑之也。今特分為兩層，生出之初為氣，變合之後為體，而於中數之外奇偶各四分為生、長、成、老四節，然後按以先天後天之象，則一一皆可見矣。

一、河圖去中數為太極，此外奇偶各四者，始於一二，至於八九而窮，窮則當變也。又生數丘於五，過乎五為成數，六七是也。自成數而過，則老而變矣，八九是也。此為生出之序。自少而多，節次自然如此，惟此一層，前人未經拈出，但執陽進陰退而謂以九六為老，位於河圖之西北，遂與先天卦位不相當，無由知數中含象之義也。

一、太極者渾然一理，而朱子以中數五與十當之，正以見太極之為實理而仍不害其為渾然一理也，其說頗長。愚嘗《中天河洛及太極辨微》，已詳言之，此不重見也。

一、愚於中天河洛嘗分河圖為天之動靜二體，今以《周易‧序卦》合於三百六十五日四分一歲法證之，其於動體益見分明云。

一、八卦之象天地水火風雷山澤，見於《大傳》者，聖人序卦實用此象，孔子不言，而但就卦名立說者，以其切近人事，亦即以默而存之聽人自領也，所謂子罕言命；而程子不說太極，恐人走別路之微意也。後人既深求序卦之由，愚偶於象中得之，殊覺分明。又愚於六十四卦中獨取四分之一得一十六卦，以為中徑居於河圖之中，數四而得序卦之綱領：在先天為上篇之乾坤泰否夬離六卦，下篇之震艮巽兌既濟未濟六卦，而合上下篇之收束四中卦頤大過中孚小過，共得一十六卦也；在後天則易其四中卦而取上篇之上、下篇之上咸、恆、損、益四交卦以合十六之數，大抵四中四交分動靜而合於綱卦也。又於綱之外取前人十二辟卦中得八辟卦居於河圖之外八數，蓋十二辟所以應十二月之體，而八辟所以應八節之氣，各有所當也。綱領既得，然後提挈總散，化裁變通，河圖大衍歲法無往而不可會通矣。

一、天地之數止於十，全具於河圖，分之為五十有五，而聖人揭之為大衍之數五十，觀於其變為四十有九，分左右為兩而掛其中為一，又就分中細分之為揲卦，外復扐之為奇。蓋分而揲者偶也，掛而扐者奇也，奇必繞偶，偶自含奇，天地人物萬事萬理皆不出於此矣，故以之卜筮，隨感而應也，六十四卦能不歸于此哉？

一、二篇綱卦二八一十六之外，上篇乾坤之下八卦、泰否之下坎離之上

二八一十六卦，此奇中偶也。下篇咸恆之下八卦、損益之下八卦、震艮之下巽兌之下各四卦合成八卦，此偶中奇也。泰否交於乾坤之下，既濟未濟乃交於震艮巽兌之下者，所以統四維於坎離，而合二篇為一篇，故下篇多二卦云。

◎童能靈序：易有理焉，有數焉，有象焉。理無體，以象數為體，是故合象數而談虛理，非易也。理有分殊而數著，數有奇偶而象分。一數具一象，如形之取影，各肖乎其形；全數具全象，如冶之鑄金，不躍乎其冶。自其異者而觀之，為圖為書，為大衍之體與用，即數與數異矣；為先天為後天，為《周易》之序卦與雜卦，即象與象又異矣。自其同者而觀之，大衍即圖書之全體而無餘欠也，《周易》即先後天之合撰而無參差也。其為是哉？圖書之正，非先天無以觀其靜；其變也，非後天無以求其動。而先天之動以為《周易》也，非圖書為之分中分邊，則象之由根幹而枝葉者不辨矣。非大衍為之別體別用，則象之由分合而伸縮者不見矣。以根幹枝葉而分合伸縮然後方圓互通。卦數六十有四歸於河圖，而五十有五統於大衍，而五十變而之用，為四十有九而分掛揲。扐象，兩象三象四象。閏者，天以之運行，地以之奠位，萬物以之類聚羣分，聖人以之觀會通而行典禮焉，蓋其為全數全象者如此。即其為一數一象亦如此。此易學製體要也。夫四營而成易，十有八變而成卦。方其三變而成一爻，其為分卦揲扐者已悉具於其中焉。是故易統於六十有四，而一卦一爻莫不具六十四也。引伸觸類而可以畢天下之能事者，此也。然其本初，不出乎天一、地二、天三、地四、天五、地六、天七、地八、天九、地十之河圖，則庖羲所以立畫，文、周所以繫辭，而孔子所以為之傳者，悉取諸此，未之或溢焉。遍選前哲之書，其於易理無遺憾矣。而獨此象與數之間分焉而實合，異焉而實同者，猶有待於學者之推求焉。靈自早歲受易先人，於今白首僅而得之，乃備著其說以為有志於象數者庶幾於此得其門庭焉，即全易之理可循是而貫通，其於初學未必非一助也云爾。乾隆己未歲五月望日，連城童能靈謹書。

◎四庫提要：其論易專主河圖以明象數之學，雖曼衍縱橫旁推曲闡，亦皆有一說之可通。然云得作易之本旨，則未必然也。其亦張行成之支裔歟！

◎童能靈，字龍儔，號寒泉。福建連城人。雍正中貢生。又著有《朱子為學次第考》二卷、《理學疑問》四卷、《冠豸山堂文集》二卷。

童榮南 周易尚書春秋三經義貫 佚

◎民國《連城縣志》卷第二十《藝文志》：著有《周易尚書春秋三經義貫》《未能信齋詩文集》。

◎童榮南（1792～1850），字翰周，號質夫。福建連城人。孝廉童廷寅仲子。道光乙酉拔貢、癸卯副貢。學有淵源，前後掌教豸山，中主講廣東南雄州道南書院。晚年又與鄢典臣倡建作韶吟社。又著有《未能信齋文集》《連邑風俗志》《四戒編》等。

童汝槐 大易注 佚

◎乾隆《紹興府志》卷七十七《經籍志》：《大易注》（李《志》。童汝槐撰）。

◎乾隆《紹興府志》卷五十三《人物志》十三：註大《易》、《洪範》諸經解。

◎童汝槐，字德符。浙江會稽人。

童有炎 周易貫解 佚

◎道光《續修桐城縣志》卷二十一《藝文志》：《周易貫解》（童有炎撰）。

◎童有炎，安徽桐城人。

童械 讀周易記 六卷 存

山西大學、四川藏同治十三年（1874）刻本

◎附《讀大學中庸說》一卷、《讀尚書記》一卷。

◎童械，字牧村，號遜荂。四川新津人。槐軒門人，《槐軒雜著》錄其書跋。咸豐三年（1853）進士。咸豐十一年（1861）為錦江書院主持。後官雷瓊道。長於經學及詩古文詞，書法近褚遂良。卒年七十餘。又著有《四書正本》十九卷、《四書句辨》一卷、《疑字辨》一卷、《四書圖》一卷。

涂州守 易說 八卷 佚

◎同治《臨川縣志》卷四十三《人物志》五《文苑》：中年潛心經義，六經各有訓釋，於《周易》尤精。所著有《尚書存古》《易說偶言》及《竹山詩古文集》。

◎同治《臨川縣志》卷四十九《藝文志》：《易說》八卷（涂州守撰）。

◎光緒《江西通志》卷九十九《藝文略》一《國朝》：《易說》八卷，涂州

守撰（《臨川縣志》）。

　　◎涂州守，字性若，號樸寰，又號竹山。江西臨川人。又著有《尚書存古》、《偶言》二卷、《竹山詩文集》二卷。

屠用豐　周易會纂讀本　四卷　存

　　四川藏嘉慶十三年（1808）孝感屠氏臥雲堂江蘇刻五經會纂本

　　◎屠用豐，湖北孝感人。官江夏訓導。又著有《春秋三傳會纂旁訓》。

W

完顏偉　天人一貫圖說　一卷　存

國圖藏光緒二年（1876）刻本

國圖藏鈔本

◎完顏偉（？～1748），滿洲鑲黃旗人。雍正九年由內務府筆帖式授堂主事。乾隆二年擢浙江按察使。六年授江南河道總督，歷至左副都御史。

宛名昌　大衍圖說　四卷　存

國圖、湖南藏同治十二年（1873）長沙荷花池刻本

◎一名《大衍制用圖說》。

◎目錄：卷一溯源，卷二尚象，卷三測實，卷四訂偽。

◎石相焜序〔註1〕：易之道廣矣大矣，其言筮數蓍策之法，詳見於《繫辭》《說卦》二傳，學者不知大衍，無以為筮法；不精象數，無以為大衍。大衍用數之法，與《周官》太卜蓍人所掌同不同未可知，但既係聖人明訓，其為至當不易無疑。註易家無慮千百，其釋此二傳者類不免影響牽合，依樣壺盧，無能有一縷心精，不假依傍，直入其室而究其端緒、發其奧蘊者。則是其所衍之數具數而已，安見為聖人至當不易之法哉？表兄宛君柏篠學易三十年矣，殫精研思，無微不入，於大衍參兩倚數制為之圖，輔以辨說。初閱之不甚了了，尋繹久之，雖頭緒繁多，而冥搜默會，覺六通四闢，條貫分明。其圖雖創而實精，其說雖辨而實允。合之聖人揲蓍求卦之本旨，不爽絲毫。雖不敢謂

〔註1〕光緒《黃州府志》卷三十二《藝文志》收錄此序有節錄。

此書出而諸說坐廢,而辭足指實,義不乖經。天下自多精心人,孰得孰失,必有能辨之者。

◎光緒《黃州府志》卷三十二《藝文志》:《大衍圖說》四卷,黃梅宛名昌撰。

◎宛名昌,字柏箴。湖北黃梅人。生員。學易三十年,多有心得。嘗與修光緒《黃梅縣志》。

萬光泰 若山易說 一卷 存

國圖藏清鈔本

光緒陶守次刻本

◎萬光泰(1712～1750,或謂 1717～1755),字循初,號柘坡。浙江秀水(今嘉興)人。乾隆元年(1736)薦舉博學鴻詞,不第。中鄉試。精小學,尤精曆算,又工詩。嘗應梁詩正邀與續纂《文獻通考》。又著有《九經韻證》附《經韻餘論》、《轉注緒言》三卷、《漢音存正》二卷、《遂初堂音類》一卷、《急就章補注》二卷、《說文凝錦錄》一卷、《柘坡居士集》。

萬承蒼 周易觀象 佚

◎同治《南昌府志》卷六十二《藝文》:萬承蒼(《周易觀象》《儒廬詩文》)。

◎光緒《江西通志》卷九十九《藝文略》一:《周易觀象》,萬承蒼撰(《南昌縣志》)。

◎萬承蒼(1682～1746),字宇兆,號孺廬。江西南昌人。幼喜讀宋人講學之書。康熙五十二年(1713)中進士,改翰林院庶吉士,散館授編修。經學淹貫,與朱軾、李紱並稱江右理學名臣。因與臨川李紱交密罷官。雍正時復原職。乾隆元年(1736)任廣西鄉試正考官。九年,充福建鄉試副考官,後升侍講學士,不及三年而卒。精史學,於《宋書》《南史》多所考證。又著有《萬學集》《孺廬集》。古文重義理,飾文辭,陳義高而不為詭激之論,訓辭厚而不為僻澀之譚。

萬復 讀易悟言 佚

◎光緒《江西通志》卷九十九《藝文略》一《國朝》:《讀易悟言》,萬復撰(《南昌縣志》)。

◎萬復,江西南昌人。著有《讀易悟言》。

萬惠 河洛圖說 佚

◎嘉慶《寧國府志》卷三十一《人物志・方伎》：年六十餘，著《河洛圖說》《易二傳解註》，並及數學精微、天文星氣、形家理氣諸書，既而謂秘書不當洩，悉焚之。

◎嘉慶《涇縣志》卷二十《藝術》：年六十餘，著《河洛圖說》《易二傳解註》及數學精微、天文星氣、形家理氣諸書，既而謂秘書不當洩，悉焚之（錢《志》）。

◎嘉慶《涇縣志》卷二十六《藝文》：萬惠《易二傳註》（錢《志》）。

◎萬惠，號德軒。安徽涇縣震山鄉人。初言學主孟子性善之說，遇異人，授太乙神數，遂兼通象緯、占步之術，每言軍國大計，吉凶皆歷驗。

萬惠 易二傳註 佚

◎嘉慶《寧國府志》卷三十一《人物志・方伎》：年六十餘，著《河洛圖說》《易二傳解註》，並及數學精微、天文星氣、形家理氣諸書，既而謂秘書不當洩，悉焚之。

◎嘉慶《涇縣志》卷二十《藝術》：年六十餘，著《河洛圖說》《易二傳解註》及數學精微、天文星氣、形家理氣諸書，既而謂秘書不當洩，悉焚之（錢《志》）。

萬經 辨志堂新輯周易集解 四卷 上下篇義一卷 筮儀一卷 圖一卷 卦歌一卷 存

哈佛藏康熙二十五年（1686）西爽堂刻本

◎一名《易經集解》。

◎封面鐫：彙集註疏、程傳、朱子全書、宋元語錄、蒙存、通典、廣義、會解諸書。

◎例言：

今學易者惟宗《本義》，故是編一以《本義》為主，他說謂朱子立言專主卜筮，獨不思馬端臨所云「易之象數卜筮不出義理之外」乎？蓋有此義理則有此象有此數也。茲槩不雜他說，庶令制義家開卷瞭然。

易說至今，人自為書，既繁且盡，今縱思創解，究未免效顰之誚。集中惟會通諸說，或匯入正講，或采列旁參，務期要義不漏，複義不支。至向來俗說中一切排偶之辭蕪穢之句，澄汰不遺餘力，俾理解為之廓清。

集中序講，多取資前說，惟務簡約。故不載所著姓氏。疏解處，載某書某人，以限於尺幅，止初見一條書其姓氏，後但書字書號而已。至《大全》所採既夥，並不復列書名云。

製裘非一狐之腋，鑄鼎非一牧之金。諸儒時代既異，則說必參錯不齊，茲一以經文為次序，不復循說家先後。若《繫辭傳》天尊地卑節及《序卦傳》兩篇，難序姓氏，並為削去。

易說惟註疏為近古，然註病其簡，疏病其繁。是集凡有援引，要補《本義》所未及，略者詳之晦者明之，非敢以臆斷為取舍也。

《大全》一書，《傳》《義》並列，宋元諸儒各有詮解。茲所裒集大都與《本義》相發明，間有節錄於《傳》者，皆《本義》之合於程子者也。

《大全》而後，易說之多指不勝屈，求其折衷於《大全》、闡發夫《傳》《義》者，無如虛齋之《蒙引》，故集中所錄獨多，次則次崖之《存疑》。

予家世學易，先王父悔菴公以易起家；大伯父繩祖，於易解網羅最富，每為經陳說，多所指授；三伯父正符輯《參義》一書，採擇唐宋元有明易說甚備，其研悉義理，直抉天人奧旨，實與傳註表裏，以卷帙繁重，未能即梓。適坊友以易解來商，經即於《易參》中取其尤切舉業者，輯成是書，其中於伯父獨見僅登十之一二，不免罣漏之憾。間以鄙意附後，亦得之提命者為多。

往己酉、庚戌間，先君子偕諸父從兄，訂里中同志，倡為講經之會。每月再舉。首《易》，次《詩》，次《書》以及《春秋》、《三禮》，暢明經學，盛於一時。第所闡多表章先聖作經之旨先賢述經之功，或未宜於制義，是編不敢盡入，偶載一二，殊覺闕如。

予年來流寓武林，不敢妄有交游。離群索居，自慙鄙陋，幸高夒采先生、黃旦暘表伯，俱授經來杭，得以就正，剖疑質難，嘉惠非淺。

《毛詩解義》已與范子稼軒商榷成書，方付剞劂，不日即可問世。而壁經正在編輯，亦當嗣出以質高明。

丙寅閏四月甬江萬經識。

◎陳錫嘏〔註2〕《新輯易經集解序》：六經聖人之微言大義也，其旨非後儒一人之說所能定。漢之《石渠》、《白虎》，異同紛紛，而玉山氏反謂之一道德而同風俗，其說良然。然自漢以來所號為明經者，又必以專門之學為精，其何故哉？泛瀾諸家則聰明易眩，而宗主一師則授受有源也。後世科舉取士

〔註2〕字介眉，號怡庭。浙江鄞縣人。黃宗羲弟子。長於制義，以經學名。

之制，每經各有所宗，其所以防異端曲學之亂者甚嚴。顧習之既久，學者徒
徇其詞而不知其意，鹵莽滅裂，匪獨經學不明，而所宗之傳亦已荒蔑久矣。
即如大易，初則傳義並行，繼則棄傳從義，今且不識義何如、義即何論，義之
於傳，其離合安在乎？吾黨講經之會，蓋竊有憂於此。其時萬子充宗用功最
力，天不假年，惜未卒業。而令子授一迺出而成《集解》一書，議者謂充宗所
講者易，經學也；授一所講者《本義》，傳學也，其旨不能無異同。余謂天下
事必精於其所常學者，而後能及於其所未學。《本義》固天下之所常學者也，
集眾解以發明之，而後天下之所未學者始可從容而旁及，安得謂專門之學非
聖人之微言大義所從見乎？語云：「良工之子必學為箕，良冶之子必學為裘」，
又云：「工欲善其事必先利其器」，又云：「凡祭川者必先河而後海」，授一是
書，在充宗視之固箕裘也，在天下舉業之士讀之則器也，在有志窮經者觀之
則又河也。余願天下之見是書者俯首覃心於其間，棤輪為輅，積水生冰，易
庶幾其復興乎？康熙丙寅孟夏上浣，同學陳錫嘏序。

　　◎萬經（1659～1741），字授一，號九沙。浙江鄞縣（今寧波）人。承
父斯大、猶父斯同及從兄言之學，又問業應撝謙、閻若璩。康熙四十二年
（1703）進士，歷官翰林院庶吉士編修、山西鄉試副考官、提督貴陽學使
等，後因事罷歸。乾隆初舉鴻博及薦修三禮，不就。好金石，工書法。晚年
重修《寧波府志》。增補父斯大《禮記集解》，重修季父《歷代紀年》，續纂
萬言《尚書說》《明史舉要》。其著述遭回祿多散佚。今存《分隸偶存》二卷
傳世。

萬立義　周易全解　佚

　　◎光緒《江西通志》卷九十九《藝文略》一《國朝》：《周易全解》，萬立
義撰（《渝水詩觀小傳》）。

　　◎萬立義，字方志，號退夫。江西渝水人。著有《周易全解》。

萬年淳　易拇　十五卷　存

道光四年（1824）刻本

四庫未收書輯刊影印道光四年（1824）刻本

◎全書圖說七卷、經說三卷、例說二卷、通說二卷、附說一卷。

◎易拇・圖說目錄：

卷之一圖說一：河圖中五圖、河圖中五十圖、河圖陰陽成方圖、洛書陰

陽成圓圖、伏羲八卦配河圖、文王八卦配河圖、伏羲八卦配洛書、文王八卦配洛書、羲文八卦交易、伏羲八卦次序、伏羲八卦方位、兩順相加成河圖、一順一逆相加成洛書、知來藏往圖、河圖之數回環相加成洛書、正對為洛書錯綜為河圖、縱橫十五回環相加皆五十圖、陰陽分奇耦之象、乾坤成列圖、伏羲畫六十四卦橫圖、伏羲六十四卦圓圖（又謂往來順逆圖）、十干流行對待（二以三為根，四以五為根，六以七為根，八以九為根，十以一為根）、伏羲六十四卦方圖、六十四卦方中藏圓圖、互卦圖（又謂磨盤圖）、六十四卦八卦為經坎離為用圖、伏羲八卦之次坎離為中、文王八卦之法坎離為中、乾坤代謝圖、伏羲八卦配三才之圖、伏羲八卦豎立分三才之圖。

　　卷之二圖說二：太極圖、太極生兩儀圖、陰陽互根圖、兩儀生四象圖、四象生八卦圖、璧卦圖、二聖八卦之次、三聖六十四卦之次、序卦表、雜卦表、雜卦圖、卦有占無象者十六卦表、爻有占無象者五卦表、爻有象無占者三十三卦表、一爻有卦名者四卦表、二爻有卦名者七卦表、三爻有卦名者五卦表、四爻有卦名者十四卦表、五爻有卦名者十四卦表、六爻皆無卦名者六卦表。

　　卷之三圖說三：孔子大象、八卦取象表、六十四卦取象表、萬有一千五百二十積算圖、日月晦朔弦望納甲五行圖、孔子納甲八卦直圖、參同契納甲五行圖、納甲分對待圖、納甲橫圖、納甲分東西圖、十二支納甲表、九星配二十四山納甲表、洪範納音五行表、墓龍變運表、二五皆坤宮之數表、納音原於八卦隔八相生分三元之表、十二支配十二律表、納音旋宮圖、太元之數定位表、大衍之數定納音表、八風八音配八卦之圖。

　　卷之四上圖書四：三陳九德以捐為修德之主圖、三陳九德以巽為制德之主圖、九德分上下經次第圖、大衍之數全圖（二積、四積、六積、八積、十積、三積、五積、七積、九積）、虛一虛二虛三以七為中圖、橫畫直畫式、五生數式、天象以七為宗圖、一九相循環對待之圖、河洛合一中各虛五圖、九六合一之圖、大小遊年卦爻表、九星八卦之變圖、十二月璧卦圖、四仲四孟四季值月卦圖。

　　卷之四下圖說五：河圖起加減法、洛書起乘除法、五加四正四隅圖、三隅四隅積數圖、方出於矩圖、折矩以為勾股圖、洛書勾股四法相因圖、矩出於九九八十一圖、九九開方圖、九九乘除圖、三百六十位弈陣圖、風后握奇陣圖、洛書籌算法、平籌算式、豎籌算式。

　　卷之五圖說六：洛書分二道圖、洛書分九道圖、洛書分七政次第圖、十二辰分七政次第圖、七政舊圖、七政新圖、二至出入永短升沉圖、十二辰分四維四鈎二繩三合隔八之圖、二十四節氣分配二十四山圖附八節配八卦說、五德之運分野圖、彌綸天地圖。

　　卷之六圖說七：三百六十度配三百六十爻表、三垣二十八宿配六十四卦全圖、紫微垣配乾坤二卦、太微垣配離卦、天市垣配坎卦、角配蒙師、亢配遯咸、氐配旅小過漸、房配蹇、心配艮、尾配謙否、箕配萃晉、斗配豫觀比剝、牛配復、女配頤屯、虛配益震、危配噬嗑隨無妄、室配明夷賁既濟、壁配家人豐、奎配革同人、婁配臨損、胃配節中孚、昂配歸妹睽、畢配兌履、觜配與參同、參配泰大畜、井配需小畜大壯大有夬、鬼配姤、柳配大過鼎恒、星配巽井、張配蠱升、翼配訟困未濟、軫配解渙、附天漢歌。

　　卷之七圖說八：紫微垣配卦星圖、大微垣配卦星圖、天市垣配卦星圖、丑宮三十六度配卦星圖、寅宮三十六度配卦星圖、卯宮三十六度配卦星圖、辰宮三十六度配卦星圖、巳宮三十六度配卦星圖、午宮三十六度配卦星圖、未宮三十六度配卦星圖、申宮三十六度配卦星圖、酉宮三十六度配卦星圖、戌宮三十六度配卦星圖、亥宮三十六度配卦星圖、子宮三十六度配卦星圖。

　　◎陶澍序〔註3〕：華容萬子彈峰，學易三十年，成《易拇》一書。余閱之而歎萬子治易之精也。其書首《圖說》若干，紬河洛之祕而恢之，引伸觸類，畢天下之能事。次《經說》，逐卦逐爻契提大義〔註4〕。次《通說》，則綜括全易而曲暢旁通焉。次《附說》，辨析諸儒之同異。終以《例說》若干篇〔註5〕，而易之正變經緯盡矣。惟《易》之為書廣大悉備，隨舉一端而皆可以相傳。故不特三才之大莫越範圍，即下至醫巫風角青烏家流亦莫不各得其緒〔註6〕。充滿包括，此易所以為周也。圖書之說闡自宋儒，後人或疑其出於方士，從而攻之者眾矣。竊謂《繫辭》言八卦成列，象本其中。韓宣子適魯見《易象》，所謂象者，即圖之類也。《大戴禮・明堂篇》「二九七五三六一八」鄭注謂：「法龜文也。」自周逮漢，諸儒相傳之緒如此，安得謂圖書無與於易耶？萬子以為聖人雖不因圖書畫卦，而天生神物實畫卦之應驗，故推廣之以盡其用，

〔註3〕又見於陶澍《陶澍全集・印心石屋文鈔》卷八。
〔註4〕《湖湘文庫・陶澍全集》點校本「大義」作「要義」。
〔註5〕《湖湘文庫・陶澍全集》點校本「若干篇」作「十三篇」。
〔註6〕《湖湘文庫・陶澍全集》點校本「緒」作「似」。

意在借圖以明易，非援易以證圖，如喧賓奪主之為也〔註7〕。其議論咸有根據，於先儒所引而未發者言之鑿鑿。余尤喜其論孟子善學易與孔子時中之易為能達程朱之蘊也。顧其書以拇名而不盡主於拇，余頗疑之。萬子曰：「易首乾坤，演而為六十四卦者，自震之一畫始。震，足也。吉凶悔吝生乎動，動生而足應，必於拇乎始之。夫易以天道惕人事者也。淳〔註8〕故以拇致慎終於始之義焉。」余因思聖門傳道首推顏曾，顏子言復，曾子言艮，但舉一卦而易之全體在其中矣。然則，萬子之言「拇」也夫奚疑？！道光四年歲次甲申季冬月念六日，同學弟安化拜撰並書於合肥驛館。

◎易拇序：《易》之為書廣大悉備，其微言奧旨類非管見能窺。古來言易諸家各闡精微之蘊，不外理數兩端。要之有義理即有象數，二者不可偏廢。言理者要諸仁義中正之極而不淪於空寂；言數者得其宏通簡易之法而不流於淺陋。則吉凶消長之理、進退存亡之道，全體大用，無不明矣。華容萬子以所著《易拇圖說》屬序於余，其旨以心為宰，以中為歸，而以拇為動靜之機。善哉斯言。所為引伸觸類皆從此出，知其浸淫於古者深矣。余昧不知易，勉綴數言于簡端，殊愧卑無高論也。安徽布政使錢唐徐承恩譔。

◎易拇序：六經惟學易為至難，而流弊亦廣，何也？聖人盡性致命窮神知化以發為盛德大業者，其本原不可得而窺也，則必於其枝葉以求之。於是一變而為京房之災異，再變而為管輅之籌數，三化而為王弼之名理，而後世祖述之者，千變萬化，紛紜著作，各執意見以求勝。至宋則又分為理數兩途，大抵皆自以為得易之精蘊。要由聖人觀之，不特一端之象數為枝葉，即義理未徹於本原，亦枝葉也。蓋易之道皆天則自然之流露，百姓日用而不知。今乃以穿鑿之私智、杳渺之幽思以測之，是猶刻舟求劍者曰劍即在是，而孰知其舟之去劍也不已遠哉？故昔賢論漢魏以來之學易皆附乎易而非易也。以其非易，則終不可謂之易也；以其附易，則又不可竟謂之非易也。華容萬子彈峰學於易者且三十年，凡河洛圖書星辰垂象以及步引、芝菌、天玉、青囊、奇門遁甲之術莫不悉究而折衷之，共二十餘萬言，集為一書，名曰《易拇》，既成以示余而囑為之序。余於易固學焉而未有得也，將何以為言哉？既而思之，拇，動物也，足欲動而拇隨之，在咸之初六曰「咸其拇」，夫咸以感人而拇繫

〔註7〕《湖湘文庫‧陶澍全集》點校本「意在借圖以明易，非援易以證圖，如喧賓奪主之為也」作「意在借圖以明易，非援易以明圖也」。
〔註8〕《湖湘文庫‧陶澍全集》點校本「淳」連上讀，疑誤。此「淳」為作者自稱。

於初，則其感尚淺，欲進而未能。君於此殆所以鳴謙乎？況人之一身心本原也，手足枝葉也，拇則又枝葉之一也。君不自謂探其本原而姑繹其枝葉，則君有得於謙謙之旨，其學易固已深矣。余故以聞於昔賢者質之。賜進士出身誥授通奉大夫安徽按察使司按察使前山東按察使浙江鹽運使京畿道監察御史翰林院編修南昌劉斯嵋譔。

◎易拇序：華容萬子彈峰著一書曰《易拇》，既成示余而請為之序。余早竊科第，於《易》之為書未暇以學，而亦未遽學也。姑以萬子之易讀之：曰《圖說》，蓋以發揮河洛之精意而乾南坤北之位亦不廢焉。曰《經說》，蓋以疏證周、孔之微言而抑揚漢宋之見所不存焉。曰《例說》，則又兼用《春秋》比事屬辭之法，而凡經文成敗安危窮通治亂存亡得喪之旨，靡不賅焉。猶以為未也，徵羣書之論易為《通說》，臚引易之異文為《附說》，總而計之約二十餘萬言。彈峰之於易可謂勤矣。今夫易之精深而廣大也，洗心藏密開物成務，聖人之學易也；其下者步引、芝菌、天玉、青囊、奇門遁甲之說亦無不資其一端以自引重。精而察之，誠不能無淺深大小醇駁誠偽之不同，而皆不能不謂之易。故曰易也者象也，象也者像也，想像而得之，無在而非易也。若乃議論蠭起，門戶水火各執一是，非以相詆諆，始之漢儒之言數，繼之拘宋儒之言理，皆所不免。而易之學無不賅焉。此易之所以為廣大也。萬子以三十年之力覃思殫精，自成一家之言，其於易之蘊未知何如，而其才與識則無所不盡焉已。此宜聖人之所深許者也。拇也者，謙詞也。《說文》：「拇，將指也。」《易》咸初六「咸其拇」，馬氏、鄭氏、薛氏、虞氏皆云：「大指也」。夫言人之肢體至於足大指，微矣。雖然，無足大指，吾未見其能步也。君以是名書，雖曰謙詞，即其所以自任者在此矣。並以質之彈峰。賜進士出身誥授朝議大夫刑科給事中前四川廣東道監察御史翰林院編修陽湖龔鏜拜撰。

◎易拇自序：或問曰：「《易》之為書，羲畫而文彖，周象而孔翼，其象數義理備於經矣。焦、房之學蹂躪於象數之外，邵子以河洛收束之；費、王之學踦蹐於義理之中，周子以圖書恢鴻之。《程傳》專明義理，朱子兼述象數，亦既精且詳矣。《易拇》誠胡為者？」淳應之曰：三塗五嶽皆山，卷石附之而上；三江五湖皆水，梧水覆之而流；五官百骸皆身，足拇逐之而動。其體大者不辭小，其義精者不廢牭。人之一身，拔一毛髮，百竅皆動。拇雖庳賤為人所奴而使者，然無奴而主亦不行。且夫合抱之木食欲眇芒，萬里之行起於蹞步，

終身之業成於童蒙，一日之事兆於昧旦，聖人之作易也，自一奇一耦始，累而上之，終於三百八十四爻，於是三極定焉，五行著焉，萬事彰焉，吉凶悔吝形焉。吉凶悔吝者，生乎動者也，而幾者動之微吉凶之先見者。是故心欲動，身不能諫也；身欲動，足不能諫也；足欲動，拇不能諫也。拇動而足隨之，足動而身隨之，身動而心隨之，折足、毀身、失心皆起於拇，所謂艮其趾，非不動也，欲人之慎其始也。慎始奈何？曰易道貴中，慎不失其中而已。六爻之位，天下古今人共在此六位中，視其所居為其所當為，毋迷於其初焉耳。是故當見而見為中，當潛而潛亦為中，位不中而心則中也。咸之初六曰「咸其拇」，則宜靜。解之九四曰「解而拇」，則宜動。動靜不失其時，斯之謂中。故曰聖人之教人，俾人自易其惡，自至其中而止矣。曰：「然則聖人之作易為卜筮而作耶？抑不為卜筮而作耶？」曰：為卜筮者，聖人以神道教之；不為卜筮者，聖人以心學教之。為卜筮者問神，不為卜筮者問心。神有可否，心不能違也；心有愧怍，神不能福也。君子終日乾乾，不息於誠，蓋謂此也。是故善易者不占。昔蜀人嚴君平賣卜，與人子言依於孝，與人臣言依於忠。汾陰侯生善筮，先人事而後說卦，其得聖人作易之旨歟！曰：「《易拇》之言易也，何象數之多而且有異旨也？」曰：天地者易之廬也，太極者易之祖也，河洛者易之師也，陰陽者易之主也，奇耦者易之骨也，中正者易之心也，水火者易之將也，鬼神者易之徒也，日月星辰者易之精也，風雲雷雨者易之使也，函數晝夜者易之運也，名物象數者易之器也，醫卜形相者易之孽也，子曰「書不盡言，言不盡意」，聖人且不能盡，何多之能為？且夫鷦鵬不與鴻鵠同道而皆麗於虛，舴艋不與輀艫爭程而同底於步，是故岱嶽山也，卷石亦山；河海水也，栖水亦水。同不必異，異不必同，莫不有易之旨焉，莫不有易之用焉。雖然，鷦鵬不達於重霄，舴艋不登於瀚海，以言乎庳者不能為高、小者不能為大也。《易拇》之說，下之下者也，而行遠自邇登高自卑，未始非說易之一法。淳為此書三十餘年，不敢出以示人，而一片苦衷具此數卷中，亦不欲自匿其謭陋，質之大人君子，或不作駢拇枝指之誚也。道光四年純陽之月下浣吉旦，華容萬年淳彈峰氏自序。

　　◎易拇經說序：《易拇》之說經也，有前人所有，有前人所無。說前人所有者，或濬其源，或洩其委，異同分合別有心會。說前人所無者，良由此經合六十四方為一圓一方，不足便有缺陷不必多也。得其一方，便滿其義，不必少也。是以小夫之智皆有得焉，方外之流亦有悟焉，苟精心研究探索不已，

隨人悉可自開其牖，無時不可自瀹其聰。昔騶衍談天，當時以為譎怪，自西人入中國，始信其言之不謬。瞀欲將至，有開必先壺中日月非寓言也。是故說《詩》、《書》、《禮》、《樂》之文，義有所止，如其分而即安。易則不然，小夫之言以為淺矣，而無淺不深；方外之說以為異矣，而靡異不同。惟參之以精心，萃之以羣籍，準之以傳義，衷之以至道，要使我之所說足以增前人之註腳，豁後人之心胸。雖復卑無高論，而言不可廢；縱或軼乎前規，而理自可存。是亦初學之關鍵、蒙養之椎輪也。淳所成《易挴圖說》八卷已竭其所得，猶有可觀。劈畫分爻似細碎，而尚有條理；翻河倒洛似奇僻，而實屬尋常。書之大綱已具於前，而本經之義猶有未盡。茲復輯其所獲，鏊為七卷，合前圖說共十五卷，亦圖書之本體也。淳曾以全書質之羅儀曹靜貯，靜貯既喜我之克就而許我以可行矣，然淳之心猶以為未也。淳以支離之身而爭四尺之長，其得失違從尚不能自定，聊存之以竢異日。嘉慶二十二年歲在丁丑至之日，華容萬年淳謹序。

◎《易挴》校刊同門姓氏錄：增生蕪湖張元榜（杏村）、廩貢生六安楊若淳（棐生）、附貢生六安許前轑（星來）、優貢生六安晁貽端（星門）、廩生六安陸桂林（小山）、廩生六安晁貽穀（海珊）、廩生六安鄧康齡（靜侯）、廩生六安方匯（崑源）、附生六安祝寅堂（賓如）、廩生六安祝文鑒（蔚軒）、增生六安方心玉（澄懷）、增生六安楊若銑（麗生）、附生霍山方枚（雲墀）、附生六安熊家麟（定生）、附生霍山陳明森（道平）、附生六安黃人偉（視平）、附生英山徐元偉（松泉）、附生六安王霖（雨三）、附生六安晁貽勳（石銘）、附生英山金源遠（左泉）、附生霍山鄭承晉（汝濱）、監生六安程朝元（雪湖）、監生六安祝英鑑（再山）、監生六安胡長裕（晉亭）、附生六安祝澄鑑（子清）、佾生六安晁貽哲（玉峰）、童生霍山王根堂（崇本）、童生霍山鄭承璧（汝珍）、童生六安楊鳳鈞（桐階）、童生英山段寅（賓谷）、童生六安陳常（時卿）、童生六安陳辭（靄如）、童生六安許前烺（季垚）、童生六安胡長吉（藹臣）、童生六安陳端（人坊）、童生六安胡長綬（信臣）、童生六安陳恪（先民）。

◎附說一卷條目：附鄭注、附鄭氏周易異字、附釋文及經史異字、附京氏易傳異字、附許氏說文周易異字、附周易字數說、附洪範綱目衍義說、附訂正周子通書說。

◎附說卷末並附《易挴硯銘並序》：丙子冬，比部沈香白贈水巖硯一方，體小而質厚，雀斑魚凍，盍如也。背刻井翰，中有圓圈似井口焉。於文九區為

井，乃河洛本體而圓圈則中涵太極也。於余心有冥契，遂用以寫《易拇》。書成，並集易辭六十四字而銘之：陰陽相摩，八卦相盪。引而伸之，觸類而長。寂然不動，感而遂通。無喪無得，井養不窮。能說諸心，能研諸慮。易以書契，開物成務。矻如石焉，待時而動。是興神物。以前民用。

◎萬年淳（1761～1835），原名康，派名國翰，號彈峰。湖南華容縣塔市驛人。乾隆五十七年（1792）舉人。道光元年（1821）始，歷任安徽霍山、英山、巢縣知縣，兩署六安知州，後辭官歸里。嘉慶以萬康之名編修嘉慶《巴陵縣志》。又著有《四書翼》、《古禮失遺》、《三史抉》、《通書正本》、《西漢八大家文選》《楚辭注解》、《英山縣志》、《洞庭湖志》及詩文集凡百餘卷。

萬年淳 易拇附說 一卷 存

上海、山東、遼寧藏道光四年（1824）刻本

萬年淳 易拇經說 三卷 存

上海、山東、遼寧藏道光四年（1824）刻本

◎周按：或有著錄為八卷者，計例說二卷、通說二卷、附說一卷而數之也。

萬年淳 易拇例說 二卷 存

上海、山東、遼寧藏道光四年（1824）刻本

萬年淳 易拇通說 二卷 存

上海、山東、遼寧藏道光四年（1824）刻本

萬年茂 周易圖說 八卷 存

國圖藏乾隆二十八年（1763）愛日堂刻本（六卷）

上海藏道光四年（1824）刻本

◎周易圖說自序：丁卯春，余方出都門，以時乳彭兒，遲兩月未能就道。乃從黃侍御雲門假《周易》讀之，於數觀理，會其大意，有得則記之，語無倫次，曰《寓文錄》。蓋是時余閉門不見賓客，而同志猶暱就余。李給諫同侯兄弟、趙侍御然乙、蔡侍講葛山，知余之有是，余亦時出以相質為樂也。已而歸，悔曰：易之道大矣，望海而不至，將毋以斷港絕潢譏來許不可。遂棄之，

距今五年矣，今兒能視案上教之方名。適同里友人來，攜太陰六甲圖以示。因憶此帙，尋敗簏得之。余性善忘，久自廢，自少至今，輒有作，燬其稿，否亦請蟲鼠盡焉。而此帙獨存且完，豈有數存其間與？近然乙亦致官去，同侯諸君子訊余近詣者數矣。而余維往者之重有勤乎此也，因次其圖說，係易範為正編，他日者言列之雜編，而補其未備者什二三焉。既存之以自考，亦俾彭兒之長也知而藏之，而亦以志余一時聚散之感之深也。

◎周易圖說自跋：《中庸》精粗一渾說，以庸名篇，何奇也？易奇至矣，奇而法，何庸也？《中庸》表裏《易》，周、程、張子書又表裏《中庸》。何奇也？他曰奇，妄庸耳。末學膚受，仰諸子、峨嵋天半哉？宋子詩註，咸謅曰：「後有揚子雲，必好之。」晚年乃不自足。夫奇，何定乎？姑念吾積劬也。可錄成，仰而嘻，自視惘然，書其後。

◎焦循《易廣記》卷三：黃岡萬年茂字少櫰，號南泉。撰《周易圖說》正編五卷雜編一卷，有自序題乾隆辛未。有漳浦蔡葛山相國序，稱萬泉侍直日久，又云南泉以失職去。其說以乾坎艮震巽離坤兌之次為正卦，以宋人先天圖為錯卦，據天地定位、山澤通氣、雷風相薄、水火不相射為八卦相錯也，以周天三百六十五度奇地之上下各百八十二度半、奇地上下四分之各九十一度奇地之顛。在域中西北北極出其上南北去地上各九十一度奇北極，縱則七政橫日月平列而寒暑皆不想推，故域中迤北薄北極下地恒陰，迤南薄中衡見南極恒陽，若迤顛西北出其背北極南易陰陽俱反，唯迤東南入域中，北極北半下而四序推五行出矣。故地自顛東南行萬一千二百五十里，天移四十五度奇，又東南萬一千二百五十里北極不見轉入地下，故北極北上南極南下各四十餘度者，域中之中也。域中之地萬里而遙遠，以廣南南北極之度度之，過域中之中約二十度奇，其西北域不及中者，亦可以是準之，顧陽贏陰乏耳，此域中之徼也。夫生土為山，北極北上則位山東北矣；成土為地，南極南下則位地西南矣。地之氣陽回於艮出震者，日升乾也（雨水後日曝娵訾）。唯乾巽之交陰陽和會、五氣順布，然後人受天地之中以生，而五性具備，故八卦在天地後也。聖人體天在域中，天地之中也。泥於先天者謂乾坤退處西北西南隅，孰是天地而退處？孰是乾坤而不位西北西南隅也？南泉又云：辟卦非古也。漢儒以卦支不符一歲，標十二卦以主之，實用乾坤六爻主十二月，然易主十二爻不主十二卦，其適合者如三月莧生、五月瓜生，或謂觀象者亦取焉，要之旨不盡然矣。復言至日、臨言八月，日象陽月象陰耳，非特標十二卦而某

卦為某月也。

◎蔡新序〔註9〕：易者道之原也，包羲遠矣，其世遠，其言荒而易託，然八卦之名，與其象鑿然可曉也。而世滋疑者，顧以孔子之言太極河圖洛書出《繫辭傳》，先後天方序出《說卦傳》，然《說卦》無先後天文河圖洛書，無如今十九點畫者，天一地二不言河圖洛書，宋後乃俱有圖，程朱之學一也。程子於諸圖未之信也；朱子信之後天之義闕焉；而周子太極一圖，程子祕之，朱子傳之，何也？自漢千餘年，程朱諸賢出而得其傳，而世所為不可知者乃若是。我聖祖仁皇帝《御纂周易性理》，推闡圖書先後天美備精微，皇上性學高深，淵源道脈，作述兼隆，學者欣逢其會，尚未能仰體至教。乃循塗守轍，致昧古人心法，不敢旁參一解，固矣！南泉向以侍直日久，親沐日月之光，退而冥搜遐討，深研三極，與古人相質於百世之下。雖以言自心裁，要其指肆而不誣，義創而愈習，譬如探星宿、汎溟海，一一具道其然，而至者絕罕，詫為新奇耳。夫古今相待者也，天體即道體，向疑天中，言其空中者而已。程子始謂天地之中理必相直，朱子亦以天中言地。而推步之法至我朝而精，天體定，太極河圖洛書先後天之旨無不可定，而儒釋真妄之分、朱陸異同之說，皆可無辨而明。此古人之有待於後，而亦南泉所為獨得者。其言曰：「虛以塊成，行生是出，吾儒本天，其實本地。」始余聞而疑之，及讀御纂《性理》，以圖書中宮即太極皇極，然後釋然知其說之有據，且道一而已。自我西郊，乾坤胡易？列在東序，龍馬胡陳？相仍以久，習駭若夷，目常為怪矣。而若命、若性、若中、若誠、若止，程朱以往，微言大義，尋亦滋翳。南泉壹以天地實跡體之，而六經四子儒先之論，指畫心印，若其曹曉而眾著者，以其知，知其所不知，而實無不可知，蓋其所好者道也。言易而不知道，烏乎言易也？！方南泉以失職去，治具且行矣，猶仡仡於是。圖成輒以示余，怡然也。歸而數年，益廣正說，而南泉之學方日進而未有已也，吾何以測其所至也哉！

◎摘錄《研隱圖引》：研隱圖，志始也。研而隱，寄也。燕之市有粥石者，塵封焉，視之，歉也。百錢得之。規形無式而銘之，已見其陰澤然。更貌余手太極狀。夫圖太極，動靜而已。抑石陰中陽，亦陽中陰。於象艮，豫之六二取之。二，坤也；四，震也。介石者，艮之靜，而止動俱焉。石者互根之幾乎？余弗能介以安，故寄也。然余正雜圖說，自是亦濫觴矣。知余者，謂余圖說猶

是圖之義之寄也。夫余以是圖志始，猶余圖說之義之寄也。

◎光緒《黃岡縣志》卷十《人物志》：研玩《周易》，作《圖說》六卷，發體用一源顯微無間之蘊。楊名時見而嘆曰：「歷聖心傳，具是矣。」

◎光緒《黃州府志》卷三十二《藝文志》節錄《通志》蔡新序：南泉向以侍直日久，親沐日月之光，退而冥搜遐討，深研三極，與古人相質於百世之下。雖以言自心裁，要其指肆而不誣、義創而愈習。譬如探星宿、汛溟海，一一具道其然，而至者絕罕，詫謂新奇耳。

◎光緒《黃岡縣志》卷二十三《人物志》：萬年茂《周易圖說》六卷。

◎萬年茂（1718～1808），字少懷，號南泉。湖北黃岡人。進士。乾隆三十八年（1773）為嶽麓書院山長，五十七年重赴鹿鳴宴。又先後任教麟山、涑水、鷺州諸書院，學徒甚眾，學者尊為山斗。

萬聽 鋤硯齋易例疏粹 二卷 存

雲南藏鈔本

◎自序略謂：天地之道不過陰陽，五行之用莫先水火。上經陰陽之正，以水火之正始；下經陰隔之交，以水火之交終。先天四象居上經始終立造化之體，後天六子居下經始終致造化之用。易之終始皆陽也，始於乾之初九終於未濟之上九，可謂知終矣。

◎萬聽，字大吾。雲南古髴（今牟定縣）人。乾隆十七年（1752）副榜。品端行潔，博通經史，潛修授徒，著書自樂。著有《易卜一覽》、《書經疏粹》、《春秋分類》、《春秋疏粹》、《詩經圖解》、《毛詩疏粹》、《學庸解》、《雲竂隨筆》等。

萬聽 易卜一覽 佚

萬希槐 周易證異 四卷 存

山東藏 1923 年鉛印十三經證異本

◎萬希槐，字蔚亭。嘉慶甲子（1804）進士。官南漳訓導。以好學名。又著有《十三經證異》、《困學紀聞集證》二十卷、《惜分陰齋詩古文集》等。

萬修 增訂易經衷旨 佚

◎乾隆《太平府志》卷二十六《人物志‧文學》：著作甚多，今惟《增訂易經衷旨》及偕陳方來奇、湯伊、陳紹九昆仲重刊《文章指南》行世。

◎民國《蕪湖縣志》卷五十《人物志‧文學》：平生著作甚富，《增訂易經衷旨》及與諸同志重刊《文章指南》行世。

◎民國《蕪湖縣志》卷五十六《藝文志‧經部》：《易經衷旨》（清萬修著）。

◎萬修，字周士。安徽蕪湖人。方髫齡即苦志績學，入邑庠，屢躓場屋，澹心榮遇，益以窮經為事。家羅卷軸，無不悉心探討，手自丹黃，披抉奧蘊。

萬裕澐 周易變通解 六卷 首一卷 末一卷 存

上海、南京、浙江、山東、湖北、湖南藏同治十二年（1873）集錦堂刻本

遼寧、中科院藏光緒元年（1875）麻邑徐氏唐氏刻本

中科院、成都、郫縣藏光緒九年（1883）重慶刻本

上海藏 1937 年影印同治十二年（1873）刻本

上海、南京、湖北大學藏黃岡萬氏 1943 年鉛印本（二卷首一卷末一卷）

翔大圖書有限公司 2010 年星命經典大系周易變通解、羲周孔三易合編本

◎目錄：重編者序。吳序。陶序。程序。熊序。王序。羅序。魏序。傅書後。自序。凡例。首卷。卷一乾坤屯蒙需訟師比小畜履。卷二泰否同人大有謙豫隨蠱臨觀噬嗑賁剝復無妄大畜頤大過坎離。卷三咸恒遯大壯晉明夷家人睽蹇解損益夬姤萃升困井。卷四革鼎震艮漸歸妹豐旅巽兌渙節中孚小過既濟未濟。卷五繫辭上傳、繫辭下傳。卷六說卦傳、序卦傳、雜卦傳。末卷消息卦義。跋一丁丑仲夏姪曾孫毓崑謹跋。跋二民國二十六年姪曾孫耀煌謹跋。跋三民國三十二年姪曾孫耀煌謹再跋。跋四民國四十八年姪曾孫耀煌謹再跋於臺灣。

◎凡例：

一、易注有以象數為主者，漢易是也。有以義理為主者，宋易是也。易以義理為大，言義理至折中，廣大精微，至矣盡矣。注中間引折中者，以卦爻之義，必引其說乃明，非敢去取也。此注專言象數，而義理自在其中，若專求義理，自當精究折中。

一、此注之通變，即前人所謂卦變，是說先儒多議之者。以為伏羲畫卦，八卦同時並生，即因而重之，六十四卦亦同時並生，無某卦自某卦來之理。不知此說，乃伏羲生生之卦，由太極而兩儀，而四象，而八卦。八卦並生。惟

有陰陽二氣，太少四象，豈惟無往來，並亦無父母男女。自伏羲以小橫圖變為小圓圖。以乾坤純陽純陰象天地以為父母。乾剛坤柔往來而成六子，八卦始有父母男女之分。乾坤十二爻分為十二辟卦，剛柔往來成為五十二卦。孔子曰：「剛柔者，立本者也；變通者，趣時者也」，此之謂也。《繫傳》及《說卦》，易有太極一節謂八卦同時並生，乾天也一節謂有父母而後有男女。孔子之言，前後不同者此故也。先儒謂卦無往來，是知一不知二者。易中卦卦有往來，但有言者，有未言者。如泰自歸妹來曰小往大來，否自漸來曰大往小來，《雜卦》曰：「否泰，反其類也」，謂往來為三四兩爻也。損自泰來曰損下益上，益自否來曰損上益下，《雜卦》曰：「損益，盛衰之始也」，謂變泰否之始也。至鼎自巽來，孔子特筆書曰：「巽而耳目聰明，柔進而上行，得中而應乎剛，是以元亨」，明鼎自巽來，以六四進為六五也。謂卦無往來，顯與聖經相背，讀易者其思之。

一、漢人謂一陽一陰之卦自剝復姤夬來，二陽二陰之卦自臨觀遯壯來，三陽三陰之卦自泰否來，易之卦序以此序之。至觀象繫辭，又不盡拘此例，孔子言卦變曰：「上下无常，剛柔相易，不可為典要，唯變所適。」如以例拘之，是有典要，非易道之屢遷矣。虞仲翔最重此例，然一陽之卦不謂剝復來，賁噬嗑豐旅不謂否泰來，是仲翔亦不盡拘此例。是注所云卦變多與虞異，以率辭揆方，各卦顯有自來之卦，故可直斷不疑。易中通變卦，為辭象所本，一或不確，辭象皆無著落，此為讀易第一要義。前人之議卦變者，蓋不知其為辭象所自出也。

一、六十四卦，以相錯兩卦合之，皆為六陽六陰，具乾坤之體。故曰「乾坤其易之緼邪」。聖人貞九六之法，必以相錯兩卦貞之，每卦皆成三陽三陰，故可一貞既濟，一變未濟，未濟易之，終亦既濟。聖人於乾坤二卦失正之爻示以端，又於謙履二卦之大象明其旨。漢人言貞九六，知以乾坤二卦易兩既濟，而不能以此法施諸各卦，毋乃拘乎？澐讀易十年之久，乃知卦卦有貞既濟之象，其義精微在此，讀者之自悟。孔子曰：「懼以終始，其要无咎，此之謂易之道也」，又曰：「无咎者，善補過也」，謂此者也。

一、先天圖，聖人作易所本：乾五《文言》全言先天卦義，上《繫》一章前三節言先天卦位、第五章全言先天，「易有太極」節及下節亦言先天，《雜卦》大過下八卦言先天卦位。易言先天者不止「天地定位」一章及「雷以動之」一節，而後人猶謂宋人所偽。余謂李鼎祚易傳、荀慈明及九家已言先天

卦位，可見此圖漢代原有。又可想此圖，古人祕惜，得之者不欲傳人，故其時學者不能盡知。荀氏注家人謂「離巽之中有乾坤，故曰父母之謂也」；注陰陽之義配日月謂「乾舍于離，配日而居，坤舍于次，配月而居之義也」；又謂「天者陽，始于東北。地者陰，始于西南」，謂先天陰陽始于震巽也；注大明始終謂「乾起坎而終于離，坤起離而終于坎，坎離者，乾坤之家，而陰陽之府，故曰大明終始」。九家注同人，謂「乾舍于離，同而為日，天日同明，以照于下」，荀氏曰：「乾舍于離，相與同居，故曰同人。」荀氏注井象「往來井井」，以先後天卦合言。注姤象「天地相遇」，亦以先後天卦合言。載在卷中可考，是荀及九家早以先天卦位注易。

一、消息卦始于文王，非漢人所創，易言消息之義最詳，消息卦氣，當以鄭氏月令注為定，劉向、荀爽、虞翻之說皆與鄭同，故此注消息卦氣以鄭說為主。

一、是注原本十六卷，前有《圖說》四卷，末附《左國筮卦補注》及占法一卷，茲以刪繁就簡，一切未錄。

一、是注乃逐日讀易所記，非一時所成，故前後之說多有不同，茲並存之，以見易義廣大無所不備也。

一、是注始于咸豐癸丑，澐以戊午至崇，注凡六易，書實成于崇者。傅君鐵樵（榜名筆可，己亥副車，後易名變鼎）修邑乘，以載經籍志中，且為傳紀之。傅君見大過下不反對八卦之注，謂得此論定，又為長歌獎之，期許過厚，良足自愧。邑紳程君大鵬、夏君紹鼎，所問難最多，賞奇晰疑，相助不淺。此書刻成，尤賴其經畫之力。

一、此書注成，無力授梓，崇邑諸紳，為之刻成，且透日校對商榷者甚多。諸君羽翼聖經，厥功甚偉，姓字職銜，詳載簡端，庶一開卷，令人肅然起敬也：程步雲，字季安，貢生，受三品封典。程輝斗，字日華，候選直隸州知州。沈裕源，字次明，候選同知。沈錫圭，字衡珊，候選教諭。李之仁，字召棠，候選訓導。何植本，字傚農，候遺縣丞。余子金，字果卿，候選縣丞。劉振之，字益堂，貢生。丁文炳，字睿生，貢生。陳增運，字際昌，國學。王鵬萬，字錦堂，國學。黃光煐，字紫垣，廩生。孫為尚，字幼恬，增生。魏兆鏞，字石磷，生員。魏棟，字藎臣，生員。汪仁育，字碧蓮，生員。周用甲，字少溪，生員。田家樂，字璜溪，生員。程煥藻，字光遠，生員。饒瀚，字海臣，生員。李錦璋，字達卿，庠生。

◎吳經明〔註10〕序：余在上海，楨兒一日自官署歸，手持一卷，反覆披閱。余問之，曰：「此前湖北省主席萬君武樵所贈其先叔祖萬公澍辰之遺著《周易變通解》也，此書最善。」予取而讀之，所解爻象彖等，句義明允通洽，而於註易所謂理象氣數四大則，尤精深透闢。如經文所謂王假有廟、艮其背不獲其身、行其庭不見其人，與夫最奇怪之見豕負塗、載鬼一車、先張之弧後說之弧、匪寇婚媾、往遇雨則吉等類詞句，無不積深研幾，潤聲著色，如翻影片，如按圖說，動人欣賞。而且六十四卦每卦每爻從何卦何爻胎孕而來，發明前人所未發之秘，如水尋源，如山看脈，車轍馬跡，令人可尋。據其自敘，其義係從靜極後悟得。誠哉神妙之詮註、隸悟之晶體也。余愛此書，焚香敬讀。每於學人聚會，必為再三稱嘆，以是同好者相與借讀，各稱其美。世變日亟，余來臺灣，挾此書以自隨，聞之者亦來借閱，展轉相借，迄於今已不知此書落在誰家矣。所惜此書出自清末，未早登於四庫，以是文人學士讀之者甚少。某日余與武樵主席遇，促其廣印以饗學者。於是武樵主席在臺遴聘國內碩學重加校刊，凡文字之訛誤者均更正之，並與書肆訂約，多印廣售。今而後，欲讀此書者再不必借諸人即可購書自讀矣。印約已成，囑序於余。余為之敘其敬愛此書之本末如此，是為序。民國四十八年已亥歲孟夏，湖北建始縣後學吳經明於臺灣寓廬。

◎陶希聖序：孔門治學之目標可以二語盡之，曰：「於變求常，體常馭變」。其所謂變，於自然現象與社會現象見之。其所謂常，則自然法則與社會法則合致而統一者是已。孔門治學之方法亦可以二語盡之，曰：「由器以求道，由道以致用於器」。其所謂器，在自然界為象數，在社會中為事物。其所謂道，在於個別現象與事物者為小道，貫通自然與社會萬象萬物者為大道。道者通也，無所不通於自然與社會萬象萬物者，則大道也。體常馭變之學存於禮，於變求常之學備於易。易之為學，由象數以探求義理，由義理以解析象數。故治易之極則，不偏於象數而致義理於支離，亦不扭於義理而無以窮象數之變化也。蓋學者個人之見知有限，而自然與社會現象之變化無窮，若執個人有限之見知，以囊括自然與社會變化無窮之現象，而自以為得宇宙之

〔註10〕吳經明（1876～1970），字述齋。湖北建始人。幼從其父吳光承就讀私塾，後入湖北經心書院攻讀，1903 年赴日本學習步兵後多歷軍職，洊至陸軍中將，1930 年任南京訓練總監部編輯兼印刷局局長，1932 年辭職回鄉，1933 年赴恩施任湖北省立第十三中學校長。

大道，此不足與論易也。漢儒之易，其弊在支離；宋儒之易，其弊在速斷。萬澍辰先生之治易，乃參稽漢宋之易學，而證之以一己之心得，與經義不違，而貫通天人之際，名其所著書曰《周易變通解》，以示神無方而易無體，要當見天下之動而觀其會通始可與論易也。茲者武樵兄得教育部之助，將重印此書以問世。希聖樂觀其得以重印以惠士林，爰綴數語如右。以希聖之陋，不足以序此書也。陶希聖民國四十八年雙十節。

◎重印周易變通解序：盈宇宙之間者，曰理、曰象、曰數是已。理不可見則垂之以象，象不可測則稽之以數，數不可推復窮之以理。是三者同出而異名，眾妙之所由闢也。象之著者如日月星辰之麗天、山川草木之鋪地、水火金木土穀之利人，以及雲霞離色、風雷結響、猿啼虎嘯、魚躍鳶飛。凡能寓於目、入於耳、儷於氣、會於吾心者，何莫非宇宙間之象也！象有常有變：日往則月來、月往則日來，此象之常者也；然日有食、月有虧、星隕如雨、海水沸騰、地心震動，此象之變者也。古者日有食之，天子伐鼓於社，諸侯伐鼓於朝；天子置五麾，陳五兵，五鼓；諸侯置三麾，陳三鼓，三兵；大夫擊門，士擊柝；瞽奏鼓，嗇夫馳，庶人走。舉國上下，為救日而奔走，而驚惶失措。故公羊傳曰：「日食何以書？記異也。」何休注曰：「異者，非常可怪也。」是古籍所載，皆視日食為怪異之變象矣。歷年久遠，變象愈多，觀察愈益精密。於是由日月地影之相掩而悟日食月食之理，由黃白相交之角度而知日食月食之數，更由日月交食之數而覩偏食環食全食之象。三者以象為窮理稽數之所本，為開物成務之所先。易所謂知幾、所謂生生、所謂變動不居，皆由象以見微知著，由象以察往知來。故曰：「夫象，聖人有以見天下之賾，而擬諸形容，象其物宜，故謂之象也。」是易者，象也。苟能窮理極數以觀象，則向日視日月交食為天變者，今則視為數理中應有之現象，不足以言變。蓋能視變象如常象，然後可與言處常變之道矣。六經傳授，見於史記儒林傳者，以易經統系最為分明。而漢儒多以象數說易，猶有儒家師法。王輔嗣好以陰柔說易，則出儒以入道。宋儒好以易圖義理說易，又援道以入儒。後之學者，或言象數，或言義理，或師輔嗣、康伯，各崇所尚以自好，斷斷不已，而體物不遺之易學，遂淆然為天下裂矣。黃岡萬武樵將軍，出其叔曾王父澍辰先生所著之《周易變通解》，囑發軔及高鴻縉君校對字句，重印行世，以光先德。校讀既畢，因窺先生易學以漢儒為主，而亦不廢宋說；以虞仲翔之象變旁通為宗，而兼採荀氏、鄭氏升降消息卦氣之義；即九家易說、李氏集解、惠氏父子易

學，旁搜博引，以求注解之的當，而不泥於一家之陳言，蓋有契於崇德廣業之易道也。綜觀六十四卦三百八十四爻，爻則有象，象則有變。其言象也，有本卦之象，有旁通卦之象，有本卦之變象，有旁通卦之變象，因象生象，象上又復生象，於是各卦各爻，無一非象矣。其言變也，有循序之變，有反後之變，有升降之變，有本卦陰陽爻往來互易之變，有本卦與旁通卦陰陽爻往來互易之變，於是爻爻旁通，卦卦互變，參伍錯雜，往來升降，至於不可窮詰，而易之妙用盡在此變化之中矣。《繫辭》曰：「變動不居，周流六虛，上下无常，剛柔相易，不可為典要，唯變所適。」先生謂《周易》義蘊盡揭於此。蓋每卦未成卦之先則有通變之道，既成卦之後則有利貞之道。恒卦謂：「利貞者，久于其道也。」久于其道者即不變之道也。在未成之先，應變通以趣時。既成之後，應貞固以悠久。此即變易不易之義，亦即處變如常之道也。易曰：「雷風恒，君子以立不易方。」迅雷風烈者，天道之大變。立不易方者，君子之所守。當風雷震盪，八表同昏之日，而有堅苦卓絕，立不易方之君子，自足以廉頑立懦，綱紀百世，聞者莫不奮乎興起，共濟時艱，得復觀天青日麗之盛世矣。因揭萬先生通變利貞二義，以為讚易準繩，以規世變，以勵時俗，以見風雨鷄鳴之意。不知萬將軍以為何如也？中華民國四十八年八月，湖北大冶縣後學程發軔謹序於臺灣省立師範大學。

　　◎重印周易變通解序：《易》之為書廣大悉備，所謂範圍天地之化而不過，曲成萬物而不遺是也。《乾鑿度》說易有三義，余竊取變易、不易二義。不易而變易，是舉體成用；於變易見不易，是即用識體。此義深談在《新唯識論》，特此以抉擇梵歐玄學，如秤在手，不可與物低昂。大哉易也，孰得而違諸？夫易書至十翼而始備，十翼義理則孔子所發明也。故言作易者必歸之孔子。微孔子，則易猶濫於占卜，而焉得為哲學界萬世永賴之根本大典耶？孔子既作易，七十子後學遞相傳述，遂為儒者宗。老聃得孔氏之旨而別有會心，乃創立道家之幟，以自異於儒。故易自孔子後，始分二派：曰儒家之易，此正統派也；曰道家之易，此別派也。舊說孔老同時，老氏為孔子師，今人多考覈其說之不足據，而謂老後於孔。但無謂老氏之學出於易者，余謂老氏當稍後於孔子，而前於孟子，其學實本於易，曾略說見《語要》卷二答意大利人書中。儒家體乾而貴剛健，故說行健不息。老氏法坤而守虛靜，故曰綿綿若存。此儒道二家所為異也。道家之易，其後浸微，僅得王輔嗣為能衍柱下之緒。周元公則援道以入儒也。儒家之易，其流甚廣，綜陳大別，約分漢宋。漢儒務守

師說，有保存古義之功，後來學者每病其雜讖緯。顧緯非讖比，時有微言大義足資深究，蓋十翼之支流；讖則純為誣妄。漢儒治易，其思想蓋有大部分雜入晚周陰陽家，容當別論。唯揚雄子雲著《太玄》，超然獨步。張衡平子，神解俊拔，為吾國天算大發明家，而酷嗜子雲書，每自謂讀《玄經》使人難論陰陽之事，其崇信篤深可見。顧子雲從數理闡易，學者非通律曆則難讀其書，《玄經》於後儒無甚影響，職是故也。輔嗣神解卓特，獨出兩漢經師蹊徑之外，秉智炬而叩玄關，堪與子雲異曲同工。唐代義疏雖宗輔嗣，鮮有發明。爰及炎宋，儒風丕變，濂洛關閩諸大師迭起，為學貴創獲，而不以墨守傳注為賢，務實踐而亟以馳逞虛玄為戒。故其治易也，一方面超脫漢師，一方面排斥輔嗣，其精神氣魄不可不謂之偉大。唯然，故人自成說家各為學，如周濂溪、邵堯夫、張橫渠、程伊川、朱漢上、朱晦翁，苦精思力踐，各有獨到。夫漢世諸師，無弗雜陽家言者，迹其繁瑣名相之排比與穿鑿，於十翼本旨可謂無關。但間存古義，斯足珍貴。宋之諸師，其言皆根於踐履，雖復不無拘礙，要其大較，歸本窮理盡性至命之旨，而體天地神化於人生日用之中，則十翼嫡嗣也。自宋迄明，言易者大概無出周程諸賢之軌範，而易家自是有漢學宋學之分。晚明有王船山作《易內外傳》，宗主橫渠，而和會於濂溪、伊川、朱子之間，獨不滿於邵氏。其學尊生以箴寂滅，明有以反空無，主動以起頹廢，率性以一情欲，論益恢宏，浸與西洋思想接近矣。然其骨子裏自是宋學精神，非明者不辨也。其於漢師，固一切排斥不遺餘力也。當有明季世，諸大儒並出，悲憤填膺，為學期活潑有用，而亟懲王學末流空疏之弊，浸以上及兩宋。清儒繼起，本無晚明諸老精神，而徒以抨擊宋學為幟志，用漢學高自標榜，則諸老所不及料也。於是治易者上稽漢籍，俯視宋明諸師，以謂非誣則陋耳，濂溪與邵氏之圖尤受攻訐。蓋自清以來，學者尊漢抑宋之積習牢不可破，不獨於易學為然，其治羣經皆然。風會遷變，一往一復，當其遷變之勢已成而不可禦，乃若有大力者負之而趨也。非夫豪傑之士，曠懷孤往，孰能岸然拔出於時風眾會之外，自抒所見，自行其是，而一無所錮蔽耶？同縣萬澍辰先生，著有《周易變通解》，不肖兒時聞先父其相公常讚揚先生潛德睿思，謂其治易不囿於當時風會，頗參稽漢宋，而一證以己之所神悟獨得，未嘗謬於經旨者。此其命世獨立者乎！惜其書為當時漢學風氣所掩，罕行於世，鄉里後生或莫能舉其姓字，可悲也已！予小子聞而識之，不幸早失怙恃，流離四方，顧未得讀先生書。丁丑夏，先生從曾孫耀煌武樵，始重印先生易書於漢皋，

羅田王葆心先生為之序，只印千冊。余時講學北庠，亦未得見。今冬武樵函余，將再重印先生書於成都，謂余不可無一序。余追憶趨庭音旨，忽忽五十餘年，泫然不知涕之所自。又念武樵以書生為當代名將，能守其家學，一再重印先生遺著。昔船山幽晦，曾公以鄉邦後學傳其書。而先生更有賢裔，視船山尤幸矣。天之眷斯道以無負明哲，其所以酬之者寧可度哉！余是以忘其固陋而序之云爾。中華民國三十一年十二月十五日，同縣後學熊十力序於陪都近區北碚寓廬。

　　◎重印周易變通解序：以象數說易，本易家正軌。曩昔紀文達箸錄四庫書，其易類總敘定為兩派六宗，以賅括漢宋諸家之遷變，而以因象立教者為之宗。可見易家尚象，在各家中獨為至詣。誠以其在諸經中遷變獨多，非是不能握要也。近世張文襄教學者究易，謂其深微簡古至精者乃在陰陽變化消息。精者可遇而不可鑿，所云遇者，自然神會，忽自得之，有未可以形迹求、以一孔泥者。今觀萬澍辰先生說易，名其書曰《變通解》，其自述所得，全由耽玩，久而自發神悟。因玩泰蠱而知象出通變，悟及《繫傳》設卦觀象數語為聖人作易之本。由此節節通解，一則曰久久讀而知，再則曰讀之久而覺。又因清儒辨宋人所傳之易圖為偽作，爰取漢人易說讀之，證以《左氏傳》語，而知漢時原有易圖。且易象實出於卦圖，離圖言象，象無所本。故先生為書，以漢易為質，而不廢宋人所傳之易圖。從平實中紬繹宣尼之傳，自然迎刃而解。嘗觀有清一代易學，專主昌明漢儒，以革除宋儒之說。其紬宋興漢之步驟，在破除宋人象數，而昌明漢人象數，皆有專書。久之相與釐別漢易師之師法家法，專門命氏，鉤今古文之沈墜，遂成一代易學之風氣。其諸不在漢師之科者屏勿進，凡當時沿用功令傳注，墨守宋儒，不知參採漢易者，即有著述，皆以不合風尚。二百年來，更無一人以宋易名家者。蓋風氣之錮人如是也。獨先生此書，言通變、言貞九六、言消息卦氣、言先天義、言先後天合用義，遂以立漢宋兼採之宗。雖此類說易不必開自此書，然就此書揣之，與彼守漢易尊師命氏過嚴者固殊，而其識力超出墨守宋易者亦即在此。其於漢今文家之易，固已宗主孟、虞諸儒專家師說，加以詮發。即其於古文家之費氏易，以《彖》《象》《文言》《繫詞》解說上下經者，亦參採而師之，一掃漢宋分門、今古文分界之舊軌。其始貞之以久讀，繼之以神悟，終之以旁通證合，積二十年之功，始予寫定，由十六卷之書約為六卷，附首末各一卷，即此本具也。其《圖說》四卷及《左國筮卦補注》與《占法》各一卷，則庋而未刊。先生學

易之功可謂勤且篤矣。余惟江漢間究易，自來耽樂宋明師說，嘉道以降始有專究漢易。馳聲海內者莫如安州李遠山先生之《周易集解纂疏》。先生是作，年代較李氏稍後，亦主漢易，而參以宋人易圖，然亦因涉及宋賢，故其名亦亞於李氏。在吾鄉易家，要皆為有本源、有師承之述作。李氏之書，葆心於光宣中曾呈送史館收入儒林傳，會國變中梗。今又因武樵軍長得見此書。武樵，先生從曾孫也。今年春以舊梓塵封，思廣傳布，修補缺葉，屬羅君鹿賓加以校讎，乞余序其端。自惟夙未究心易學，烏足以發明此書奧旨。顧武樵光昌先世經訓之雅，在今日實為罕覯。特為揭舉先生守師法至無偏倚，尚心悟而有準繩，不失漢宋師，而謹嚴篤實之風規，以告世之讀是書者。丁丑夏仲，同里後學王葆心〔註11〕。

　　◎羅樹蘅序：丁丑春，候同里萬軍長武樵於漢上，相與縱論吾楚文獻。軍長發櫥中書，得其叔曾王父樹辰先生所撰《周易變通解》，為言舊槧幸不燼於燹，而書則堙晦不彰，將印而行之。因屬供校讎之役，且命為之序。樹蘅既辭不獲，則序曰：《詩》《書》遭秦燔禁殘闕，而《易》以卜筮獨全。自漢以來，治易者難可僂數，而括其大別不過象數義理二涂已耳。大抵漢儒言易，皆實象也。如孟喜之卦氣、京房之變通、荀爽之升降、鄭玄之爻辰、虞翻之納甲，說雖不同，指歸則一。自王弼以老、莊言易，創為虛象之說，而漢易遂微。洎唐初作《正義》，獨取輔嗣之注，於是漢易寢以亡闕。厥後李鼎祚氏，襍采兩漢以來諸儒之說，成《周易集解》一書。後之人得以考見漢儒緒論者，緊李氏是賴。宋程伊川氏作《易傳》，朱晦庵氏撰《本義》，竝舍象以言理。歷元明及清數百年中，以之試士，功令所在莫敢異同，漢易之荒幾於廢絕。吳縣惠氏獨闢榛蕪，推尋墜緒，三世肆力，父子繼勤：研溪有《易傳》，天牧有《易說》，松崖有《周易述》《易漢學》，可謂盛矣。然《易傳》不傳，《易說》

〔註11〕王葆心（1867～1944），字季薌，號晦堂。羅田大河岸古樓衝人。嘗就讀黃州經心書院、兩湖書院。光緒十六年（1890）起，先後任潛江傳經書院、黃梅調梅書院、羅田義川書院院長。光緒二十九年舉人，揀選知縣。光緒三十三年調京都任學部總務司行走，兼圖書館編纂，後任學部主事、禮學館纂修。民國後歷任湖南省官書報局總纂、北京圖書館總纂、湖北國學館館長、武昌高等師範學校及武漢大學教授、湖北通志館籌備主任兼總纂。又著有《虞初文志》、《明季江淮七十二寨紀事》、《續漢口叢談》、《重修湖北通志條儀》、《歷朝經學變遷史》、《經學研究前後編》、《中國教育史》、《古文辭通義》、《方志學發微》、《增補修志通則》、《採訪志書條例》、《天完志略》、《江漢獻徵錄》、《湖北特徵長編》及合纂《湖北文徵》。

博而病雜，《周易述》頗能融貫眾說而實為未完之書，《易漢學》則意主存漢儒之緒言而非依經以敷義。求其鑪冶眾長鉤深致遠、發姬孔之祕奧成一家之絕業如澍辰先生之《周易變通》者，蓋未之有也。夫先聖設卦以明剛柔進退之象，後聖繫辭以明吉凶悔吝之情。情見辭中，義由象起，非象外別為之辭也，故曰聖人觀象繫辭。學者欲知吉凶悔吝之情，必先明進退剛柔之象，非象外別有所謂義也，故曰君子觀象玩辭。後儒不明此義，各師其心，異說紛殽，漫羨無紀，而皆自謂精義入神，不知實乖易知易能之恉。先生則謂卦之通變為辭象所本，不明變通則辭象胥無根據。於是博綜漢儒之說以明通變之由，間有不合則衷之於經以求其是。參伍錯綜，探幽索微，務使學者因辭稽象而卦無遁形，由象徵辭而義匪泛設。以較惠氏之書，體約而義精矣。樹蘅弱歲受經，讀學海堂、南菁書院所刻清儒《經解》，觀其名氏，強半江南北淛東西之人。觀其撰著，自三數通儒碩學外，亦不盡無疵纇。顧其名皆發聞於當時，其書率傳習於橫舍，私怪海內之大學者之眾，挈經之士曾不敵東南一二行省，而吾江漢之域，抑又甚焉。及讀江肯堂氏所為《漢學師承記》，則知東南之士，其書易傳而名易彰者，大抵其始藉師友之講習應求，其繼則達官先進為之延譽論薦，其卒則承學之士相與推崇而誦說。是以上焉者無玄文覆瓿之憂，次焉者有驥尾千里之幸。至荊楚學士，類皆閉戶自情，冥心獨往，尟交游之商略，不收徒以自賢，惡標牓以為名，恥媒牓以自見。是以姓字不出於鄉國，著書不得其傳人，稽之往籍，蓋違之者寡矣。萬氏為湖北右族，醇儒碩學，累葉相望。乾隆時南泉先生年茂，官御史，以嚴直忤權貴。退而撰《周易圖說》六卷。其後蔚亭明經希槐撰《十三經證異》七十九卷、《困學紀聞集證》二十卷。澍辰先生生咸同之世，遘亂離之會，既試不得志於有司，乃以舉人借補崇陽縣學訓導。山邑僻左，上無大僚州府之援，下絕聲氣應求之助，閒官冷署，精研易象，橐經六易，而成是書。與南泉、蔚亭兩先生後先輝映，蓋駸駸乎有吳縣惠氏之風矣。然《周易圖說》，往時曾入史館，而世遂罕傳，獨存緒論於《黃州府志》。《困學紀聞集證》版燬於燹，亦僅有傳書。《十三經證異》邇年始以活字排印，坐校者失職，譌舛幾不可讀。先生此書刊行不過六十年，而楚中學士傳習蓋寡。夫以《周易圖說》之醇深、《十三經證異》《困學紀聞集證》之淹博，與夫此書，恢漢儒墜緒，成一家之言者，置之學海、南菁兩《經解》中，庸詎不能分乾嘉諸儒之席？顧乃若存若亡，不絕如帶，然則道之通塞、名之顯晦，昔人歸之天與命者，而楚人則又係乎地矣，可無慨歟？！

武樵軍長，承祖德之緝熙，懼家學之失墜，治軍之際，搜求家藏先世遺著，獨此書版刻尚存，亟命工重印，以廣其傳。蓋仁人孝子之用心，所以承其先而施於世者，賢於庸眾遠矣。承命供校讎之役，受讀即竟，因感先生之遇與此書之鬱滯，遂推楚學所以不顯於海內之故，綴辭簡端，庶幾荊楚學士覽之，有所憬悟，不自疑餒。抑俾後之志藝文傳儒林者，有所考焉云爾。歲在強圉赤奮若餘月，同里後學羅樹蘅謹序。

◎魏輔宸序：余以蜀人家居時，嘗欲一觀來民求溪遺迹，未暇也。洎司鐸臨江，去求溪甚近，欲一觀遺迹，亦未暇也。時諸生以易問難，義理則本諸程朱，象數則取諸來氏，以來說人久信從也。及筮仕至楚，與天下名流交，言易者多宗來說。兵燹後，置崇文局，刊各經本，取來說數條，冠諸簡端，示多士以玩象門徑，來子之易，誠家喻而戶曉者矣。乙亥攝崇篆，晤學博萬君澍辰，贈所注易一部，公餘讀之，亦象數之言也。來子以錯綜變互四者言象，學博之注，亦言錯言變言互，與來說同。惟來子所謂之綜，此則謂之覆，名不同而實同焉。其大不同者，來子不宗卦變，學博則專主卦變，且以變通解名其書。學博之主卦變也，引孔子鼎象，巽而耳目聰明，柔進而上行，為鼎自巽來之據。鼎有自來之卦，卦卦各有自來之卦，又可知也。大約學博之注，其要歸在以孔子之傳釋文王之經。凡漢宋之說，合此者從之，不合者不從，所注雖近漢易，而實無漢宋之見存諸胸中也。余嘗謂漢人說經，惟易得孔門傳授，與他經不同。而漢易又分兩路，西漢人專以氣言易，東漢人兼以象言易。氣者消息之說也，西漢之易至晉已亡，惟存孟氏數語。孟謂易所言皆氣，而後以人事明之，即孟氏此語思之，則施氏梁邱氏之說概可想見矣。夫易道廣矣大矣，消息者，其一端也，而孔子當日惟以此一端授受，必以此一端，易道之至精者也，至變者也，至神者也。孔子曰：「君子尚消息盈虛，天行也」，果有體易者於其消者益之、息者損之、盈者剝之、虛者復之，自足範圍天地之化而不過，曲成萬物而不遺。蓋窮神知化本聖人之實事，而消息，卦之實功也。自漢人傳之，徒以應候之風雨寒溫為占驗之小數，夫豈孔子傳授之本心乎。此卷於易之言消息者，仍以消息注之。坤四《文言》「天地變化，草木蕃，天地閉，賢人隱」，獨以壯觀二卦消息言之，誠能抉經之心。候卦向謂冬至起中孚，此注獨闢易緯之誣，從康成、荀、虞之說，謂中孚為消卦之終，復為息卦之始。不又為古今之言消息者，決一大疑案哉？學博為余言，易中若蹇解噬嗑姤賁諸卦，皆思之數年然後下筆，甚矣注易之難也。此注語語皆從

心得，其尤著者，若參伍錯綜之義，他書以囫圇了之者，此獨援筮法以明之。雜卦，不反對之卦，他書以錯誤疑之者，此獨援羲圖以辨之，義皆確實可據。諸此書精處，在以孔子之傳釋文王之經，乃以經注經者也。夫此體制亦創自漢人也。昔費直以《彖》《象》《繫辭》《文言》解說上下經，及荀爽注易又惟以十篇之文詮釋經義。費荀在漢，豈胸無積卷哉？夫亦謂三代以下之書，諸子百家之說，不明大道，不足引以解易，故上下經義惟證以十翼。今學博之注復與古合，則根據之確莫善於此。將見此書之行，亦與來子之易家喻而戶曉者相等。惟來子以廿九年之功，上沐國恩，寵以清秩，養以厚糈，稽古之榮，千載僅見。今學博垂老閑曹，氈寒署冷，姓名不出於鄉邦，論說祇行乎庠序，撫今視昔，榮悴殊懸。而余又自慚卑下，不能使此書上之九重，入之四庫，與來說並傳。臨文之下，不禁感慨繫之矣。光緒建元仲秋月，巫溪愚弟魏輔宸拜序。

　　◎周易變通解書後：萬澍辰先生，掌鐸崇邑，以研易名齋。爕鼎嘗過從聽講，剖析疑難，冰解的破，多疇曩所未聞。其實就易釋易，就象數明義理，無他道也。先生易主漢學，而別有心得，實能闡發荀、虞諸家所未能到，明代來氏、國朝顧氏／惠氏所未及知者。漢時去孔聖未遠，虞氏傳孟喜逸象，十倍九家，當日授受相承，確有可據。自王弼掃象，《程傳》因之，《本義》雖微有同異，然俱專主義理，特為宋儒之易，漢學於是微矣。《太極圖》原象之始，《皇極書》衍數之終，宋儒之言象數盡於此。總之於上下經，布爻取象，一切至當不易之例，略而未詳。不知象數未細核，義理終渺茫，義理不在象數外也。且夫象數固未易明矣，如先後天二圖分屬羲、文，後天即洛書之位，豈羑里始畫？憶童蒙時讀易，已竊疑之。乃朱子謂後天八卦多不可曉，顧氏惠氏，又以先天圖為宋人偽作，則從來講易家，於此二圖，不且均未致思也哉？先生之言曰：先後天圖作於一時，分屬者非也。雜卦八卦不反對，先生取先天圖釋之，千秋疑團，一朝立剖。其他於《爻》《象》《文言》《繫傳》，往往見先天卦位，是又可知後之講漢易者皆皮膚之說也。先生又曰：荀爽能知乾四之旨，虞翻尚昧解上之義，易之難讀，自古已然。噫，漢學微，來氏以二十九年苦思測其端倪，誤以反對為綜，雜卦沿蔡氏顛倒聖經，不及朱子闕疑；顧氏、惠氏考據古文剖析疑字，詳博有之，返約未也。易誠難讀哉！先生解易，本《繫傳》變通二字，變卦十九各有著落，引伸觸類往來周流，《啟蒙》三十二變圖盡該於內。扼要在盡化裁推行之法，而卦卦可貞。既濟則又實為易簡之

道，就易釋易，就象數明義理，本漢儒窠臼，定宋儒指南。此則先生獨抒心得，為先儒所未能及者也。嘗思義理無異同，當求其是。紫陽宗伊川，《本義》不襲《程傳》，先儒講易，原不主一說，時藝家恪守集註，而能者往往別出見解以行文，即朱子復起，亦必首肯。陸放翁言町畦之士詆窮經者曰傳註已盡，詆博學者曰不知無害為君子，此解出，嘔索解人，洵非易易。先生楚黃世閥，累葉談經，家藏古書甚多，惜災兵燹。性勤敏沈摯，力索深思，自咸豐八年來崇司訓，一氈坐無俗客，案上存編，卷卷丹鉛評論，皆作蠅頭小字。即藝事之末，無一不參透義理得其奧窔，而於易學尤為專精。意者韋編絕後，開二千餘年長夜者，其在先生歟？昔求溪易成，得郭青螺而顯。德不孤立，必以類應。行見當世有如青螺者，表章此解，上之九重，儲之四庫，頒行海內。俾後學知古今來講漢易諸家，當推先生首座，蓋仲翔未吞之三爻，先生實飲之矣。崇邑承教弟傅燮鼎〔註12〕拜書。

◎自敘：三十前習科舉，不能專心讀易。易象雖不通，心固知象有確義，非同《詩》之比興也。癸丑自都南旋，遭世變，盜賊如毛，逃之深山，以讀易為事，蓋藉以釋憂也。一日玩泰蠱，乃知象出通變。乃悟《繫傳》聖人設卦觀象繫辭焉而明吉凶，剛柔相推而生變化。斯言也，聖人作易之本也。剛柔相推者，推而行之之通也。而生變化者，化而裁之之變也。通則必變，故《大傳》言變者多言通者少，以變可該通也。易有一卦止取一卦通變者，有一卦兼取數卦通變者。所謂變而通之以盡利，鼓之舞之以盡神也。夫聖人作易，不以本卦取象必以通變之卦取象者，易以藏往知來，惟通變始有往來。且卦爻若無動幾，則亦無象可觀、無辭可繫。聖人設通變之卦，正所以求卦爻之動者也。合通變皆謂之動，傳曰「推而行之，變在其中矣；繫辭焉而命之，動在其中矣」，此之謂也。澐家自明代來，積卷頗富，兵燹既興，隻字無存。乙卯丙辰，所注粗就，深山中得虞氏易讀之，私幸所見與虞說多同。而貞九六之說，則自仲翔啟之者也。然是說也，初固不能無疑，以卦卦必貞既濟，是一既濟可備易義矣。久久讀之，乃知此即天下之動，貞夫一者也。又所謂天下同歸而殊塗，一致而百慮，天下何思何慮者也。易以乾坤首之者，元亨之義

〔註12〕傅燮鼎，字鐵樵，榜名筆可，別號我泉山人。華陂麻石咀人。道光二十九年（1849）登己酉科副榜。旋舉貢士。後絕意仕途而執教營生。又著有《崇賢堂詩文集》十二卷、《醒睡瑣談》二卷。又輯有《雪浪餘音》四卷。又曾主修同治《崇陽縣志》及通山《九宮志》。

也。以既濟定之者，利貞之義也。蓋元亨者天道，利貞者天道及聖人之道。乾象不云乎？乾道變化，各正性命，保合太和，乃利貞。各正性命者，天道之利貞；保合太和者，聖人盡人以合天，聖人之利貞也。易於相錯兩卦，凡陽息者，一曰元亨利貞，一曰元亨，不曰利貞。蓋其陽卦貞為既濟，則曰元亨利貞。其陰卦變為未濟，則曰元亨，不曰利貞。此義數千年，從無發明之者。讀易之久，覺其言陰陽盈虛消息者皆本先天，其言方位則本後天。古無所謂先後天，古之消息卦即先天卦。消息無坎離，以其為日月，為消息之體。消息十二辟卦，先天六卦所重者。伏羲十言乾坤震巽坎離艮兌消息，謂先天一圖也。而本朝先儒顧氏炎武、惠氏定宇，謂先天圖宋人偽作。易以道陰陽，正以發明此圖。然使兩漢以來，果無一人言此圖卦位，宋人偽作之說又烏從而證其非哉。澐取漢人易說讀之，而荀氏慈明及九家已言先天卦位，可見此圖漢時原有。又悟《左氏》風行而著於土，山嶽則配天，及川壅為澤，震之離亦離之震，皆以先後天卦位合言。故澐此注多言先天，又多以先後天合言。傳曰：「八卦成列，象在其中矣。」成列者，圖也。易象出於卦圖，離圖以言象，象何所本乎？先天一圖者，聖人作易之本也，今人言易不外錯綜變互四法，而澐之注易獨言通變、言貞九六、言消息卦氣、言先天義、言先後天合用，與今人之言易不同。然非一己之私也，易所固有之義也。此注始於癸丑，迄於癸酉，稿凡六易，注乃粗成，不敢言所注有當於易。特以二十年研說之功不欲盡沒，繕寫成卷，藏諸家塾，以為澐之易學，如是已爾。崇邑諸紳，勸以授梓，且捐資以成其事，此則諸紳之羽翼聖經，而適以彰澐之淺陋者也。海內之大，鴻儒正多，若大人先生，賜以披覽，不惜覺其迷而匡其繆，則為此注之深幸，而或旦暮遇之也。同治十二年歲次癸酉正月十二日，黃岡澍辰氏萬裕澐自敘。

　　◎重編者序：聖賢有句古諺曰：窮則變，變則通，通則久。用來形容先賢萬澍辰先生實為不過。先生大著《周易變通解》一書，曾是海內外學易者非看不可的一部曠世鉅著。數千年來，由伏羲、文王、周公、孔子……等先聖先哲所延傳下來聖經代表作，此書讀者於坊間已無緣見到，甚是可惜與遺憾。本人甚幸，早年收藏有萬先生於清朝同治年間之木刻原版，但因版印不甚精美，加上並無標點，實為有心研習此中華博大文化精髓的現代知識青年學子，是不容易接受的，想到此，本人雖不材，即欲出版，惟其內容於象數及辟卦早已受世人所肯定，不如重新加以整理，增加一些序跋及凡例中所謂未刊之

所缺者，將本人手邊即有之相關及相近資料，即道書名作《西遊原旨》作者悟元子道人所注《伏羲易》、《周易》、《孔子易》將伏羲先後天八卦及陳希夷傳邵康節天根月窟六十四卦方圓圖與大衍數等，以圖解方式為《易經》本旨演繹得淋漓盡致，於以補充之，改名曰《周易變通解‧羲周孔三易合編》並加標點，實乃欲盡一分綿薄之力來傳承文化使命而已，更望學者不吝指教。時民國九十九年春，李崇仰序於臺北翔大圖書公司。

◎光緒《黃岡縣志》卷二十三《藝文志》：萬裕澐《周易通變》。

◎同治《崇陽縣志》卷十二《補遺》：《周易變通解》十六卷，訓導萬裕澐著。司訓黃岡舉人，喜讀易，在崇令十載，以研易名齋。是書歷兵火，稿經數更，以變通二者解易辭象，謂伏羲之卦以太極為本，生生為用；文王之卦以乾坤為本，變通為用。《上繫》：「聖人設卦觀象，繫辭焉而明吉凶，剛柔相推而生變化」，蓋變通者，聖人觀象繫辭所本也。以變通解易，本諸孔子。是書之義雖若近於荀、虞，實自悟得之，其說較荀、虞為精密也。

◎潘雨廷《讀易提要》卷九、尚秉和《易說評議》卷九可參。

◎萬裕澐，字澍辰（樹丞），號雲舫。湖北黃岡人。邃於易。咸豐七年任崇陽縣學訓導，光緒二年任荊州教授。

汪邦柱 程智 江柟等 易經會通 十二卷 佚

◎道光《徽州府志》卷十五《藝文志》：汪邦柱、程智、江柟等《易經會通》十二卷。

汪伯塤 詁易 一卷 佚

◎民國《全椒縣志》卷十《人物志》：生平以主敬為宗，湛深經術，於三禮、葩經多所考正。著《詁易》一卷，惜得咳血疾，稿未成帙。

◎汪伯塤，字牖民。安徽全椒人。都經歷鎏長子。同治初鄉榜遊學使何廷謙幕，又為孫家鼐聘主家塾。養疴金陵，襄辦洋火藥局。選授和州學正，未赴任卒。

汪椿 周秦三式疏證 佚

◎丁晏《頤志齋感舊詩‧汪春園典簿》：

博學洽聞，尤精太乙壬遁之學。自題其居曰三式書楹，成《周秦三式疏證》，謂《左傳》《國語》《國策》占法皆三式也。又箸《日知錄補正》、《十四

經通考》。延余授讀，子孫皆從遊。館一卷一勺園，藏書甚富，余得縱觀。庚寅六月，自知亡日，與余訣別，果於七月杪卒。卒後家道中落，宅園為墟，幸其孫尚能讀書遊庠，猶為幸也。

環谷有汪子，飛遁抱古心。緘書書日者，愛我珍球琳。三式證卜易，逆數知來今。泛覽銀河棹，冥觀《火珠林》。盛暑被重裘，倏然衰病侵。梓澤已堉落，楹書重籯金。

◎汪椿，原名光大。清河人。國子監典簿。

汪達 周易衷微 佚

◎光緒《江西通志》卷九十九《藝文略》一《國朝》：《周易衷微》，汪達撰（《浮梁縣志》）。

◎汪達，字非聞。江西浮梁人。著有《周易衷微》。

汪大倫 易經貫說 佚

◎道光《徽州府志》卷十五《藝文志‧婺源》：汪大倫《易經貫說》。

◎汪大倫，安徽婺源（今屬江西）人。著有《易經貫說》。

汪大業 易經析義 四卷 佚

◎一名《易析義》。

◎道光《徽州府志》卷十一之三《人物志‧儒林》：有《四書覺路》《四書要旨》《學庸表注》《學庸圖說》《易經析義》諸書。

◎道光《徽州府志》卷十五《藝文志‧婺源》：汪大業《易析義》四卷。

◎汪大業，字簡宣。安徽婺源（今屬江西）大畈人。崇禎壬午副榜。所著詩古文詞皆自成一家言。著有《易析義》四卷。

汪德鉞 讀易義例 一卷 存

國圖藏道光懷寧汪氏誠意堂家塾刻臧庸編次七經偶記十二卷本

道光十二年（1832）汪時漣長汀木活字排印本

◎一名《周易義例》。

◎光緒《重修安徽通志》卷二百十八《人物志‧儒林》：閉戶讀書，日有劄記，所著有七經及《論語／大學偶記》十餘卷、《語錄》四卷、《家訓》《女範》《詩古文》各二卷。德鉞篤信宋儒書，然實潛心考據，其所著尚有《詩經

文詞異同考》、《三國志補注》，惜未之見。

◎民國《懷寧縣志》卷十九《儒林》：所著有七經及《論語／大學偶記》十餘卷、《子史偶筆》二卷、《語錄》四卷、《家訓》、《女範》二卷、古文辭制藝詩各二卷。又有《周易集成》《論語講義》《詩經文字異同考》《三國志補註》，皆未成。

◎陳壽祺《左海文集》卷七《汪德鉞傳》：所著《周易義例》一卷、《周易雜卦反對互圖》一卷、《七經餘記》一卷、《女範》一卷、《銳齋偶筆》一卷、《日記》六卷、《文鈔》六卷、《古今體詩》二卷。

◎尚秉和《尚氏易學存稿校理‧易說評議》卷六：此所為義例，共六十五條。有與義例皆不相涉者，如言易象六十有四、言貞者三十有四卦、言不可貞者一卦、言元亨者十一卦、言亨者二十有六卦、言吉者十九卦、言元吉者一卦、大吉者一卦、言利者三十五卦、言凶者五卦、言悔者一卦，又易爻辭三百八十四爻而言貞者七十一爻、言无咎者九十爻、言吉者九十七爻、言凶者四十七爻、言无悔者二十二爻、言厲者二十三爻、吝者二十爻、亨者四爻、利者四十一爻、不利者十爻、言咎者一爻、有孚者十七爻，此直總簿計耳，於例既無涉；若其義皆在本卦本爻中，於總數亦無涉也。至其他所舉之例，皆不注明某卦以申明其義，令人閱之多不知其所指。如云易初上無位，而即以為賤者；易中四爻有位，而有時以為賤者；易有以二爻為一類，分上中下三等而觀之者；易有以中二爻為一類，合上下四爻為一類而觀之者。按之諸卦皆不合，訖不得其所指，抑有誤耶？書內如此者甚多。祇「易剛柔皆應者八卦，而其應有取有不取」知其指否、泰、咸、恒、損、益、既濟、未濟八卦而言，又云「易五上二爻多有相首尾者」知其指乾泰等卦而言，又云「易有全體取象為一物者」知其指大壯之羊、漸六爻之鴻而言。又云：「易《大象傳》多有與象爻之義不類者」，按《大象傳》義有與卦義相反者，有引以為戒者，有推擴卦義者，有相成者，先儒皆未言，茲云與象義不類，可補前人所未發，最為善疑。至云「易有二卦合體相似而名迥不同者，有二卦顛倒而其名義迥不同者」，則所見太淺，何待言哉？不足貴也。

◎汪德鉞（約1778～？），字崇義，號銳（萃）齋、三藥，自號雲田。安徽懷寧人。少從舅父楊家洙習易，又從潛山張必剛治經史。潛心考據，學宗程朱，深識天下事利病，遇義慷慨敢為。乾隆五十三年舉人，嘉慶元年（1796）進士，由庶常改禮部主事，終於禮部員外郎，保送御史。充《會典》館總纂，

以訛字被議奪職，旋請復，需次銓部。著有《詩經文字異同考》、《讀經劄記》、《論語講義》、《論語大學偶記》、《三國志補注》、《尚書偶記》一卷、《毛詩偶記》二卷、《周禮偶記》一卷、《制義》二卷、《儀禮偶記》一卷、《汪氏語錄》（又名《銳齋語錄》）二卷、《禮經偶記》一卷、《讀易義例》、《周易雜卦反對互圖》、《七經餘記》、《家訓》二卷、《女範》二卷、《七經偶記》十二卷、《春秋三傳偶記》二卷、《四一居士文鈔》六卷、《周易集成》、《周易偶記》二卷、《銳齋古文》二卷。

汪德鉞 周易集成 佚

◎臧庸《拜經堂文集》卷五《禮部儀制司員外郎汪君德鉞行狀》（摘錄）：乃編次《周易義例》一卷、《周易雜卦反對互圖》一卷、《七經偶記》十二卷、《女範》二卷、《銳齋偶筆》二卷《日記》六卷、《四一居士文鈔》六卷、《古今體詩》二卷、《應制詩賦》二卷、《時文稿》二卷，又有《周易集成》《禮記集注》《論語講義》《五經文字異同考》《三國志補注》，皆未成稿，藏於家。

汪德鉞 周易偶記 二卷 存

國圖藏道光懷寧汪氏誠意堂家塾刻臧庸編次七經偶記十二卷本

道光十二年（1832）汪時漣長汀木活字排印本

◎姚鼐《惜抱軒文後集》卷八《禮部員外郎懷寧汪君墓誌銘》（并序）：嗚呼，學之敝甚矣！世俗說經者不務講明服習聖道行天下之公事，而求一己之私名，搜取隱僻為異，而不必其中；辨晰瑣碎為博，而不必其當。好惡黨讎，乖隔錯迕，是失聖人所以作經之本意，而以博聞強識滋其非者也。君少稟承宋儒之言，行己有恥。其於經也，辭義訓詁之小者未嘗一一拘守程朱，而大義必宗嚮而信且好焉。因推明其旨，將以扶正道、率後賢，是可謂君子之為學矣。余始未識君，居懷寧敬敷書院。時君來，偶見余說《詩‧關雎》言古序及毛《傳》皆同，朱子之說謂為后妃求賢作者，鄭康成一人之誤說耳。君因探懷出所著說，則意正與余同。自是往來益密……君所讀《詩》皆有札記，其子編為八卷。君年僅五十餘，所欲為者非第如今八卷也。君深識天下事利病，遇義慷慨敢為。使尚行一方，施於政事，亦當有可觀者。惜其仕與學皆未竟而身沒矣。

◎民國《懷寧縣志》卷十一《文藝》：汪德鉞《周易偶記》二卷、《周易雜卦反對互圖》一卷、《讀易義例》一卷。

◎尚秉和《尚氏易學存稿校理・易說評議》卷六謂其說易不章解句釋，詳於上經略於下經，以宋易為宗以義理為主，所說獨簡而明。惟為義理所蔽，一切訓詁浮泛說之，蹈宋儒空疏之病，又漢人舊訓似皆不知。

汪德鉞 周易雜卦反對互圖 一卷 存

國圖藏道光懷寧汪氏誠意堂家塾刻臧庸編次七經偶記十二卷本

道光十二年（1832）汪時漣長汀木活字排印本

◎臧庸《拜經堂文集》卷五《禮部儀制司員外郎汪君德鉞行狀》（摘錄）：鄭康成注《周易・雜卦傳》「大過顛也」曰：「自此以下卦旨不協，似錯亂失正。」朱子《本義》亦曰：「以下卦不反對，或疑錯簡。」君作《反對互圖》以明其義，謂自乾坤至井困三十卦、自咸恒至夬三十四卦，一陽之卦六在前，三十卦中一陰之卦六在後，三十四卦中扶陽抑陰義也。前終以晉、明夷、井、困者，晉、明夷離為主，井、困坎為主，即上經終坎離意也。後終以既／未濟，特倒夬於末者，夬盡復為乾也。前為陽，故一陽二陽卦多在前，後為陰，故一陰二陰卦多在後。大過四陽、姤五陽也，三陽以陰陽各半：前八後十二，漸、既／未濟皆三陽也，正對之卦，凡八在前，互夬姤；凡八在後，漸互未濟，歸妹互既濟，既／未濟又相互。統既十六卦，乾坤剝復夬姤既／未濟大過頤睽家人蹇解漸歸妹是也。互剝復蹇解各四在前；互姤夬既／未濟頤大過各四在後；互家人睽共八，前後各二；互乾坤各四前，乾一坤三後坤一乾三；互歸妹、漸各四，前六後二，通計之亦皆四也。是非特大過以下反互對無錯而雜卦之旨明，即上下經陰陽反正之旨亦無不明矣。其讀《易》曰：以世運言之，則治日少而亂日多；以時序言之，則溫和清明之日少而陰晦寒暑之日多；以人言之，則君子少而小人多；以事言之，則吉少而凶悔吝多，是皆陰陽之推盪而浸至偏勝者也。自有易而寒暑可以正、四時可以調、亂可以復治、小人可以化為君子，凶悔吝可以反而之吉，此所謂範圍天地之化而不過者。大人否亨者方深，則不可救，故必身否而道乃亨也。休否大人吉者將濟，則不得不救，故必休否，道乃亨也。老子主退屈，只一謙卦可了然。以與為取，以翕為張，流為陰謀譎詐。聖賢則自視歉然惟見己之不足而已。震下乾上曰無妄，而《雜卦》又曰災，何也？蓋乾，誠也；震，動也。動而能誠，則不計吉凶悔吝矣；動而循理，則得吉固其常。即吉凶悔吝亦時運之適，然而非其所應得者，故雖災無妄。子弟之過禁於少時則家道正，臣僚之失絕於初進則朝

政清，自古興亡治亂之機伏此。大畜童牛之梏元吉，《傳》「有喜」謂此也。過涉滅頂凶無咎者，處大過之時，為大過人之事，鞠躬盡瘁死而後已，其事雖凶，其過涉之節不可咎也。史稱文祥才疎意廣，卒無成功，然前之救難，後之殉節，俱不可議。兌為悅，而上爻又兌之主，疊山所謂從客就義，文山所謂鼎鑊甘如飴，求之不可得者也。讀《尚書》曰：「咨女二十有二人」，馬、鄭、偽孔皆不數稷契皋陶，鄭無四岳有殳斨伯與朱虎熊羆四人焉；孔無此而以四岳為四人。按《史記‧五帝本紀》曰：「禹、皋陶、契、后稷、伯夷、夔、龍、倕、彭祖自堯時皆舉用命十二牧，論帝德，遠佞人，則蠻夷率服」，下乃歷敘四岳等十人事，而總結之曰此二十二人咸成厥功。是太史公有稷契皋陶，且以四嶽為彭祖，故舉彭祖之名於前，敘四嶽之事於後也。唐楊倞注《荀子》云：「彭祖，堯臣，名鑑，封於彭城，經虞夏至商七百歲。」此言必有所本矣。「惠不惠，懋不懋，已汝惟小子乃服惟宏王」，「王」當為「大」。《左傳》引《周書》曰：「惠不惠，茂不茂，康叔所以服宏大也」，此其證。讀《詩經》曰：《毛傳》兩言后妃有關雎之德，又言德盛者宜有鐘鼓之樂，《齊詩》匡衡說同。《鄭箋》以淑女為眾妾，《正義》又以箋意釋《傳》，誤也。小民勞苦之情先時而發之，則有以安其心而作忠勇之氣，過時而發之斯失其機宜而無救於危亡，自我而發之則有以服其中而動豫悅之誠，自彼而發之斯取其怨恨而無解於離叛。《采薇》得之：「謀夫孔多，是用不集。」朱子從《韓詩》作「就」，以為猶、咎韻。然《毛詩》古文聲可通轉，《吳越春秋‧河上歌》曰：「驚翔之鳥相隨而集，瀨下之水因復俱流。」用韻與《毛詩》同。「不大聲以色，不長夏以革」，夏，楚也；革，鞭也。《尚書》：『鞭作官刑，朴作教刑。」古以與通。《江有汜》「不我以」箋云：」以猶與也。」此謂聲與色、夏與革耳。讀《禮經》曰：士冠筮日，卦者在左，卒筮書卦執以示主人。特牲饋食禮筮日，卦者在左，卒筮寫卦，筮者執以示主人，書寫皆卦者事，執筮主人皆筮者事。士冠不言筮者，文不具耳。鄭注以士冠書卦為筮人事、特牲書卦為卦者事，誤也。親迎北面奠雁再拜稽首者，女父筵於戶西，西上右几以先祖之遺體授人故也。壻拜主人不答者，亦假先祖之靈以授之，不敢當其禮也。鄭注謂主為授女，敖氏謂以女在房，失其義矣。父為長子三年者，以先祖之正體攡傷，大宗將絕，故等諸臣之喪君、子之喪父、妻之喪夫。後世易以期服，與眾子等矣。宗法廢久，若不可復，而服制仍之，猶餼羊之意也。朋友緦麻，然孔子喪由回若子而無服，門人畏夫子若父而無服，則朋友之以道義交者，若喪兄弟而無服

宜也。孔子沒，門人心喪三年；漢時有以師喪去官者，後人權其恩義之輕重而內斷於心可也。讀《周官》曰：市廛雜遝，盜賊奸匿之藪也。司市司虣司稽胥肆長，層累稽察之。此市清獄，簡而比，匿無所容也。曹參以市獄並言，達此泉府掌斂市之不售、貨之滯於民者，以其賈買之，償其直而不使折閱也。滯可以賤買，而必償其直。不時而買，其價必騰。而必從其祗先王一以利民而已，無與焉。古人重喪禮，族師黨長有治喪紀相葬埋之事，秦漢風猶近古。《史記・項羽本紀》：「每吳中有繇役及喪，項梁常為主辦。陰以兵法部勒賓客及子弟。」《陳平傳》：「里中有喪，往侍以先往後罷為助。」讀《禮記》曰：君子行禮不求變俗，與使從俗同義。鄭氏謂不務變其故俗，重本也，不若箋《詩》「賓之初筵，籥舞笙鼓」曰：「殷人先求諸陽，故祭祀先奏樂，滌盪其聲。」《正義》引鄭志答趙商云：「衛殷之畿內，君子行禮，不求變俗。祭祀之禮、居喪之服、哭泣之位皆如其國之法，故衛稱殷禮。」此解之善也。其以乘壺酒束脩一犬賜人，若獻人則陳酒執脩以將命，亦曰乘壺酒束脩一犬。鄭注：「不言陳犬，或無脩者牽犬以致命。」按犬馬不上堂，故陳酒執脩，其將命則曰一犬，下云守犬田犬，則授擯者。此為食犬，故畧之。舅姑承子以授婿，恐事之違也。以此坊民婦，猶有不至者。此即《丰》詩「俟我乎堂」、「俟我乎巷」、「悔予不將不送」意。序云：陽倡而陰不和，男行而女不隨，是也。注謂不親夫以孝舅姑，說美而非本旨也。讀《春秋》曰：隱不書即位，《穀梁》以為先君之欲與桓，非正；既勝其邪心以與隱，已探先君之邪志，而遂以與桓，則是成父之惡。不知惠命隱、攝隱惟以父命為尊。若曰先君亂命不可從，伯夷之逃又何為乎？僖十八年狄救齊，《穀梁》以為善，然合前後觀之，莊三十二年冬狄成邢，閔元年春齊人救邢、二年十二月狄侵衛、十四年秋狄侵鄭，其勢熾矣。十八年正月宋公、曹伯、衛人、邢人伐齊，夏師救齊，狄救齊，齊桓攘狄救邢，狄乃不修前怨，竊假伯績踵魯而救之，其志益不可測。是年狄即摟中國諸侯以伐諸侯，遂書。冬邢人、狄人伐衛矣。二十年秋，齊人、狄人盟于邢。二十一年春，狄侵衛。二十四年，狄伐鄭。三十年狄侵齊。三十一年狄圍衛十有二月，衛遷于帝邱。大抵猖獗於閔僖之時。齊魯晉衛鄭邢疊遭蹂躪。宣、成以後分赤白二種，其勢稍衰，晉屢敗之滅之。然宣十一年秋晉侯會狄于攢函，成九年十二白狄伐晉，襄十八年春白狄來征伐會盟，幾與春秋相終始。故善狄救齊之說非通於春秋者也。僖二十一年楚人使宜申來獻捷，《公羊》以書人為貶。考莊十年書荊、二十三年書韓人、僖元年書楚人、四年書楚

屈完來盟、二十一年書楚人又書楚子，是時楚成王執宋公以爭伯，強悍已極，故書子以著其實，而獻捷仍稱楚人。自二十一年至文八年皆然，則抑之之意也。蓋初以楚奪宋伯，宋襄沒，晉文興。襄公繼伯楚業不成，至晉靈立，趙盾擅權，伯統幾絕。會盟于扈，皆槩稱曰諸侯，以見為散辭，於是文九年始書楚子使椒來聘，自是訖春秋，征伐會盟無不書楚子矣。遲之久而後進，蓋有所不得已。猶孔子不用於魯衛，乃之列國，最後始適楚也。孟子曰：「孔子成《春秋》而亂臣賊子懼。」恒文襄悼主伯，天下無亂賊之事。自文六年晉襄卒，十四年齊公子商人弒其君舍，十六年宋人弒其君杵臼，十八年夏齊人弒其君商人，冬莒弒其君庶其，宣四年鄭公子歸生弒其夷，十年陳夏徵舒弒其君平國，而魯猶內諱子惡事，晉靈昏弱，坐視不救。趙盾有無君之心，陰利其然，故宣二年自弒其君夷皋。先，文十四年同盟于新城，猶列敘魯宋諸國。至九月有公子商人之變，十五年遂統書諸侯盟于扈矣。十六年有宋人之變，十七年又止書諸侯會於扈矣。非因晉伯已衰，不能討賊，故變文以見例乎？左氏於扈，謂晉受齊賂，會扈謂晉與宋平，冠裳顛倒，天地易位而無人焉以救之，能不為之痛哭流涕哉？馬季長注《論語》，以三綱五常解，因以損益為文質三統，《集注》因之為辨曰：「有天地然後有萬物，有萬物然後有男女，有男女然後有父子君臣，禮義乃有所錯。三綱定之自天者也，非夏殷先王所創也，不可謂之因，五常亦然。且孔子言禮，一而已焉。以為五常則益之以仁義知信。」如其說以衍之，曰：殷因於夏之仁義知信，周因於殷之仁義知信，可乎？蓋因與損益為一事。損者損其禮，益者益其禮。禮也者，吉凶軍兵嘉之謂，非指其辭讓之心之為禮之端而言也。董子曰：「繼治世者其道同，繼亂世者其道異。」湯武革命，故禮亦隨之。然革其節目而不能革其大體，故同一始加冠而牟追章甫委貌異其制，同一三加而收冔弁異其名，同一尸而夏立殷坐周旅酬，同一降神而殷先求諸陽周先求諸陰，同一牲而異其黑白赤，同一祭而異其心肝肺，同一飲而異其明水醴酒，同一尊而異其山著犧象，乃因風氣之淳澆而有盈縮，監得借失而衰益其多寡。是聖人之善其因也。禮也者人之堤坊也，其因與損益亦若是而已。故君臣父子夫婦之名下可即名以禮，而仁義知信之德下可獨以禮當之也。謂鄭康成、朱晦菴二先生魂魄彊固，故著述富而精。學惟其是而已，何漢宋之別？談漢學者輒輕詆宋儒，宋儒文字即有疏誤，亦何害為大賢也……君生乾隆十三年二月五日，以嘉慶十三年十月八日卒於京邸，春秋六十有一。將沒，猶整衣冠，嚴肅自持，曰：「死生命也。」娶徐氏、

繼室阮氏，皆封宜人。子時渵，縣學生；時漣，國子監生，候補廣東典史；次時泰。女一人，適潛山國子監生徐貴綸。孫二人：師樴、師梃。時渵歸喪，以庚午春二月權厝君於欽化鄉黃莊，秋九月復由里中至京師，攜君遣書乞庸校定。甲子乙丑間，庸在京師，辱知於君，義不可辭。乃編次《周易義例》一卷、《周易雜卦反對互圖》一卷、《七經偶記》十二卷、《女範》二卷、《銳齋偶筆》二卷《日記》六卷、《四一居士文鈔》六卷、《古今體詩》二卷、《應制詩賦》二卷、《時文稿》二卷。又有《周易集成》《禮記集注》《論語講義》《五經文字異同考》《三國志補注》，皆未成稿，藏於家。庸以君有志當世事而位不竟其用，經說多三十歲前作，能融會儒先，斷以精意。至自治嚴密，雖其生平友好皆不及知，恐久而不彰，無以為來者徵也，因掇其言之深切明粹者著於篇，俾後之人有所考焉。

◎尚秉和《尚氏易學存稿校理・易說評議》卷六：茲專攻雜卦反對及互圖義者。據其自敘，此篇非漫為顛倒者，顧自漢以來終未明其旨，朱子謂自大過以下不反對，或疑其錯簡，以韻協之又似非誤。今錄雜卦，時時玩索，稍有窺測即錄之於後，以質世之通易者。

◎周按：尚氏此引汪氏自序，未見於今本。

汪鼎科　易義合編　三卷　佚

◎民國《重修婺源縣志》卷三十四《人物》八《文苑》一：著有《周易摘要》六卷、《易義合編》三卷。

◎汪鼎科，字希耀。安徽婺源（今屬江西）清華人。恩貢生。家貧力學，文章經術能述其父。尤研心易理，以經義著明。

汪鼎科　周易摘要　六卷　佚

◎民國《重修婺源縣志》卷三十四《人物》八《文苑》一：著有《周易摘要》六卷、《易義合編》三卷。

汪度塘　周易觀象　不分卷　存

浙江藏清鈔本

汪法堃　周易卦畫解　佚

◎民國《潛山縣志》卷十四《人物志》四《文苑》：著有《周易卦畫解》。

◎汪法堃，字載庸。安徽潛山人。歲貢。少英敏，讀書目數行下。博極羣書，善屬文。教授生徒，名下無虛士。

汪紱 易經詮義 十四卷 卷首一卷 存

山東藏同治（1873）曲水書局木活字重訂汪子遺書本（存六卷：卷一至三、五至七）

山西大學藏同治十二年（1873）安徽敷文書局刻本

遼寧藏光緒二年（1876）方氏碧琳琅館鈔本

國圖藏光緒二十三年（1897）長安趙舒翹刻汪雙池先生叢書本

◎一名《周易詮義》。

◎光緒二十三年（1897）長安趙舒翹刻《汪雙池先生叢書》本牌記題同治癸酉安徽敷文書局校刊。

◎汪紱《戊笈談兵》光緒二十年（1894）刻本卷首《雙池先生各種遺書已梓書目》：同治癸酉用聚珍板排印刊，後安徽書局復校刊。

◎目次：

卷首：易學源流；周子太極圖說；程子易傳序；程子易傳後序；程子上下篇義；朱子本義圖說：河圖、洛書、伏羲八卦次序、伏羲八卦方位、伏羲六十四卦次序、伏羲六十四卦方位、文王八卦次序、文王八卦方位、卦變圖；朱子筮儀；說易大凡。卷之一：周易上經：乾坤屯蒙需訟師比小畜履泰否同人大有。卷之二：謙豫隨蠱臨觀噬嗑賁剝復無妄大畜頤大過坎離。卷之三：周易下經：咸恒遯大壯晉明夷家人睽蹇解損益夬姤萃升困井。卷之四：革鼎震艮漸歸妹豐旅巽兌渙節中孚小過既濟未濟。卷之五象傳上。卷之六象傳下。卷之七象傳上。卷之八象傳下。卷之九文言傳。卷之十繫辭上傳。卷之十一繫辭下傳。卷之十二說卦傳、序卦傳、雜卦傳。卷之十三：易學啟蒙上：五贊、本圖書、原卦畫。卷之十四：易學啟蒙下：明蓍策、考變占。

◎序：《易》言時中之道，聖人所為寡過之書，在天涵理而著象，在物成象而寓理，故上聖得理而顯象，其次因象而觀理，其次乃即事以求理。得理而顯象，聖人之作易也；因象而觀理，讀易之方也；即事以求理，卜筮之事也。理備於未始有事之先，故君子靜則觀其象而玩其辭；用顯於事至初交之幾，故君子動則觀其變而玩其占。學易如此而已。秦火之烈，易以卜筮得存。漢儒類以易為卜筮之書，而不知其本原之有在。故焦、京流為術數，流為

術數而易之體亡矣。漢魏之閒，王、韓始遺象數而專於言理，理非用不顯，不顯於用則理非理，故王、韓惑於虛無，而易之用又以亡。宋儒說易者多矣，周子《太極圖說》《易通》，理之純也；邵子《先天圖》，數之備也。朱子象數宗邵子、義理本周程，於是體用備呈，而義以不頗，時中之道明而人得以寡過。顧《太極圖說》見毀於象山、《易傳》受詆於袁樞、《邵圖》見非於林栗，當時異說之棼則已若此。朱子專以卜筮釋經，又作《啟蒙》以翼經傳，乃象占之說、卦變之圖，後世猶或紛紛異言以疑朱子謂之何哉？竊謂易之原本乎天地，易之用則專卜筮，自非上聖不能心與易合、動與時行；其次必因事求理而後協於時中。故古人重稽疑，重稽疑非憑之術數以為前知，實使人因象觀理，由是以得上天之訓，而事行可以無失其中也。執卜筮而忘理，易晦；並卜筮而廢之，而易或幾乎熄矣。是則朱子之以卜筮釋經，正朱子之功於是為大也。烜生朱子之鄉，承太傅清簡之家學，有志於寡過而未之逮。憶甫八齡時，戲折竹枝以排八卦，先母見之曰：「八卦有斷有連，女所排皆連畫，妄也。」對曰：「兒以仰體為陽，俯體為陰也。」先母曰：「是得其意者矣。」又嘗觀《卦變圖》曰：「此自下而上，陰陽每交易一畫也」，父兄奇之曰：「孺子他日其能神明於易乎？」亡何家貧廢學，遊食四方，荏苒四十餘年，終身過中，於易曾無一得，矧敢出其說以質人，謂足以廁先儒之席歟？顧自念幼嗜是書，又重辜父兄之望，邇迺重復研求，因續《詩／書詮義》稿成，自書所得，非敢謂足以發明先聖之所未發而闡紫陽宗風，然信好殷懷，或亦可因之以見志。若迺時下說經專供制義，及深焉者則又旁搜穿鑿怪隱以詆誹朱子為事，此則烜之所深羞而切惡者也，其遑效之。雍正甲寅之長至日，婺源汪烜自序。

◎汪紱《雙池文集》卷五《易經詮義序》〔註13〕（雍正甲寅）：《易》言時中之道，聖人所為寡過之書，在天涵理而著象，在物成象而寓理，故上聖得理而顯象，其次因象而觀理，其次乃即事以求理。得理而顯象，聖人之作易也；因象而觀理，讀易之方也；即事以求理，卜筮之事也。理備於未始有事之先，故君子靜則觀其象而玩其辭；用顯於事物之機，故君子動則觀其變而玩其占。學易之道不外此耳。秦火之烈，易以卜筮得存。漢儒類以易為卜筮之書，而不知其本原之有在。故焦、京流於術數，流於術數而易之體亡矣。漢魏之閒，王、何始遺象數而專於言理，理非用不顯，不顯於用則理非理，故王、

〔註13〕此序與單行本《易經詮義序》頗有異同，故並錄之。

何入於虛無，而易之用又以亡矣。自周子作《太極圖說》《易通》、程子作《易傳》，主於言理，而易之理明；邵子演《先天圖》而易之象著；朱子集諸子之大成而象數宗邵子、義理主周程，於是體用備呈，時中之義大成，而人人得以寡過。朱子之功不繼四聖而為五哉？顧乃《太極圖說》見毀於象山、《易傳》受詆於袁樞、《邵圖》見非於林栗，當朱子之時而異說已紛然若此。朱子《本義》專以卜筮釋經，又作《啟蒙》以翼後學，乃象占之說卦變之圖，後世妄儒又紛紛異言，將以呶吷朱子何以為也？竊謂易之體通於神明，易之用顯於卜筮，自非上聖不能心與易合動與時行；其次必因事求理而後能得乎中。故古人有事必稽於卜筮，稽於卜筮非求之術數以為前知，乃使人因象觀理，由是以得上天之訓，而行事之際可以無失乎中也。執卜筮而忘體，易晦；並卜筮而遺之，易或幾乎熄矣。然則朱子之大明終始而使人人得以改過者，其功正在以卜筮釋經，妄儒何足以與知之。絃生朱子之鄉，承太傅清簡之家學，有志於寡過焉而未之逮，於茲有年矣。憶甫八歲時，戲析竹枝以排八卦，先母見之曰：「八卦有斷有連，汝所排皆連畫，妄也。」對曰：「兒以仰體為陽畫，俯體為陰畫也。」先母曰：「是得其意者矣。」又嘗觀卦變圖曰：「此自下而上，陰陽每交易一畫也」，父兄奇之曰：「孺子他日其能神明於易乎？」乃亡何家貧廢學，遊食四方，荏苒四十餘年，終身過中，於易曾無一得，矧敢出其說以質人，謂足以廁先儒之席歟？顧自念幼嗜是書，又重辜父兄之望，邇年重復研幾，因續《詩／書詮義》稿成，自書所得，非敢謂足以發明先聖之所未發而闡紫陽宗風，然信好殷懷，或亦可因之以見志。若乃時下說經專供制義伎倆，而深然者則又離經畔道、穿鑿怪隱以詆誹先儒為事，此則絃之所深羞而切惡也，其遑效之。

◎後序：昔朱子於《詩傳》，自以為無復遺憾，曰：「後世有揚子雲，必好之矣。」而意不甚滿於《周易本義》，其門人曰：「先生之意只欲作卜筮用，而為先儒說道理太多，終是翻這窠臼未盡，故不能不致遺憾云。」朱子又嘗曰：「某作《本義》，欲將文王卦辭只大綱依文王卦辭略說，至所以然之故，卻於孔子彖傳中發之，爻象亦然。如此則不失文王意，又可見孔子之意。但而今未暇整頓耳。」又如近得趙子欽書云：「《語》《孟》說極詳，易說大略。此譬如燭籠添一條骨子，便障了一路光明。若能盡去其障，使之統體光明，乃更好。蓋著不得說詳密故也。」烜感朱子此意，而從事於易。然易稿數四而為說愈多，真歎窠臼之翻有難盡也。茲於上下經自立議論處皆痛為掃割，而每推

廣其占。其或象有所會，可補先儒所未言者，則閒錄之。至於異說糾紛，則又有不得不明辯者，以言義理則《程傳》得之已多，雖朱子亦不能為異議。顧有明之初，《傳》《義》並行，習易者因劚《本義》以附程本，夫已失朱子之意。及其後專行朱《義》，而其本則仍程本，是併《程傳》《朱義》之本而兩失之。今烜此編，既從朱《義》古本分別經翼，則又不敢復劚程《傳》以附朱《義》。而程《傳》義理正當處，《本義》初未嘗有不同，則是不必復錄，惟其義有粹精，不可移易，不容竟沒。而《本義》不及收者，則採以附朱《義》之後。其或於文義未安，有不可從而今人反從之者，則亦微為辯析，非敢議先儒之非善，固宜協於克一也。朱子《易學啟蒙》與《本義》原不相附，然推本先天以明作易之原，詳於揲占以著作易之用，易必得是始為全經。今人讀易為舉業資，則於《啟蒙》初不寓目，是猶飯食而不知稼穡、衣服而不知桑麻也。今合《啟蒙》於十翼之後，使與《本義》為一書，此皆兢兢以擇，於先儒未能有所增益，然與近日經生言易窠臼亦已大概不同。後世有揚子雲，其亦將知好《本義》歟？！乾隆丙子孟夏之吉，婺源汪烜自序。

　　◎余龍光《雙池先生年譜》卷之一雍正十二年冬十一月：《易經詮義》初薐成。

　　◎余龍光《雙池先生年譜》卷之三乾隆二十一年夏四月：《易經詮義》定本成，十五卷。原本成於雍正甲寅，至是重加刪定成書。

　　◎吳德旋《初月樓聞見錄》卷九：著書以斯文為己任，治經博綜疏義而折衷於朱子，其學無所不窺，自星曆地志樂律兵制陰陽醫卜以至彈琴篆刻書畫諸藝事，皆能通曉……所著有《易／書／詩／四書詮義》、《春秋集傳》、《禮記章句或問》、《六禮或問》、《樂經律呂通解》、《樂經或問》、《孝經章句》、《理學逢源》、《讀近思錄》、《讀讀書錄》、《讀困知記》、《讀問學錄》、《參讀禮志疑》、《讀陰符經》、《讀參同契》、《儒先晤語》、《山海經存》、《琴譜》、《詩韻析》、《物詮》、《文集》、《詩集》共若干卷云。

　　◎吳德旋《初月樓聞見錄》卷九：余秀書名元遴，年二十餘補諸生，試輒冠其曹偶，文名籍甚。既受業汪雙池之門，益潛心於經義及宋五子書，身體力行，自倫常日用以及辭受取與間，隨分自盡，介然不苟。雙池歿後，婺源學者方倚為人師，竟未及中壽而卒。所著有《庸言》、《詩經蒙說》、《畫脂集》諸書。秀書弟子知名者同邑余伯雄。伯雄幼穎異，日誦千餘言。學於秀書而博勝之。雙池遺書時有脫誤，賴伯雄刊補為多。所著有《易學參要》、《書

經／春秋提要》、《讀書隨錄》、《孚吉堂文集／詩集》。伯雄名宗英，乾隆丙午科舉人。

◎道光癸巳春王月欈李沈維鐈《雙池文集序》：婺源汪雙池先生味道研經，學行醇粹，六經皆有著述，一以羽翼朱子為心。

◎道光《徽州府志》卷十五《藝文志‧婺源》：汪紱《易詮義》十五卷。

◎朱筠《清故婺源縣學生汪先生墓表》（并銘）：先生自二十以後著書十餘萬言，旁覽百氏九流之書，三十後盡燒之。資敏強記，過目在心，自是凡有述作，息神莊坐，振筆直書，博極兩漢六代諸儒疏義，原原本本，而一以宋五子之學為歸。六經皆有成書，下逮樂律、天文、地輿、陣法、術數，無所不究暢，卓然傳于後。所著《尚書詮義》十二卷、《詩經詮義》十五卷、《四書詮義》十五卷、《春秋集傳》十六卷、《禮記章句》十卷《或問》四卷、《參讀禮志疑》二卷、《孝經章句》一卷、《樂經律呂通解》五卷、《樂經或問》三卷、《讀陰符經》一卷、《讀參同契》一卷、《讀近思錄》一卷、《讀讀書錄》一卷、《儒先晤語》二卷、《琴譜》一卷，皆筠及見者。又有《易經詮義》十五卷、《山海經》九卷、《理學逢源》十二卷、《詩韻析》六卷、《物詮》八卷、《策畧》四卷、《讀困知記》一卷、《讀問學錄》一卷、《醫林輯畧探源》九卷、《戊笈談兵》、《六壬數論》若干卷、《大風集》六卷、文集六卷、詩六卷。先生卒，顧書而嘆曰：著書如此而不傳乎？乾隆三十有八年癸巳秋九月日立石。

◎汪紱《雙池文集》卷四《答洪霖雨書》：吾婺源之有朱子，千百載而一人。當日雖親炙其門如二滕者所得亦無可考，況百年而後如三胡輩，以言升堂或庶幾焉，以言入室則概乎未之及。其遺書鮮睹，其雜見於《經解》、《大全》諸書者可考也。顧詣力所至有淺深，而用力則已甚勤，其用心則已甚苦。乃今人名利薰心，則視前賢理學諸書皆祇覆瓿之用，其子孫亦不復能守，而殘書幾無或存，傷矣。霖雨乃概然有志，欲為網羅收拾，掇其精蘊，勒成一書；又欲贊好古而有力者鐫其全書以還真面目。文獻有徵，先賢不死，甚盛心也。紱至愚不肖，又苦饑寒羸弱之年，每鬻書以資口食。迄後奔走四方，心不忘學，則往往效匡衡故事，傭於多書之家而不取其值，因間得竊其書而讀焉。書多雜亂無章，然會通亦時有心得。又其後設席訓蒙，乃獲以館穀買書。數年之間，經書乃略備，先儒性理亦時得窺半豹焉。固此皆人人得讀之書，而《儀禮經傳通解》終於無從置買，心常闕然。其他難得之書則又往往於友

朋處得借閱之。故謂紱為博聞強識則或有之，謂紱家為插架必饒舊本則實無可應付也。先太傅《中詮》一書，家藏舊有二部，一部授小壻余能昭，其一部則被友人借去，失於檢點，竟至今無可復覓。其書版藏葭六舍姪家，但須買紙百十部方好動手刷印，若止一二部則難於起手。霖雨謂宜付書肆印行則易於流布，此言甚是。但家藏亦不可無版，若能斂貲付書肆另刊則為尤妙，而族寒且不肖裹此者，未必有人，空言無益也。紱承《中詮》家學，惴惴唯恐失墜，是以雖極困躓，而積學益苦，以為性命之理不合內外精粗而研悅之，不足以見此理是非之實；聖賢之學不從實踐力行以體驗之，不足以臻大學至善之歸，故凡有所著作，皆自心得發之，不敢隨人聲為附和。《易／詩／書詮義》皆有成書，《四書詮義》及《春秋集傳》、《樂經律呂通解》書亦已成而尚欲更有斟酌，餘若先儒之書亦每各參末論。竊自謂朱子而後迄今五百餘歲，微言欲絕，大義多乖，其真能篤信朱子以升其堂入其室，默契其心而發揮其蘊者，紱竊有志焉。惟是三禮之書一則苦於家貧不能置書，欲動筆而無可參考；又且老病日侵，心長手短，恐終廢閣耳。書卷煩多，非數千金不能刊刻，即使有人刊刻，亦未必即行。第是天理常存，則吾書必無終閟之理。以觀小兒及穉孫，亦必不至委家學於草莽也。《書經詮義》、《四書詮義》在藍渡館中，《易經詮義》在小兒館中，《詩經詮義》及《春秋》、《樂律》等在家，霖雨不棄，或不妨伴人取閱也。病中草草，不盡所言。所問三條另楮答覆。

　　◎汪紱（1692～1759），字燦人，小字重生，別號雙池。初名烜，庠名紱。安徽婺源（今屬江西）北鄉段莘里人。年五十後始就試，補縣學生。以高介違俗且久客於外，時人鮮或知之。獨同邑余元遴秀書師事之，得聞為學要領。紱歿，子思謙以毀卒，元遴往收雙池遺書藏弆之，乾隆間上獻朱筠。朱以其書入《四庫》，命附祀紫陽書院並為表其墓。又著有《讀困知記》三卷、《讀近思錄》一卷、《儒先晤語》二卷、《策略》四卷、《醫林纂要探源》九卷、《琴譜》四卷、《物詮》八卷、《讀讀書錄》二卷、《讀陰符經》一卷、《讀參同契》三卷、《山海經存》九卷、《六壬數論》二卷、《九宮陽宅》二卷、《大風集》二卷、《文集》十卷、《詩集》六卷、《或問》四卷、《讀問學錄》一卷。同邑余龍光編有《雙池先生年譜》四卷。

汪紱　易經如話　十二卷　卷首一卷　存

　　山東藏同治十二年（1873）曲水書局木活字《重訂汪子遺書》印本

光緒彙印汪雙池先生叢書本

◎卷首一卷：易圖說、卦變圖、筮儀。

◎各卷卷末附校訂姓氏：後學李承超重訂，後學李啟泮、李振秀、余龍光、余麗元、李際若校正，後學李振瑢、潘鴻儀校錄。

◎汪烜《易經如話小序》：歲乙亥，予偶客湘湖，程玉書從予受易。與之言，頗領大略，因請予所著《六經詮義》。奈予書尚未成就，而請之再三，遂許以異日著全授之。爰手先書此冊授之，顏之曰《如話》。嗚呼，易豈易言邪？而亦豈容多言邪？聖人言之矣，曰：「君子所居而安者，易之序也；所樂而玩者，爻之辭也。君子居則觀其象而玩其辭，動則觀其變而玩其占，學易之道如斯而已。」又曰：「神而明之存乎其人，默而成之，不言而信，存乎德行。」易豈易言而亦豈容多言者？經師之言日紛，易學所以愈支離也。然而既已言之而又顏之曰《如話》，夫非已淺則正以不欲深求，謂體驗存乎其人，第言之如此而已，明已足也。果其志在默成，期於自得，則率吾言而讓之。久之亦並吾言可不事而往而不有以見易之微耳。如其但以言求而欲事此為羔屬資也，則今日經師不少，其人其言之當彌富彌文，且有翻新而可喜者，又不待予言之喇喇也。乾隆乙亥之一陽至日，婺源汪烜識。

◎目次：卷之首易圖說、筮儀。卷之一周易上經。卷之二周易下經。卷之三彖上傳。卷之四彖下傳。卷之五象上傳。卷之六象下傳。卷之七文言傳。卷之八繫辭上傳。卷之九繫辭下傳。卷之十說卦傳。卷之十一序卦傳。卷之十二雜卦傳。

◎道光《徽州府志》卷十一之三《人物志・儒林》：所著有《易／書／詩／四書詮義》、《春秋集傳》、《禮記章句／或問》、《六禮或問》、《樂經律呂通解》、《樂經或問》、《孝經章句》、《理學逢源》、《讀近思錄》、《讀讀書錄》、《讀困知記》、《讀問學錄》、《參讀禮志疑》、《讀陰符經》、《讀參同契》、《先儒晤語》、《山海經存》、《琴譜》、《詩韻析》、《物詮》、《文集》、《詩集》、《大風集》共若干卷。

◎光緒《重修於潛縣志》卷三《學校志・藏書》：《易經詮義》一部十五本、《易經如話》一部六本、《書經詮義》一部四本、《禮記章句》一部十本、《禮記或問》一部四本、《理樂逢源》一部十二本、《禮樂或問》一部四本、《樂經通解》一部五本、《樂經或問》一部三本、《四書詮義》一部十四本、《孝經章句或問》一部一本、《山海經存》一部四本。

◎余元遴乾隆二十五年三月撰《汪先生行狀》〔註14〕：先生嘗云自有知識以來未嘗輟書，然三十以前於經學猶或作輟，三十以後盡焚其雜著數百萬言，而一於經。研經則參考眾說而一衷心於朱子，志專一而用力勤，至五十時覺此理明白坦易，浩然沛然，無復向日艱深之態矣。先生之於《四書》也，謂朱子《集註》而後惟勉齋諸賢躬承師說，有所發明。何、王、金、許、陳、胡、吳、史而下已浸失微言之緒，有明《大全》之纂，當日君若臣皆失其道，安能得聖賢之旨而決擇於群賢得失之林？故朱子所非者或載之，或朱子所取者復畔焉，或朱子所嘗言而意旨別屬者又彼此混附而不能察其言之有因。及姚江、龍溪以後，多以叛傳離經為事，其號墨守程朱如蔡林顧劉輩，立言亦有陰與註背而不自知者。於是糾謬辨譌，成《四書詮義》一書，初意只鋤葦稊，不為講家；又以不愜人心，難於通貫各章，署為挨講，曲折詳明，無所不盡，則《或問》之遺意也。其論易也，則曰：《易》言時中之道，聖人寡過之書，在天涵理而著象，在物成象而寓理，故上聖得理而顯象，其次因象而觀理，其次乃即事以求理。得理而顯象，聖人之作易也；因象而觀理，讀易之方也；即事以求理，卜筮之事也。然焦、京流於術數而易之體亡，王、何入於虛無而易之用亡。自周子作《太極圖說》《易通》、程子作《易傳》而理明；邵子演先天圖而象著；朱子集諸子之大成，象數宗邵子、義理主周程，於是體用備而時中之義明。乃《圖說》見毀於象山、《易傳》受詆於袁樞、《邵圖》見非於林栗，象占之說、卦變之圖，後世猶多議朱子者，則甚矣易之難言也。先生八歲時戲析八卦，以竹枝排之，母見之語曰：「八卦有斷有連，汝所排皆連畫，妄也。」對曰：「兒以仰體為陽，俯體為陰也。」母曰：「是得其意矣。孺子他日其能神明於易耶？」及著《詩／書詮義》二書成，乃作《易經詮義》，然易稿者數四，最後成於乾隆之丙子。其於初稿自立議論，稍與《本義》牴牾處皆痛為掃刮，至於異說糾紛則明辨益力。又以明初《傳》《義》並行，習易者因劖朱《義》以附程本，是并《傳》《義》之本兩失之，故《詮義》一從朱《義》古本，分別經傳，不復劖程《傳》以附朱《義》；至程《傳》義理粹精不可移易、《本義》未及收者則採以附朱《義》之後，或文義未安有不可從而人反從之者，亦稍為辨析。洋洋灑灑幾百萬言，非識羲、文喫緊者不能作亦不能讀也。《尚書》則自母口授時頗易之，及舞勺時，或問以古文真偽、《禹貢》水道，對未能悉，乃敕然以《書》為未易言而探討益力。自云高祖清簡公為司徒

〔註14〕摘自《理學逢源》卷首。

時戎事方殷，講論天下形勢與籍頗詳；曾祖光祿公研於星經歷史，二者幸有傳言，故羲和諸章及《禹貢》皆非所難，周誥殷盤詰聱牙耳，難不在是。二典三謨九疇洪範，伊周微言，與大易《學》《庸》相表裏，天人之際、性命之原也。而唐虞受禪、湯武征誅、伊尹營桐、周公避謗，其間非得聖人之心何以知聖人之處事？不察於性命本原之地，又安足以知聖人之心哉？顧《詩／易》傳有朱子，而《書》獨以屬蔡氏，是蔡《傳》不異朱《傳》。披閱數過，豁然有得，更為《詮義》一篇，時雍正癸丑也。書成，族姪攜以入京，卒於京寓，本遂亡失。遴以重著為請，先生復記憶成篇，大約較舊本損者三之一，益者三之一。自序云：「因敝筆硯，重理舊緒。十餘年見聞日廣，觸緒相發，時有新得。」蓋義理猶昔而辨析益加詳矣。至於《詩》則病記醜之徒搜爬舊序，矜博聞而與朱子為難。《詮義》之作，章句訓詁，諷詠涵濡，於《國風》《雅》《頌》之體勢、貞淫正變之原由，無不曲暢旁通，務以發揮朱子之意。而於鳥獸草木之名時或考据以正其小誤漏遺。蓋先生不言博，而典博未有過之者也。謂《春秋》一書大義微辭，聖人獨斷，非徒記載之文。然謂魯史舊文而斟酌其是非以垂法後世，然也；謂逐字而改易增損之以為褒貶，非也。如春正書王、河陽書狩、桓正不王、定元無正稷、成宋亂檀淵、宋災之類，直著譏貶，無勞曲說。其餘不過屬辭比事，是非功罪，按事可考，而勸懲已寓乎其中。《左氏》記事詳明，讀經必以為案；《公》《穀》所述，見聞異辭，難以為據。然《左氏》所斷之辭、所發之例多謬於理而不可從；《公》《穀》辭義甚辨，而各以其意揣度聖心，得失亦相半，迄漢唐宋諸儒各是其是，交相矛盾。《胡傳》大義炳朗，辭氣昌明，然書法泥而太曲，朱子有所不滿。至《大全》所載宋元之論，多可補胡氏之闕，然亦純雜相參。夫欲通《春秋》之經，當博綜於傳。傳義各殊，當衷於一。一無可執，斷之以理。理無定見，衡之以中。中無定體，參之以時。時有不同，按之於事。聖人之道，時中而已。隨事順理，因時處宜，則《春秋》之筆削也，是以敢斟酌四傳而去取之，時或斷以己意，寧淺無深，寧直無曲，序事必綜本末，論事必極周詳。疑則寧闕。其所取用不過數家，足以發明經義而止。朱子向以《春秋》為難言，茲所去取實宗朱子之意，紫陽可興，當亦不予過讁，即揆之孔子之意或亦不相牴牾。蓋先生自敘云云，而其書之大畧可識矣。其讀禮也，以《雲莊集說》為平易純正，然病其或雜引他說不為折衷，或隨手摭援不順文義，且其間有擇未精、語未詳者，乃因雲莊之註，蒐輯紹聞，參以己意，裁擇而刪定焉，名曰《禮記章句》。其所去

取之故、是非之辨,《章句》所未能悉載者,又仿朱子《四書或問》之例,著《禮記或問》以盡其說。最後欲合三禮成編,方成《儀禮圖式》,疾劇乃止。至冠昏喪祭以及鄉射、士相見、居鄉居家諸儀,嘗取朱子《家禮》一書參之。《儀禮》合宋明諸儒所論異同之不一者,設為問答以明禮意,為《六禮或問》六卷,凡《家禮》所省而《儀禮》所存者,輒為商搉而增益之,雖自以為僭踰,而酌古通今之意亦綦苦矣。律呂之學,先生尤精。嘗曰:「移風易俗莫善於樂,乃經生家紙上空談,未嘗親執其器;工絲竹者徒守其器,又不能察其所以然。古籍僅存《樂記》一篇,而律呂器數皆難悉考。蔡西山綜覽儒所論,成《律呂新書》。《樂記》言理,西山言律。理以律為歸,律以理為斷,二書不可不合以參觀。然理寓於聲而律顯於器,器以成聲,聲以合律,則器數又不容以不考。因合《樂記》及西山之書而疏通其意,更上採《考工》《周禮》先儒註疏及先賢之論樂者,為續新書二卷以附於後,名曰《樂經律呂通解》。又別註《樂律或問》三卷,於器數尤為詳核。《孝經》一書,先生以為孔子與《大學》並傳曾子,《大學》得朱子《章句》,人人知所共習;《孝經》雖定為《刊誤》,而未及註釋,朱子恆自惜之。今學者傳誦尚仍石臺而罕睹《刊誤》之本,是以今文古文互相觝排。我朝命儒臣撰《孝經衍義》,用朱子所定經文於卷首,衍經不衍傳,蓋倣真西山《大學衍義》之例。第《衍義》以《刊誤》為宗,鄉會命題仍用石臺之舊。草野傳誦,莫適為主。乃因朱子之本,詳其訓詁,究其指歸,著為《章句》,使經傳互相發明,此則先生廣補朱子所未及者。以上著釋《四書》《易》《書》《詩》《春秋》《禮》《樂》《孝經》約數百萬言,縷晰條分,洞其蘊奧。宋元以來諸儒之釋經,未有如是其詳且盡者也。嘗謂理一而已,而異學汨之,辭章汨之,故高者入於虛無,下者溺於功利,學者惟窮理致知以探其源,反躬實踐以知其味,斯邪說不能搖而榮利不足戀。然理雖一而分則殊,聖賢言各有當,其循序致精,慮學者未知其梗槩而無以識其大體所存,於是彙為一冊,分門別類,自天人性命之微及夫日用倫常之著,自方寸隱微之地達之經綸斯世之猷,援引考據,而以己意折衷其間,井井有條,通融貫徹,名曰《理學逢源》。閱是書而先生所以深造自得者可知矣。其他說理則有《讀近思錄》《讀讀書錄》《讀困知記》《讀問學錄》諸書,皆推闡諸儒蘊奧而補塞其罅漏。考典則有《山海經存》《參讀禮志疑》《儒先晤語》諸集。《策署》則經濟具焉。《戊笈談兵》則天時地利與凡古今來戰陣之法具焉。《物詮》則統論天地萬物之理氣。《詩韻析》則詳著音韻之原委。至六壬之發揮、

醫林之輯畧，九宮陽宅之涉，以及讀《陰符經》《參同契》與《琴譜》，屢屢
記之成編，或為應酬之言，或博義理之趣，不足為先生重。然出其緒餘，猶足
使專家者執以成名。則取多而用宏，不可紀極也。少未出試，然不廢時文。故
先生文皆發四子六經之精蘊，而盡萬物之事情，實擅正、嘉、天、崇及國初諸
名家之勝……其註經及諸書也，不起稿，不繙閱諸家之言，裝格直書，每日
得數千言。值稍疑難，註腳之中復下註腳，理若繭絲，字若牛毛，書法非其所
工，點畫必依《正韻》，無一筆苟且而章安句適。行數之高低，空白整齊適均，
若經數手稱量比擬而出者，在先生為蓄積而通。而書無副本，失則難求，又
以不起稿之為累也。今邐編所存計《四書詮義》十五卷、《易經詮義》十五卷、
《書經詮義》十三卷、《詩經詮義》十五卷、《春秋集傳》十六卷、《禮記章句》
十卷、《禮記或問》四卷、《六禮或問》六卷、《樂經律呂通解》五卷、《孝經或
問》一卷、《孝經章句或問》一卷、《理學逢源》十二卷、《山海經存》四卷、
《戊笈談兵》十卷、《讀近思錄》一卷、《讀讀書錄》一卷、《讀因知記》一卷、
《讀問學錄》一卷、《參讀禮志疑》二卷、《讀陰符經》一卷、《讀參同契》一
卷、《策畧》四卷、《詩韻析》六卷、《物詮》三卷、文集八卷詩集七卷、《大風
集》二卷、《儒先晬語》二卷、《琴譜》一卷、《醫林輯畧探源》九卷，《六壬
數》六卷、《九宮陽宅》二卷、時文六百首計十四卷，共一百九十五卷。然紙
數多而字數密，以坊本計之約六百卷。先生著作，深恥自炫，多藏巾笥。其讀
書也，目力雖敏而構思刻苦，一字一句之未安，思之竟夕，必求融貫而後已。
至援引浩博，又皆自眾籍中來。因悟先生之於書，即朱子所云「循序漸進，熟
讀精思」者也。夫以先生之資稟，讀書非難，而自成童以後，困苦顛連，道途
旅寓，衣食不充而不廢學，則難。然才子數奇，文章憎命。嗜古之士不以境遇
輟其所好者，亦多有之，或侈談風月，經術空疏，著作雖多，無補世教。先生
研窮經義，得斷簡於眾遺，發新知於卓識，皆天人性命之微言、民生日用之
切務，無一毫為人狥外之心則難。又或穎悟絕人，豪傑自命，立言不朽，思
過古人而別標宗旨，更啟爭端，其斤斤繩尺是守者，則又徒襲糟粕，依樣葫
蘆，不足以發揮精蘊。先生則墨守程朱，縱橫排宕，而一軌於正。至於天地萬
物生成之理、日月星辰出沒之方、飛潛動植化育之由、六合九州生產之異、
五行生剋制化吉凶消長之故、玉聲六律八音正變節奏之道，以及象數方名胎
息孕育之原，莫不究極指歸，而漢唐宋明以來諸儒聚訟紛紛所不能決者，先
生批卻導窾，游刃有餘，眘然以解，豈非尤難之難者乎……彌留之際，顧遺

書而嘆曰：「著述如此，其竟不傳乎？」嗚呼！古來聖賢多遭困厄，然雖不得大行於時，功名亦必有以自見。顧或時當衰晚偃蹇，宜也。先生值聖治休明，旁求經學之口，而伏處深山窮谷，不得與稽古之榮，不尤可惜哉！先生為學，隨事體究，不立宗旨，嘗語學者曰：「人之所以異於物者此心，然莊周逍遙游其心於寥廓、釋迦般若寂其心以自在，是皆以有用之心置之無用之地。蓋心不可不用，而效庸人之役役則傷；心不可不養，而學異說之空虛則廢。事理甚平常，奇怪可以不慕；生世有定分，富貴可以不求。惟是盡心於其所當為、可為，而不馳心於其所不當為與不必為，則此心休休而得其所養。至面壁九年，一旦徹悟；齋心閉門，一日千里，此幻也。」

◎朱筠《汪先生墓表》〔註15〕：先生自二十以後著書十餘萬言，旁覽百氏九流之書。三十後盡燒之。資敏彊記，過目在心。自是凡有述作，息神莊坐，振筆直書，博極兩漢六代諸儒疏義，元元本本，而一以宋五子之學為歸。六經皆有成書，下逮樂律天文地輿陣法術數，無不究暢，卓然可傳於後。所著《尚書詮義》十二卷、《詩經詮義》十五卷、《四書詮義》十五卷、《春秋集傳》十六卷、《禮記章句》十卷《或問》四卷、《六禮或問》六卷、《參讀禮志疑》二卷、《孝經章句》一卷、《樂經律呂通解》五卷、《樂經或問》三卷、《讀陰符經》一卷、《讀參同契》一卷、《讀近思錄》一卷、《讀讀書錄》一卷、《儒先晤語》一卷、《琴譜》一卷，皆筠及見者。又有《易經詮義》十五卷、《山海經存》九卷、《理學逢源》十二卷、《詩韻析》六卷、《物詮》八卷、《策略》四卷、《讀困知記》一卷、《讀間學錄》一卷、《醫林集略探源》九卷、《戊笈談兵》若干卷、《六壬數論》若干卷、《大風集》四卷、文集六卷詩集六卷。先生且卒，顧書而嘆曰：「著書如此而不傳乎？！」元遴謹收錄而藏之於家。

汪甘來 周易講義 佚

◎道光《續修桐城縣志》卷二十一《藝文志》：《周易講義》《四書講義》（汪甘來撰）。

◎道光《續修桐城縣志》卷之十七《人物志‧篤行》：著有《四書》及《周易講義》。

◎汪甘來，字升侯。安徽桐城人。縣學生。敦品自愛。

〔註15〕錄自《雙池文集》卷首。

汪鋼 周易夏殷易占法考 二卷 佚

◎道光《徽州府志》卷十一之三《人物志‧儒林》：於易遵守《啟蒙》，著《周易夏殷易占法考》《讀史記八書質疑》《鈍齋筆記》《躬厚堂詩古文稿》。

◎道光《徽州府志》卷十五《藝文志‧婺源》：汪鋼《周易夏殷易占法考》二卷。

◎汪鋼，字允堅，號鈍齋。安徽婺源（今屬江西）大畈人。乾隆甲午經魁，任盱眙教諭。博涉羣書，兼通醫術。著有《周易夏殷易占法考》二卷。

◎汪鋼，安徽婺源（今屬江西）人。

汪誥 周易便解 六卷 首一卷 存

哈佛、江西藏乾隆五十四年（1789）南城汪誥克復堂新刻本

◎卷首題：南城汪誥奉瞻甫輯。鶴城曾耀荊映璠，同學友人鶴城鄧恆鶴嶠、鶴城鄧玉瑚友于、繡谷蕭蘊星環全閱。堂弟汪柳翰華、汪桐星緯校梓。

◎卷首：先天卦配河圖之象圖、後天卦配河圖之象圖、先天卦配洛書之數圖、後天卦配洛書之數圖、御纂綱領、御纂義例。

◎自序：學者求聖人之道，非經無與。已而開物成務，極天下之賾，鼓天下之動，此尤莫如易旨哉！性命之源誠在斯乎？顧歷代論說不同，而詁家之從違遂以無定。我朝文教昌明，聖祖仁皇帝《周易折中》薈萃漢唐宋元明參差不一之論說，參考裁酌，歸於至當，是則潔淨精微之縕奧無事他求，而羲、文、周、孔之言辭此為要解矣。因於是書逐句下謹遵御纂意趨，填以解論，譬之行道之人，不俟臨岐審擇，甫出門時早有導夫先路，喜生向往亦便矣哉！書原名曰《周易便解》，非能自有解也，亦欲初學之士開卷即得，奉聖訓以為標準，而從違不淆於歷代異同之見，而由是以順性命之理、盡變化之道，所謂神而明之存乎其人，默而成之，不言而信，存乎德行，是又望。

◎周易便解序：善夫昌黎韓子之贊易也，曰：「奇而法」，夫僅僅曰奇，則凡天地鬼神之奧，其足令人怵目駭心，馴而至於泛瀾不可收拾，此《神異》竊以名經而《齊諧》因以志怪者也。秦人燔羣籍，以《易》為卜筮書獨得脫，然於凶熖之外，漢晉以來迄於元明百家，言易主奇者荒於理，崇法者遺乎數，棼棼呶呶如聚訟然，蓋聽斷若斯之難已。我國家經學昌明，御纂《周易折衷》網羅百氏，參稽羣言，壹折其奇而盡衷於法，以胸合乎潔淨精微之旨，雖進而質之羲、文、周、孔，亦必謂毫髮無遺憾焉。於戲盛矣！顧學者質地有厚

薄、問學有淺深，使以童年發蒙之際無與句疏而字釋，遽欲以天地鬼神之所謂奇與所謂法者，而使之盡了其義，譬猶操數尺漁舟，泳弄烟水則可矣，一涉洪濤巨瀚，鮮有不廢然而返者。此南城汪子奉瞻《周易便解》之所由刻也。奉瞻續學有文名，而尤邃於易。庚戌歲來樂安，為西席賓，予乃得卒讀所謂《周易便解》。凡所詮釋，壹遵御纂《折衷》，而特於經文旁加襯引以利童年發蒙之士，其辭約，其旨遠，其義疏以達，其者見之謂之奇，法者見之謂之法，且由是博其奇以歸於法，守乎法以盡其奇，使潔淨精微之旨得所先路，其用心可不謂勤焉。顧奉瞻不以檮昧予，屬予為序。予自維學易百不及奉瞻，何能為奉瞻序；且奉瞻已自為序文，文高簡而有法度，予文尤不及奉瞻，乃奉瞻齦齦然若必得予文而後已。其明年辛亥，其戚王進士仁圃亦以書來促，仁圃予心相知，因不敢復辭，乃舉昌黎子韓子之贊易曰「奇而法」者伸其說，以塞奉瞻拳拳之意，且以著奉瞻嘉惠初學之苦心為不可沒云。時乾隆五十六年歲舍辛亥莫春壬午，現任樂安縣教諭同學愚弟萬載袁廷黿稼山拜譔。

◎汪誥，字奉瞻。江西南城人。

汪光爔 易稿 佚

◎焦循《雕菰集》卷二十一《亡友汪晉蕃傳》：晉蕃既沒，檢篋中得其手纂《易稿》二帙，以遺其孤復基、延埰，又有與余論爻辰一書。略舉其槩於篇。

◎汪光爔（1765～1807），字晉蕃，號芝泉。江蘇儀徵阮。廩膳生。與焦循、汪中善。

汪桂 易經約解 三卷 存

國圖藏清鈔亦懶居士著述本

◎汪桂，又著有《十二經摘說》《亦懶居士著述》《栗庵古文》。

汪國士 宓經講義 佚

◎道光《續修桐城縣志》卷二十一《藝文志》：《宓經講義》（汪國士撰）。
◎汪國士，安徽桐城人。

汪會授 易經闡註 佚

◎道光《休寧縣志》卷十四《人物志・續學》、道光《徽州府志》卷十一

之四《人物志‧文苑》：著有《易經闡註》《左傳分類》《梅溪時藝》。

◎汪會授，字薪傳。安徽休寧上資人。舉人。品端學邃，設教於還古書院，從遊者多知名士。

汪濟 周易發微 佚

◎汪濟（1866～1902），字作舟（酌周），號掌文。江蘇東臺縣人。入南菁書院，與座師李文田氣類相賞。光緒十四年（1888）戊子科舉人，大挑二等以教職用。居鄉授徒，談軌革壬遁之學，復論文字源流，軒眉抵掌，諸弟子屏息瑟縮以聽。光緒二十三年（1897）與友創東臺三賢書院。文詞瑋麗俊發，為同輩冠。然其後棲遲偃仰，學不復進。又溺於道佛符篆，有時超然遐想，復好聲色，終至季世風會錮之而遽摧抑至死。又著有《八角磨盤吟》、《震齋集》六卷、《震齋雜說》一卷、《震齋日記》、《水經注補》、《老子述》、《吳疆域圖考》一卷等。

汪濟 周易卦本反對圖說 一卷 存

國圖藏光緒二十四年（1898）刻震齋叢書本

汪濟 周易事 佚

汪鑑忠 周易理數貫 四卷 存

山東、南京、蘇州大學藏同治六年（1867）敬讓堂刻本

◎同治《義寧州志》卷第二十三《儒林》：咸豐間，福建督糧道王訓聘入幕府，公餘瀏覽諸子百家，尤精易學。著有《周易理數貫》梓行。

◎同治《義寧州志》卷第二十九《藝文志》：《周易理數貫》四卷（汪鑑忠撰）。

◎同治《南昌府志》卷六十二《藝文》：汪鑒（《周易理數貫》四卷）。

◎汪鑑忠，號乙然。南昌府義寧州（今江西修水）泰鄉人，喬寓州城。

汪玠 易旨 二卷 佚

◎道光《徽州府志》卷十五《藝文志》：汪玠《易旨》二卷。

汪縉 讀易私記 佚

◎汪縉《汪子文錄》卷二《讀易私記敘》：包羲氏準天地興易道，三代皆

有易。文王作易，獨首乾坤，孔子取而贊之，詳於乾坤，尤詳於乾。繡嘗究心於是，差得治易體要，獨苦象數之原之難明也，及究心久之，有得於五五相得而各有合之旨，於羲文之圖象、大衍之數昭昭然矣。孔子於包羲氏之易一言以蔽之曰「易，逆數也」，言乎逆之，至於無體也；於文之易一言以蔽之曰「神也者妙萬物而為言者也」，言乎神妙萬物而無方也。大衍之數五十，於天地之數虛其五者，易無體也；其用四十有九，於本復虛其一者，神無方也。故曰神無方而易無體，嗚呼，盡之矣！易者象也，象也者像也，冒天下之道者也，惟其无體，故能冒天下之道；數也者，顯道神德行者也，惟其無方，故能顯道神德行。象也者天地之心也，天地之心無他，人而已矣。人也者，參天兩地，五之數也，中之象也，其逆之至於无體也。聖人以此洗心退藏於密，無思也，無為也，寂然不動，其妙萬物也而無方也，吉凶與民同患，無思也，無為也。感而遂通天下之故。故曰神而明之存乎其人，默而存之不言而信，存乎德行，其存也，成性存存而已。其存存也，閑邪存誠而已。乾坤之蘊在是，孔之所以發天地之心、羲、文之奧也。繡《私記》之作，其於《說卦》卦爻位上下剛柔用九用六體例一衷諸孔子，要歸於學易寡過。孔子曰：「假我數年，五十以學易，可以無大過矣。」蓋言學易之存乎寡過也。天地之至賾至動，有物宜而不可惡、典禮而不可亂者，易之象爻也。一身之至賾至動，有物宜而不可惡、典禮而不可亂者，君子之言行也。君子之於易也，擬之而言，議之而動，學易以求寡過也。人也者，五之數也，中之象也，參兩之精也，乾坤之蘊也，天地之心也，準乎天地，範圍天地之化而不過者也。人而寡過則邪不入而誠存矣。誠存則五之數行中之象著，參之兩之乾坤定天地位，是所謂與天地準，範圍天地之化而不過者也。人而有過，則邪入而誠不存矣。誠不存則五之數不行、中之象不立，參兩失而乾坤不定天地失位，是人道失其準，遂至於天地之變化過而莫能範圍焉者也。言行，君子之所以動天地也，可不慎乎？謂此也。吾孔子乾九二之大人也，《文言》曰「庸言之信，庸行之謹，閑邪存其誠」，是所謂成性存存也。存存而道義出焉，和順於道德，而理於義，易无體而神无方也；窮理盡性以至於命，神无方而易无體也。如是則天人無間，先天而天弗違，後天而奉天時，渾然一誠而已矣。善世而不伐，德博而化，嗚呼，此寡過之極功也。孔之所以能發天地之心、羲文之奧以立人道之極也。孔子之徒，若顏、曾、思、孟、周、程、張、邵、朱諸君子，或言易或不言易，或言易而不及象數，或及象數而小有出入，要皆能傳孔子易學者，

寡過而已矣。其寡過也，庸言之信，庸行之謹，閑邪存其誠而已矣。是則羲、文象數之原也，外是而言象數者，非也。烏呼，三聖後先成易，其準一也。學者準乎此，實見之言行而寡過焉，其於易也則幾矣。

◎江沅《汪子文錄跋》：汪先生遺書有《三錄》《二錄》《讀易私記》《讀老私記》《讀四十偈私記》《染香別錄》、文錄、詩稿、制義共若干卷。彭二林哀而集之，歲乙卯，刻《三錄》而寢疾，因并己所著《二林居集》《一行居集》《測海集》《觀河集》四種竝以付沅，俾校刻之。既先師嗣子希萊取《二林居集》付刻，《讀老》《讀易》二種，汪先生高足張君觀瀾取而歸諸汪先生嗣孫玉藻。《染香別錄》燬於樂橋顧氏觀齊。後數年，方觀察昻以百金寄潘農部奕雋，屬刻汪先生書。農部，汪先生甥也，取詩稿四卷刻之。辛酉，王君芑孫刻《二錄》於揚州，以版見付，且屬以《三錄》《詩稿》二種板合貯之，《三錄》版歸自彭家而《詩稿》版不果歸也。辛巳，先師嗣孫蘊策刻《測海》《觀河》二集，沅攜汪先生文錄及制義至南海，孝廉張君杓、文學曾君釗讀而善之，欣脩脯為刻《文錄》，而家鄭堂丈藩，汪先生高足也，分任之，計五十餘金，而十卷之工竣。沅二十餘年保殘守闕之心得藉手於兩君及鄭堂丈，而先師與汪先生啟牖後學、鄭重付託者，於此而庶幾慰藉也。爰感激涕零而志之，其先師《一行居集》及汪先生《四十偈私記》、《制義》尚有待也。道光三年歲在癸未四月，後學江沅跋於五羊督署館齋。

◎王芑孫《汪子遺書序》（摘錄）：始余年二十餘，居里中為文辭，里中人共嗤笑之。惟故彭允初傾心相引重。晦明風雨，往來相樂也。因是允初所前契若故汪大紳、汪明之輩，皆從往復，而大紳尤喜余文。既余北遊十餘年，允初歲歲通書，為言大紳每得余塞上諸詩輒擊案叫絕，頃之來告大紳之喪，謂大紳所著書百五十年文人所未有，不可無傳，將一一裒寫，次第刊行之，先以所為序跋寄余審定。及余還自京師，允初亦歿，獨明之猶在，相與慨念往事，求問大紳遺書，莫得也。諸君為學出入于儒佛，大指欲撤兩家之藩而通其閫。其所講于文者各不同，莫不根極理要，有會于古。大紳最長于議論，亦最年先，于朋遊中最為老師。江西魯絜非、山東韓公復主宋儒之學，往往心不然其說，相持辨難。嘉定王光祿、青浦王侍郎學不專主宋儒，或言佛，或不言佛，要不盡與大紳合而皆折服。嘉慶十年歲次乙丑夏四月朔後五日，長洲王芑孫書於揚州樗園。

◎羅有高《尊聞居士集》卷四《與汪大紳》（摘錄）：然前日敬觀《讀易私

記》，于諸聖結頂處尚介凝佀銷文，配經處亦欠條理。次弟杜征南云：「或先經目起事，或後經目終義，或依經目便體，或錯舉目合異，隨義而發，義例之所重。」是雖專為《春秋》一經言之，寔說諸經之大法也。詁訓義學根本不容一例埽絕。詁訓者，故訓也，古詷也。東漢目來，其學漸微學，學者好改易舊文，便其私說，目利進趨，至明而蕩然矣。六書又為詁訓根本，形體破壞則訓說游迻，故敚文為三重之一。而《周禮》保章氏教國子，必先之目六書也。朱子高據上達要津，而能降心敬重漢儒，《急就》《凡將》亦孜孜精校，不冑放過（嘗見金仁山臨朱子《急就》捜本），所目經師人師合為一身，而非諸儒所能望也。大抵說經當知有理實、有事實，理實者，千聖結頂處；事實者，一切無量瀞土、一切剎、一切塵、一切無量差別法。吾兄于理實亦既概乎有閗矣，再于一文一義一切無量差別法一一不冑放過，一一不冑混濫無融，通于末流而窮溯其本，故所證之果定當又別。此亦宿所懇懇欲進之吾兄者，不知其有當焉否也？！

◎彭紹升《二林居集》卷二十一《汪大紳述》：生平志趣殆不可測，嘗作《無名先生傳》云：先生著書，不孟不莊；先生吟詩，不宋不唐；先生為人，不獧不狂；先生處世，不圓不方。

◎彭紹升《汪子文錄敘》：予年二十餘始有志於學，其端實自汪子大紳發之。

◎同治《蘇州府志》卷第一百三十六《藝文》一：汪縉《讀易私記》、《讀道德經私記》二卷。

◎劉聲木《桐城文學撰述考》卷一「汪縉撰述」：汪縉《讀易私記》。

◎周按：明黃光昇亦撰有《讀易私記》，明胡世寧亦撰有《讀易私記》四卷。

◎汪縉（1725～1792），字大紳，號愛廬。江蘇吳縣人。諸生。善為詩、治古文，胸懷天下，有經世濟民之志。其為學出入於儒佛，欲撤兩家之藩而通其閫。常與彭紹升（1740～1796）、薛起鳳（1734～1774）、羅有高（1734～1779）交遊論道。又著有《讀道德經私記》二卷、《四十偈私記》、《染香別錄》、《二耕草堂集》、《汪子詩錄》、《汪子文錄》、《汪子二錄》、《汪子三錄》。

汪景望 周易繹傳 六卷 首一卷 存

上海藏道光四年（1824）西文盛堂刻本

◎或著錄十一卷。《故宮善本書目》著錄四卷。

◎《中國古籍總目》著錄作《周易緯傳》，疑誤。

◎胡培翬《研六室文鈔》卷六《周易繹傳題辭》：易之取象至廣，天地萬物無不該備，而其義不越乎時與位。得時當位則吉，失時出位則凶，《易傳》已詳言之，蓋欲人觀象皖辭，審時位而知吉凶進退也。漢之儒者各以其師授釋經，或言卦氣，或言爻辰，或言納甲，或言乾升坤降，或言世應飛伏，雖其說於易無不可通，然往往舉偏而遺全，蔽象而忘理。魏晉以後，輔嗣注出，一掃諸儒象數之說而易又涉於虛無。宜興汪君企山著《周易繹傳》，自言繹夫子釋經之傳而經明。根據十翼，發揮卦象，如是乃為孔門之易，非術士之易已。吾友陳梅癡以其書自乾至履凡十卦示余，其中如解乾之九三不從注疏讀「若厲」為句，以「厲」即訓危，夫子《文言》云「雖危無咎」，知九三所居之位實危，不得云若也。解蒙之初六不從舊說「刑人」為刑罰，以夫子《象傳》云「正法」，知用正人為法，刑即儀刑之謂也。又解「用說桎梏」為去物欲之錮蔽，與《孟子》「梏亡」義合。至需之上六，特明當位不當位之例，尤為貫徹全經。倘得全書讀之，庶幾於時位之旨有可尋究也夫！

◎《重刊續纂宜荊縣志》：景望治易，則以為爻本於象，象本於畫，若非有孔子之傳，孰知夫三聖之易之博而通哉。今故釋傳以釋經，非敢越傳以釋經也，成《周易繹傳》九卷。

◎孫殿起《販書偶記》卷一：《周易繹傳》無卷數，清宜興汪景望撰，無刻書年月，約嘉慶間刊。

◎桂文燦《經學博採錄》卷六：易之取象至廣，天地萬物無不賅備，而其義不越乎時與位得。時當位則吉，失時出位則凶，易傳已詳言之，蓋欲人觀象玩辭，審時位而知吉凶進退也。漢之儒者，各以其師授釋經，或言卦氣，或言爻辰，或言納甲，或言乾升坤降，或言世應飛伏，雖其說無不可通，然往往舉偏而遺全，蔽象而忘理。魏晉以後，輔嗣注出，一掃諸儒之說，而易又涉於虛無。宜興汪君企山，著《周易繹傳》若干卷，自言繹夫子釋經之傳而經明，根據十翼發揮卦象，如是乃為孔門之易，非術士之易已。書中如解乾之九三，不從注疏讀若厲為句，以厲即訓危，《文言》云「雖危無咎」，知九三所居之位實危，不得云若也。解蒙之初六，不從舊說刑人為刑罰，以象傳云正法，知用正人為法，刑即儀刑之謂也。又解用說桎梏為去物欲之錮蔽，與《孟子》之亡義合。至需之上六，特明當位不當位之例，尤為貫徹全經也。

◎此書據《宜荊縣志》原為九卷，今僅上下經而無《繫辭》以下各篇。尚秉和《易說評議》卷四謂其命名之意，蓋以十翼為依歸者，而尋其繹傳所得，蓋有釋卦、釋辭、大象傳、卦變四端。又謂是書闡釋義理，不廢象數，故能簡明切要，不踏於空虛，不涉於穿鑿，名曰《繹傳》，允有當焉。

◎汪景望，字企山。江蘇宜興人。嘉慶九年（1804）舉人，官太平教諭。工書畫。與同邑于震（竹初）最友善，然並以國子監生屢應順天鄉試不售，遂相約治經。震治詩，景望治易。震卒後，景望始舉順天鄉試，後以大挑二等候選校官，未幾卒。

汪敬 易解 佚

◎道光《徽州府志》卷十五《藝文志・婺源》：汪敬《易解》。

◎汪敬，安徽婺源（今屬江西）人。著有《易解》。

汪九漪 續皇極經世 佚

◎道光《休寧縣志》卷十二《人物志・文苑》：專精邵子易學，原本廖氏，以聲音為理數之統宗，而亦參用祝氏異同之旨，布圖系說，洞悉元妙，著有《續皇極經世》。又嘗著《七音類集》，緣象數而究聲音，悉訂韻書之謬、歸文字之原。《雪中集述》悟陰陽變化之蹟、極聖功王政之源流。《立誠臺》與周子《太極圖說》《通書》相表裏。其他隨時劄記則有《嗇復集》《匡廓原端》《史學海大觀》《梅圃詩文集》。歿後安溪李文貞光地見其書，謂體用顯微，精融密到，為邵子先天後天之學者無出其右。康熙中，孫應銓直南書房，以《續經世說》、《七音類集》《雪中集述》進呈御覽。

◎汪九漪，字紫瀾，號梅圃居士。安徽休寧梅林人。

汪澧 易經贅言 佚

◎嘉慶《旌德縣志》卷九《藝文志・書目》：《易經贅言》（汪澧）。

◎汪澧，安徽旌德人。著有《易經贅言》。

汪立中 余麗元 易經如話合校記 十二卷 首一卷末一卷 存

光緒二年（1876）曲水書局刻本

◎民國《重修婺源縣志》卷四十八《人物》十二：李積誠（甲村人。讀書不應試，以表章先儒為己任。光緒間以童生見江督劉坤一，借聚珍板印汪雙池先生遺

書，在金陵設曲水書局，聘名士參訂，經費不敷，回里售己田益之。《易經如話》《易經詮義》《禮記章句或問》《孝經章句或問》次第印成，並馳書汪立中、董應崧、余麗元刊《合校記》。郡守何贈額：志切崇儒）。

◎民國《重修婺源縣志》卷三十五《人物》八：著有《易經如話合校記》十三卷行世，《畫荻軒文集／詩集》諸卷待梓。

◎汪立中，字品端，號莊甫。安徽婺源（今屬江西）城東人。汪青萍子。廩生。歷任寧國縣教諭、六安州學正、寧國府教授、國子監博士。

汪良孺 易學初入 佚

◎無力授梓。子世禧略加增補，數上呈求刊，皆未果。

◎汪良孺，字子正（政）。新安人。年十二即研習高祖鳴鸞所著易稿及諸家易說，自後終身不輟。

汪良孺 易原 四卷 存

鈔本

◎汪紱《雙池文集》卷五《子政兄易原序》：《易》本四聖之書，而文王繫彖之辭或不同於伏羲設象之意，周公繫爻之變有不同於文王斷卦之材，孔子十翼觸類旁通，雖發明爻彖之旨者為多，而自為立言有異於文、周者亦正不少，然要之似異而實同也。自是而降，易有三家：田何變而焦、京，又變而有梁丘，又變而為費直，又變而有王、何。焦、京主數，王、何主理，而易乃分門別戶矣。至唐則李鼎祚主鄭康成，孔穎達宗王輔嗣，紛紛者固無問焉。宋興理學之藪，其於易也蓋彬彬矣。邵子數而本之以理，周程理而可該夫數，朱子合而決擇，以是元明而後講日益紛，其足以發明經義固多有之，而離遁支吾亦正不少。講愈紛而易以愈晦，何者？似同而異矣。是何說歟？曰：是有其原焉。不得其原而支葉是附，就使亦步亦趨，循循成說，不離尺寸而摹倣影響，會已失之，斯所以似同而異也。苟得其原矣，則天地之理百姓與能觸目會心，罔不相值，雖使支分派別、百慮殊塗，而揆之本原無間毫末，此所為似異而同也。我婺本朱子之鄉，其繼朱子而言易者，若雙湖、雲峰、玉齋三胡及雙溪王子、覺山洪子，代不乏人。我高祖太傅清簡公嘗體易以著《中詮》，而從高祖咸池公尤專治易。則吾族之於易蓋尤其家學云。紱幼涉六經，性尤嗜易，常思有以明探易原以發四聖先儒之蘊，而衣食奔走，未償厥志。辛丑歲歸，聞子政兄有所著《易原》一書，紱方企慕，迫欲一觀。而搶攘塵坌，未

獲請教。子政兄者，咸池公之元孫，諱良孺，子政其字也。或毀其書曰：「大孟浪耳，非舉業急務也。」余應之曰：「聖人作易，將以作今之舉業資歟？以舉業資讀易，易之所為日晦也。惟其非舉業書，則綏所迫欲觀焉者耳。」曰：「不寧惟是，《程傳》《朱義》，先儒極軌，今子政之說與《傳》《義》實多異同，豈子政之智實有過於程朱也哉？」曰：「《程傳》《朱義》將盡同歟？」曰：「否。」曰：「微獨程朱，即二程周邵將盡同歟？羲、文、周、孔將盡同歟？」曰：「否。」曰：「然則可知矣，《易》之為書不為典要，聖賢之心自具易體，覃思所至，時自得之，是有其原焉也，何必盡同？」迄癸卯孟春，始從兄遊，得受其書而卒業焉。喟然歎曰：是吾兄自得之易乎？是其思挾造化、筆闢元牝，流出心胸，原於性命，吐棄糟粕，成一家言，寧必先儒之易而非子政汪子之易歟？彼斤斤乎舉業之文，齪齪於支離之說者，又何足以知此邪？！因敬書數言以為之序。

◎汪綏《雙池文集》卷七《祭子政兄文》：吾兄之行蓋沉毅而有守，而吾兄之志則希聖以希天。初博觀乎諸子，繼沉浸於儒先，鑽研於文義之細，貫通乎大道之全，遂奮然而秉筆，以探乎大易之原。憤辭章之末學，徒盜竊於陳編，終為人而喪己，害有甚於異端，乃敦行而實踐，以終老於林泉，年八十以有餘。日六經而不倦，不見是而無悶，亦誰識龍德之為潛，惟綏之落落於人群也，乃獨與兄其綣綣。綏既仰承於訓誨，兄亦下問而忘年。方擬議以相參，冀微言之共宣，孰意天其不弔，兄溘然而遽奄。

◎是書成於雍正六年（1728），汪氏時已七十八。

◎潘雨廷《讀易提要》卷八謂汪氏於易，歸於《本義》者也，以古易十二篇為次，然其間頗有顛亂。

汪良孺 易原或問 佚

◎無力授梓。子世禧略加增補，數上呈求刊，皆未果。

汪明際 羲經翼注 佚

◎光緒《嘉定縣志》卷二十四《藝文志》一：《羲經翼注》（汪明際著）。

◎汪明際，字無際。嘉定（今屬上海）人。萬曆戊午（1618）舉人，屢困公車，謁選得嚴州壽昌縣學教諭，讀書魏萬山房，倡導古學，風氣丕變。歷任國子監學錄、都察院司務、工部管膳司主事，晉員外郎，以疾告歸。尤精於易學，選《傳妙》諸集。著有《羲經翼注》《邀仙閣集》。

汪鳴鑾 易經因旨 佚

◎道光《徽州府志》卷十五《藝文志·婺源》：汪鳴鑾《易經因旨》。

◎汪鳴鑾，安徽婺源（今屬江西）人。著有《易經因旨》。

汪鳴岐 易經管言 佚

◎民國《懷寧縣志》補卷十一《文藝》：汪鳴岐《易經管言》。

◎民國《懷寧縣志》卷二十《篤行》〔註16〕：著有《五經管言》，兵燹散失，僅存《易》三卷、《詩》三卷、《書》一卷，士論惜之。

◎汪鳴岐，字采其。安徽懷寧人。道光壬午舉人。乙未挑選二等，授安東縣訓導。

汪沐日 易解 佚

◎道光《徽州府志》卷十二之六《人物志·隱逸》：所著有《易解》《莊通》《孟子國風》諸書。

◎汪沐日，字扶光。安徽歙縣石岡人。幼解前因，崇禎癸酉領鄉薦，乙酉之變遂入閩，後入吳山，僧服著書，名曰正濟，號益然。晚以故人迎歸黃山。

汪尚謙 易經祕旨 佚

◎嘉慶《太平縣志》卷八《著述》：《易經祕旨》（汪尚謙著）。

◎汪尚謙，安徽太平（今黃山）人。著有《易經祕旨》。

汪洎 周易衷翼集解 二十卷 首一卷 存

國圖、北大、南京、湖北、山東、遼寧、中科院藏嘉慶九年（1804）倉塢汪氏獲經堂刻本

四庫未收書輯刊影印嘉慶九年（1804）倉塢汪氏獲經堂刻本

◎卷首凡例、校閱門人姓氏。

◎目錄：卷一（上經）：乾、坤。卷二（上經）：屯、蒙、需、訟、師、比、小畜、履。卷三（上經）：泰、否、同人、大有、謙、豫、隨、蠱、臨、觀、噬嗑、賁。卷四（上經）：剝、復、無妄、大畜、頤、大過、坎、離。卷五（下經）：咸、恒、遯、大壯、晉、明夷、家人、睽、蹇、解。卷六（下經）：損、

〔註16〕鳴岐作鳴歧。

益、夬、姤、萃、升、困、井、革、鼎。卷七（下經）：震、艮、漸、歸妹、豐、旅。卷八（下經）：巽、兌、渙、節、中孚、小過、既濟、未濟。卷九上繫。卷十上繫。卷十一下繫。卷十二下繫。卷十三說卦卷十四序卦、雜卦。卷十五易象圖說一、卷十六易象圖說二。卷十七易象圖說三。卷十八易象圖說四。卷十九易象圖說五。卷二十易象圖說六。

◎凡例：

一、包犧卦畫有象無言，文王彖辭、周公爻辭因貳以濟民行，以辭著象者也。至孔子各傳皆即象以明理，而所蘊之理仍在象中，未有越乎象之外者。蓋專言理則局於一端，惟象之所該，包含無盡，十翼中，《彖》上下、《象》上下、《說卦》、《序卦》、《雜卦》等傳皆象也。即《繫辭》上下、《文言》之傳，莫非言象。故理有根據，象非虛設。

一、易兼三才，天地人物莫非象之所在，故卦中雜而取之，非以在天地萬物者為象，而在人者遂為占也。易雖為卜筮而作，然吉凶悔吝皆具於象中，得是象則以是為占，如元亨利貞即純乾之象，潛龍勿用即初九之象，至於《恒》九二悔亡、大壯九二貞吉、解初六無咎，專就人說似未及於象，而皆其象也。若但以為占，象豈獨無？故卦爻各項逐加體認確當，辨其剛柔、上下、時位、承乘比應之情以定占卜之用，其應自如響矣。

一、孔子平生仕止久速悉符易道，至晚而贊易，韋編三絕，天縱至聖勤猶如此，況又演至十翼，無義不搜，無微不至，易中妙蘊闡發無遺矣。然只示人一隅，引而不發，欲使好學者深思而自得之。茲解一奉十翼為歸，以觀漢唐宋以來諸儒之說，自見白黑分明，曹曉眾著。

一、八卦重列，象徵比應。比者，逐位相比連之爻也；應者，兩體相對應之爻也。比與應必屬一陰一陽，其情乃相求而相得，若以剛應剛，以柔應柔，則為無應；以剛比剛，以柔比柔，亦無相求相得之情矣。六爻惟四與五比、二與五應為最重，蓋五為尊位，四近而承之，二遠而應之也。近者剛不如柔，遠則柔不如剛，《繫辭》曰「二多譽四多懼」，近也。柔之為道不利遠者，其要無咎，其用柔中也。柔道不利遠，則剛道不利近可知；柔道利近，則剛道利遠可知。故二雖多譽，而九二尤勝於六二；四既多懼，而九四尤甚於六四也。易中以九二應六五者十六卦，以六四承九五者十六卦，皆吉；以六二應九五者亦十六卦，以九四承六五者亦十六卦，則不能皆吉而凶咎者多有之。自二五之外取應者，四與初猶或取之，三與上則絕少矣。蓋四為大臣之位，取在下之

賢德以自助，有大臣以人事君之義，所以相應也。三居臣位，越五以應上，則失勿二之心，所以不相應也。取比者惟五與上，餘爻則亦絕少矣。五君位而能下於上，以尚賢也。然亦惟六五遇上九乃取之，若九五比上六，則反以尊寵小人為累。惟隨一卦有取者，則以卦義剛來下柔故爾。此皆易例之常也。若其爻為卦主，則群爻皆以比之應之為吉凶焉，五位不待言矣。豫四為主，則初鳴而三盱；剝上為主，則三無咎而五無不利；復初則二包有魚而四包無魚，此又不可以尋常比應之例論之也。

一、兩體相重，中藏互卦。《下繫》第九章云「二與四、三與五」，互卦即具其中。邵子謂四象相交成十六事，此互卦之根也。方四畫時已具此十六卦，即六十四卦既成，亦祇中互此十六卦。易中取卦之象觸處而見，所謂「雜物撰德，辨是與非，非其中爻不備」，觀象玩辭，未有能外焉者也。其詳見各註及圖說。

一、易觀變象剛柔相推，變動不居。如乾二變離文明，故曰見四變巽進退，故曰或。易中取象不可為典要者，以其變也。漸之九三以三陽為夫，互坎；中滿為婦孕，變為純坤，則夫與中滿之象皆失，故以為夫征不復、婦孕不育矣。歸妹九四互坎，月離日，有期象，變坤，則日月象均不見，故曰愆期。爻各有變，變則象殊，不必定自何卦來也。

一、易察伏象，乾伏坤，坎伏離，震艮伏巽兌，八卦相錯，皆伏也。見者見在，伏者將來。伏卦者，見卦之所托以動變者也。乾三見則坤三伏，乾曰「君子終日乾乾，夕惕若」，坤曰「或從王事，無成有終」，要終之道，乾坤同也。不敢不終其事，而又不敢自有其成，謂非乾惕之念與日夕俱深乎？故伏爻有見爻之用，伏象即見象之理也。

一、易玩覆象。八卦除乾坤坎離覆仍無異外，其震艮巽兌則以覆之而互易矣。六十四卦除乾坤坎離頤大過中孚小過覆仍無異外，其五十六卦以二十八卦覆之而成矣。此覆之見於卦者也。咸之四覆之則為恒之三，故憧憧往來與不恒其德，其義同。損之五覆之則為益之二，故十朋之龜弗克違，其辭同。此覆之見於爻者也。覆者固以窮其相反之情，亦以著其相因之理。易中取此象者頗多，不可不知。

一、易象失傳始自王弼。唐李鼎祚《集解》一書采輯漢魏以來諸家，尚存其概，雖說多支離，然合於翼義者亦多有之。伏讀御纂《周易折中》，以《易》之為書實根於象數而作，《傳》《義》之外，漢晉唐宋元明諸儒，有所發明，足

以佐《傳》《義》所未及者，參合而研覈之，或與程朱判然不合，而亦可以備一說者，別標錄之，折中至當，謹奉為玩易大法。茲解自程朱《傳》《義》、周邵張諸子外，大半取之明儒瞿塘來氏矣鮮、國朝光山胡氏滄曉二家。若漢之虞氏仲翔，唐之孔氏仲達，宋之蘇氏子瞻、朱氏子發、郭氏子和、王氏景孟、項氏平父、趙氏汝楳、邱氏行可，元之王氏巽卿、吳氏草廬、龔氏幼文、胡氏雲峰、俞氏玉吾，明之蔡氏虛齋、林氏次厓、楊氏文源、張氏彥陵、何氏元子、吳氏徽仲，亦其採取較多者。除全行引用者已備書某氏外，若半合半違，或僅一二語之合，須兼眾說而成者，本註下雖未能細載其人，亦宜一一登記，如漢京氏君明、荀氏慈明、鄭氏康成、陸氏公紀、王氏子雍、王氏輔嗣、九家易，晉干氏令升、韓氏康伯，北魏關氏子明，隋王氏仲淹，唐侯氏行果、崔氏憬、李氏鼎祚、陸氏希聲，宋范氏希文、劉氏長明、胡氏翼之、歐陽氏永叔、王氏介甫、呂氏與叔、龔氏深父、薛氏溫其、游氏廣平、楊氏龜山、郭氏立之、耿氏希道、閭氏彥升、張氏德遠、沈氏守約、程氏沙隨、鄭氏少梅、鄭氏舜舉、楊氏誠齋、馮氏時行、林氏黃中、張氏南軒、呂氏東萊、陸氏象山、李氏子思、易氏彥章、黃氏勉齋、楊氏敬仲、蔡氏伯靜、李氏季辨、馮氏儀之、柴氏與之、李氏微之、劉氏壽翁、徐氏子與、吳氏終畝、田氏興齋、王氏伯厚，金之雷氏西仲，元之李氏蒙齋、胡氏庭芳、張氏希獻、熊氏任重、余氏德新、龍氏觀復，明之梁氏孟敬、胡氏敬齋、陳氏思獻、余氏子華、豐氏復初、葉氏敬之、姜氏廷善、歸氏熙甫、趙氏玉泉、沈氏肩吾、錢氏國瑞、唐氏元卿、蘇氏君禹、鄭氏孩如、潘氏去華、高氏存之、許氏長聖、陸氏君啟、章氏本清、趙氏光大、陸氏庸成、方氏孟旋、陳氏明卿、谷氏拙侯、喬氏還一、黃氏蘊生、錢氏爾卓、趙氏胥山、徐氏天章、顧氏善伯、葉氏爾瞻、汪氏砥之、程氏敬承、孫氏質卿、汪氏咸池、盧氏中菴，並錄載其姓字，以見業有採擷，不敢掠美之意。

一、秦燔《詩》《書》，獨《易》以卜筮不禁，故篇章完全，並無殘缺。其中雖有先儒疑為脫誤之處，然潛心細玩，或因誤分句讀，或援本經傳互參，仍可依經文訓釋，不必動欲更改，致涉僭妄，茲均于各經傳下註明。惟傳流既久，一二筆誤自不能無。如困二亨祀，篆文亨享二字同一無別，今從《本義》作享祀，只誤缺一筆。雜卦大壯則止，從熊氏作則上，只誤多一筆。筆誤，理則有之，而享與上義實允當也。此外悉遵經傳本文訓解。

一、古本十翼在上下經文之後，費氏始以《彖》《象》《文言》雜入卦中。

唐孔氏仲達嘗謂輔嗣之意，象本釋經，分爻之象辭各附當爻，則費氏猶若今乾卦，彖象繫辭之末，而各卦象分繫各爻，殆自王氏始歟？呂汲公所定古本，與朱子《本義》合，而程子《易傳》合《彖》《象》《文言》於各卦各爻，即沿輔嗣本也。學者習而安焉，尋省易了，在易道原無有異也。若經傳分隔，初學難於貫通，故仍以從俗為便。

一、古人左圖右史，兼資並重。況易象乃聖人則河洛而作，圖書之蘊自宋後傳習者日衍亦多，雖易冒天下之道，無所不該，然必其推闡發明，於象胸合，可以與易道相為表裏，則玩圖識象、因象觀理，乃不墮於術家之雜。蓋不識象不可以言易，而不觀圖亦不可以言象。易中一生二、二生四、四生八、八生六十四，原原本本，按圖索之，皆燦然明白也。謹集《易象圖說》六卷附於後偶，以裨觀象玩辭之助。

◎校閱門人姓氏：南海吳榮光荷屋、番禺劉彬華璞石、武陵陳世昌藝蓀、新會馮輔翊基、順德胡鳴鸞和菴、嘉應李煥猷鵠亭、番禺陶堯臣亮卿、大埔楊純玉坡、嘉應李榮曾桐軒、番禺漆璘仲深、嘉應黎重光南垣、潮陽鄭鴻文南湖、大埔邱作霖甘野、新會戴鶴齡松潤、澄海陳王謨夔鄰、番禺蘇鴻鋐彥、南海莊清濤和聲、嘉應鍾汝和柳坪、海康丁奇璽竹莊、南海岑誠懷敬、香山黃鳳起岐西、順德關如均彬亭、嘉應李綬光珮齋、大埔楊應祖衍珍、新會何其麻陰園、順德潘起鵬澤棠、大埔藍植霞圃、嘉應謝家蘭薌墅、華容蔡珩南溪、嘉應梁蘭佩堂、宜章吳楚翹震湘、巴陵汪佳士作堂、嘉應梁傑偉士、武陵陳楷禮卷山、桂東朱文秀杏村、嘉應李樹敏易園、善化彭家真香山、華容周克遇崧高、嘉應林聖欽淑梓、寧鄉黃本騏嶽林、善化唐業恒立方、蘄水陳學漣秋舫、寧鄉黃本驥蕊陔、星子干朝梧碧山、同里胡起鸞凌翰、寧鄉賀懋椿、遂溪黃炳、湘鄉彭鑾、澄海蔡鍾英、順德呂逢恩、新會鍾大藹、大埔楊殷玖、嘉應張沅、湘鄉彭鏡、高要陳誥、同里吳翰、同里鄭鳳儀、族弟城酉山。

◎周易衷翼集解序：易者象也，象之著而大者，無若天地水火雷風山澤，故聖人仰觀俯察，畫八卦以為經，因而重之，其別六十四，其爻三百八十有四，自天地幽明至於昆蟲草木之微，無所不該，實則陰陽二者之象而已。陰陽之道原於天而附於地以立者，曰柔與剛，依於人以行者曰仁與義，一元肇始，三極畢貫文王所以首乾、坤，周公因而用九六，而吾夫子於乾、坤二卦揭陰陽之本，屯蒙以往著剛柔之交，其歸一也。《大傳》云「河出《圖》洛出

《書》，聖人則之」，而《說卦》第三章至第五章所言，即世傳先後天圖之卦位，竊嘗以為圖，數之體也；書，數之用也。後天圖之卦位，辨方定歲、終古不移，其體也；先天圖之卦位，交錯流通，循環不息，其用也。先後天者，後人區別之名，孔子於兩圖未嘗有是說也。易中皆兼取而並則之，故夫子併言之。今按《彖傳》以釋卦下之辭，《大象》統釋兩體，《小象》分釋六爻，《文言》申說乾坤之蘊，《繫辭》渾發全書之旨，《說卦》以表易之義例，而《序卦》一篇以明出於先天圖之覆對，《雜卦》一篇以明出於後天圖之互變。十翼之作廣大精深，無義不搜，無微不至，顯羲畫所示無言之教，衍文、周含而未發之精，導六經之原而經莫外，開萬事之始而事不違。淺之包名物器數之賾，深之括天人性命之全，可謂集易學之大成。義理、象數一以貫之，神聖所不能越而百姓可以與能矣。自漢以來，為之注者無慮數千百家，或泥象而乖理，或抉理而遺象，背而馳者多矣。即解人可索，心得獨抒，卓然其可傳者，總未有能出乎十翼之範圍者也。泩自髫齡受書習易應試，究心有年，茫然不知要領之所在。長從黃岡萬南泉先生，得聞緒論，粗識其端。然方講求科舉業，未暇鑽研。嘉慶四年，于役黔中，馬首船窗，手《周易》不釋，始覺漸有窺見，以六十四卦反覆於十翼中，參考互訂，靡不符合。及改官來寶慶，居苗峒，萬山之巔，官閒無事，乃得日夕玩索，以辭合象，因象觀理，由末溯本，考異歸同，其中句有未協之讀、義有未安之詮，或眾說分岐，要以一是為定；或兩義各見，必以互證而明。至經傳中字句多寡參差，依文求義，均可訓釋，則亦無庸妄意改易，有乖學人述而信、信而好之道已矣。凡五易寒暑而解就，非敢將以易心也，蓋自漢魏而後偶以迄今茲二千餘年之間，諸儒殫竭心力，發揮已侈，惟一衷於夫子之翼。而離合去取，確而可據，用是博以採之，精以存之，集眾說以成一說，貫而通之，可併六十四卦於八卦，併八卦於乾坤，以還兩儀，以追太極之始，而圖書先後天分合體用同歸一致之理，昭然若揭，安之於身以為寡過之資，藏之於後以為傳習之具，亦冀乎觀者審而辨之，於以補其不逮云爾。嘉慶九年歲次甲子陽月上澣之吉，浮梁汪泩容川氏自序。

◎周易衷翼集解序：經之有注，其始於孔子之翼易乎？夫易亦遞注矣，包犧注太極為儀象卦，文、周注卦為彖象辭，孔子又注辭為十翼。十翼中有逐卦逐爻注者，有統注撮注者，視刪《詩》、序《書》、定《禮》，不詳且盡乎？蓋易本隱，以之顯人謀鬼謀，百姓與能，勢不能不遞加推闡，俾人人易曉。顧

自漢晉以迄元明，諸儒之說有得有失，得者得孔子之意，失者失孔子之旨，致日而背圭臬，飲水而忘本源，其弊坐於不深繹孔子之翼也。且夫言易者有義理象數之分，自輔嗣之注行而象數之說隱，朱子之言曰：「看易須先見象數，方說得理，不然，事無實證則虛理易差」，又曰：「互卦之卦不可廢」，則甚欲言象數、變互者莫朱子若也，第以《說卦》廣象徵之各卦之象，未能盡通，姑略而不詳耳。今容川先生教人從畫觀象玩占，旁參變互覆伏，而吉凶消長之機、進退存亡之道莫不因象而著，其理悉以十翼為斷，一破支離附會之說，是王伯厚所云「義理象數一以貫之」、太史公所謂「言六藝者折衷於孔子」者也，以之輔潔靜精微之旨，何間焉。抑更有不可及者，鄭康成注易多改字，先生謂易未經秦燔，先儒所疑脫誤之處，細審上下句讀，或經傳互證，仍可依文訓釋，不須更改，則更有合於聖人之旨矣。琛固陋，於學未有所得，今秋校士楚闈，先生適為監試，因得聞先生之緒論，又受是編而讀之，服先生研經之細而解經之確也，謹識數語於簡端。嘉慶九年歲在甲子十月朔，士及第翰林院脩撰加三級提督湖南全省學正館侍吳廷琛謹序。

◎黃本驥《三長物齋文略》卷五《祭汪容川司馬文》：先生之文章學問則有《獲經堂全集》《祥刑經解》《周易衷翼集解》諸著作，傳之無窮也。驥以乙丑冬由前長沙太守沈筠堂先生達姓名於門下，辱愛最久，知先生最詳。先生之丞於楚也，階雖遷而事則簡矣，因得以其閒治經學。居恒手一卷，丹黃不輟，如諸生習舉子業，聞考官將至，窮日夜之力猶恐不足者。其書半已鏤板，尚有《春秋比義》數十卷，稿凡數易，垂成而廢。

◎道光《浮梁縣志》卷十三《人物》：其學汎濫羣書，閎衍博貫，而尤邃於經義。著有《獲經堂初稿》三十六卷、《祥刑經解》五卷、《周易衷翼集解》二十卷、《春秋比義集解》二十四卷。

◎道光《浮梁縣志》卷二十一《藝文》：《周易衷翼集解》二十卷，汪澍欲括譔。

◎同治《饒州府志》卷十八《人物志》：生平博覽羣書，尤邃經義，著有《獲經堂初藁》《祥刑經解》《周易衷翼集解》《春秋比義集解》等書行世。

◎同治《饒州府志》卷二十六《藝文志》：《周易衷翼集解》二十卷、《春秋比義集解》、《祥刑經解》五卷（汪澍）。

◎光緒《江西通志》卷九十九《藝文略》一：《周易衷翼集解》二十卷，汪澍撰（《浮梁縣志》）。

◎汪泩（1739～1812），字容川，號欲括。江西浮梁桃墅人。少穎異，讀書過目成誦。乾隆乙酉由拔貢生官定南訓導。乾隆四十三年（1778）成進士，改庶吉士。乾隆丁未選授廣東合浦縣令。歷署博羅、石城、新會等縣，調補順德縣，擢授湖南寶慶府理徭同知，先後權岳郡、郴州、澧州、靖州等處。又著有《穫經堂初稿》八卷、《祥刑經解》。

汪師韓　觀象居易傳箋　十二卷　存

山東藏乾隆自刻上湖遺集本

光緒刻叢睦汪氏遺書八種四十五卷本

◎目次：余少好讀易，乾隆戊辰己巳間即著有成書，往往辨正前人之舊解。學之又踰十年，而疑而不安者寖多。又十餘年，說益不敢自信，竊愧前時果於自是，乃學之淺而見之陋也，手鈔已三易稿矣。齒過六十，老病相侵，以其為一生精力所存，不忍毀棄，取而削其繁蕪，遂鋟諸版。詬余之學止於是焉，則大不幸矣。天如假年，他日更有所進，鑿舊而補新，是所望也。錢唐上湖汪師韓。

卷第一彖傳上。卷第二彖傳下。卷第三象傳上（乾至履）。卷第四泰至觀。卷第五噬嗑至離。卷第六象傳下（咸至解）。卷第七損至井。卷第八革至旅。卷第九巽至未濟。卷第十繫辭傳上、繫辭傳下。卷第十一文言傳、說卦傳、序卦傳。卷第十二雜卦傳（附圖、附舊序）。

◎附存舊稿自序二首〔註17〕：易者象也。讀易而不明取象之義，則辭與象分而變與占俱無所據。故朱子謂事無實證則虛理易差；又謂易之有象其取之有所從、其推之有所用，非苟為寓言也；且謂學者於言上會得者淺，於象上會得者深。朱子於象，其心契而神解矣。《本義》隱括《程傳》，於象顧略而不言，是特以矯漢儒之支離穿鑿耳。夫苟、鄭諸儒，其書不可得見，僅有存者，若李鼎祚《集解》所載，其乖義背道，誠亦指不勝屈。王輔嗣一掃而空之，不為無見。然因是而謂象不足言，是又因噎廢酸、矯枉過正，而徒以便後之學者，無所用其心也。嘗觀羅泌《路史發揮》，其《明易象象》謂以三物取名：易乃盧蜴、彖是茅犀、象則直取其身形相象，即易象彖之三言猶皆遠取諸物，而後儒於文彖周爻一概指為虛象，然則六十四卦其文七十有九，文周當日何不直言七十九字之理，而必繁設眾象以疑惑後人？且夫龍者乾也，而

〔註17〕汪師韓《上湖分類文編》卷四題《觀象居易傳箋序上》《觀象居易傳箋序下》。

《說卦》何以獨謂震為龍？乾之冰、震之元黃，何以象皆見於坤？天何以與火同人而與水違行？訟也區區火炎上而水東注乎？陽進至四為大壯，何以陰在初即為女壯也？妄謂一女當五男，何解於大壯四男當二女乎？互卦之義，王氏非之，而若師二曰長子、渙四曰有邱、泰五曰歸妹，此非先儒強合也。至於中爻同功異位，何以不曰二至四、三至五，而曰二與四、三與五也？此則先儒未之解也。陰陽往來，取象之一端也，而若睽之火澤何以有動而上下之異大過二五楊生稊華，先儒曾不知初二皆為枯楊，上為稊而五為華也。象不明則易不可見，朱子於羝羊靈龜之類，間嘗舉一隅以示人，以是知朱子言易，其不取乎王氏忘象之說明矣。余讀易有年，當其苦思力索，至於廢寢食、生疾疢，或竟日專讀一爻，或數日只繹一句。中年以後，一切詞章之業屏除都盡，而於易則不能一日釋於手，亦無一刻去於心也。而乃乎若有得焉。凡人於所刻苦而有之者，未有不鄭重而愛惜者也，恐其久而忘諸，爰著《易傳箋》十二卷。余學漢儒之學，而竊欲有以正漢儒之支離穿鑿，因以補朱子之所未及詳言者。其言未必有當，存此以俟他日所學有進，更加改定焉，亦云終吾身而已矣。

孔子刪定六經，言之詳盡無過於易。自讀易者不求通乎孔子之辭而欲自為之說，于是揚子雲有《太元》之易，衛元嵩有《元包》之易，關子明有《洞極》之易，司馬溫公有《潛虛》之易，周子有《太極圖》之易，邵子有《皇極經世》之易，他若坎離匡廓入於異端，世應飛伏流於小數，總之離象辭以求易，其得失深淺相去幾何？夫學易者學其象變辭占四端，變占在於動，用居則觀其象而玩其辭而已，而玩辭又必先以觀象，是匪極之探賾索隱、鈎深致遠，無由歸之於易簡也；不探索鈎致則不能通其微，不易簡則無以得其理，然則象豈可忘哉？互卦約象說始京房，卦所自來則創於荀、虞諸儒而未盡其蘊。《本義》卦變之圖又覺紛繁重複，而按之經文亦往往有合有不合。余不揣，別為之圖，俾學者開卷了然，且以證之卦爻，靡不協合，要不敢求易於文王、周公、孔子之辭之外也。《左傳》蔡墨因龍見而論乾龍有「在乾之姤」及「其同人」、「其大有」之言，而後儒遂謂爻辭皆變象，戴埴《鼠璞》謂左氏所載占筮十事，更無重爻以上變者。試思六爻皆變，何獨一爻之變有象而二爻三爻以至五爻其變皆無象乎？又何為舍本爻之象而別取之卦以繫之辭乎？至於承乘比應，後儒舍是更無他義。竊疑內外卦合而相應之義出焉。應則俱應，何必以陰陽配為有應而皆陰皆陽者為無應乎？上承下下承上即是比也，與乘承

何別焉？漢儒之說，《集解》所引莫多於虞仲翔氏，而支離背謬亦莫甚於虞氏。其言卦變，或專主兩爻之變以釋全卦之義，易道神明變化，必不若此怗服。虞氏自言陳桃夢其吞易三爻，遂以受經自任，殆妄語也。近日《仲氏易》欲矯王氏之獎而不顧義理之安。其尤臆說者無如以兩爻為半離半坎。昔虞氏解小畜「密雲不雨」有云：坎象半見而仲氏遂以通之諸卦。夫半離之上即半坎之下也，安見此為離彼為坎？且可謂之半離半坎者，亦可謂之半震半巽，而八卦無不可以半取象矣。古人互體必連三爻為說，良有以也。余幼讀易，見易書首列圖象，心惟易之辭非圖不能明也。其後研玩傳義，於三百八十四爻曾無一言及於圖象，圖自為圖，經自為經，不幾疑文周之易與庖羲氏判而為二乎？《連山》、《歸藏》不名為易，太卜所掌因《周易》之名謂之三易，《雜卦傳》則孔子之易也，隱其詞曰雜，不別為書而附於傳之末，後儒未嘗深究其旨，但見其以一言釋一卦，同於《左傳》所云屯固比入及坤安震殺者，直疑為述古筮詞，非有精意。夫《連山》、《歸藏》其次序不可考，余竊見《序卦》之次固不如《雜卦》之對待，上下分明，蓋《雜卦》以旁通之義求之，其全篇自有端緒可尋。至大過以下不對之八卦尤其精蘊，安溪環互之說似不足盡之。因思先天圖之整齊或有裨於《雜卦》之旨，而特不可謂之先天，羲皇畫卦亦未必作是解也。余於《雜卦》疏解特詳，他所論說散見所讀各傳下，而先為揭其大凡以請正同讀是經者。

◎乾隆《杭州府志》卷五十七《藝文》一：《觀象居易傳箋》十二卷（國朝湖南學政錢塘汪師韓抒懷撰）。

◎道光《歙縣志》卷九之一《藝文志》：《觀象居易傳箋》《上湖紀歲詩編》《上湖分類文編》《文選理學權輿》《孝經約義》《韓門綴學》《談書錄》《詩學纂聞》（俱汪師韓）。

◎道光《徽州府志》卷十五《藝文志·歙》：汪師韓《觀象居易傳箋》十二卷。

◎民國《歙縣志》卷十五《藝文志·書目》：《觀象居易傳箋》十二卷、《孝經約義》一卷、《詩學纂聞》一卷、《韓門綴學》五卷《續編》一卷、《談書錄》一卷、《上湖紀歲月詩編》四卷續編一卷、《上湖分類文編》十卷、《文選理學權輿》八卷（俱汪師韓）。

◎汪師韓《上湖紀歲詩編》卷首小傳：中年以後，一意窮經，尤邃于易。所著有《觀象居易傳箋》《春秋三傳注解補正》等書。今存一十三種逸六

種，待刊。

◎汪師韓《上湖紀歲詩編》卷第四《六十初度》：百感盡消書一束，箋經猶日手增刪（近年著有《觀象居易傳箋》《詩四家故訓》《春秋三傳注解補正》《孝經約義》《語孟疏注辨異》《文選理學權輿》等，將次第脫稿，禮有《雜說》）。

◎汪師韓《上湖文鈔補鈔》卷下《與傅鴻臚書》：性耽讀易，注有成書。《孝經》亦成一卷，《四書》及他經時有見解，多與學人講習得之。又有雜著說部數種，不談時世，不值忌諱，惟是考核典籍，冀有小補於後之學者。凡皆稿草未曾繕寫，欲先摘鈔數紙請正。

◎汪師韓（1707～1780），字抒懷，號韓門，又號上湖。浙江錢塘（今杭州）人。汪毅亭長子。方苞弟子。雍正十一年（1733）進士，授翰林院編修。乾隆八年充湖南學政。主保定蓮池書院席。藏書室名敬行軒。又著有《春秋三傳注解補正》、《孝經約義》一卷、《韓門綴學》五卷《續編》一卷、《談詩錄》一卷、《詩學纂聞》一卷、《上湖紀歲詩編》四卷續一卷、《上湖分類文編》、《詩四家故訓》、《文選理學權輿》、《語孟疏注辨異》、《孫樵文志疑》、《平于南雅》、《清暉小志》《坦橋脞說》等。

汪士漢 易集解 一卷 佚

◎一名《易經集解》。

◎道光《徽州府志》卷十五《藝文志·婺源》：汪士漢《易集解》一卷。

◎道光《徽州府志》卷十一之三《人物志·儒林》：著有《四書傳旨》《易經集解》《一廿一種祕書》《古今記林》《祖書存餘集》《古山房文集》行世。

◎汪士漢，字闇然。安徽婺源（今屬江西）城西人。幼英敏能文，入成均，考授州司馬。以繼母老告歸。晚僑寓秣陵，日以著述為務。著有《易經集解》一卷、《四書傳旨》、《一廿一種祕書》、《古今記林》、《祖書存餘集》、《古山房文集》行世。

汪士魁 重訂易經衷旨合參 四卷 存

國圖藏明崇禎間刻本（二卷）

國圖藏清黃綺堂刻本

◎清劉炎增定。

汪士魁　易經約說　佚

◎道光《徽州府志》卷十五《藝文志》：汪士魁《易經約說》(《府志》作《衷旨》)。

◎汪士魁，字伯倫。新安人。

汪士魁　新刻易經衷旨原本　四卷　首一卷　存

日本內閣藏明刻本

浙江順治文冶堂刻本

◎清熊志學校。

◎一名《易經衷旨原本》。

汪士魁　易經衷旨說統大全合纂　四卷　首一卷　存

日本內閣藏明刻本

◎清吳峻業、吳弘基補。

汪士魁　再定易經衷旨定本　四卷　存

日本東京大學藏明刻本

汪士雄　周易精義纂　佚

◎道光《旌德縣續志》卷七《人物志·文苑》：生平著作甚富，今多散逸，僅存《周易精義纂》《邇言類抄》《晚香堂詩文集》若干卷藏於家。

◎汪士雄，字又雲。安徽旌德板橋人。邑增生。少失怙，與兄士雅友于甚篤。遊涇川趙青藜之門，甚見器重。講學之餘，尤以風節自勵。生平博學好古，尤究心金石小學。

汪思敬　易學象數舉隅　四卷　佚

◎道光《徽州府志》卷十五《藝文志·婺源》：汪思敬《易學象數舉隅》四卷(一作二卷。《四庫總目》《續通考》俱無思字，字思敬)、《易傳通釋》三卷(《縣志》作《周易管見》)。

◎汪思敬，安徽婺源(今屬江西)人。著有《易學象數舉隅》四卷、《易傳通釋》三卷。

汪思迴 周易存說 佚

◎嘉慶《東流縣志》卷二十《鄉賢傳》：所著有《周易質義》《四書質義》《四書襯義》《增訂周易／尚書／春秋／詩經／四書存說》《春秋集解》及《歷代帝王紀要》《剋擇晶元》《古文質義》《河防／曲臺存說》、《有吾堂詩文集》、《地理薪傳》凡百餘卷（《府志》載《文苑》）。

◎光緒《重修安徽通志》卷三百三十五《藝文志》：《周易存說》（汪思迴著）。

◎汪思迴，字金門。安徽池州府東流縣晉陽鄉（今張溪鎮）人。乾隆六年（1741）拔貢，考取國子監正黃旗教習，選寶應教諭，未任即病故。著有《四書質義》、《周易存說》、《尚書存說》、《詩經存說》、《曲臺存說》、《春秋集解》十二卷、《春秋存說》、《增訂四書襯義》、《四書存說》、《歷代帝王紀要》、《剋擇晶元》、《地理薪傳》、《古文質義》、《河防存說》、《詩學卿雲集》、《有吾堂文集》、《試心法三則應試總論十則》共百餘卷。

汪思迴 周易質義 四卷 存

北大、天津藏清刻本

◎自序〔註18〕：夫易，天地之奧曲、古今之秘府也。聖人集義文〔註19〕之大成、闡彖象之精義，繫辭傳十翼，韋絕三編，至矣。紫陽釋詁諸經，於《詩傳》自以為無憾，而於《易》則意不甚滿。其答趙子欽書曰：「譬之燭籠添一條骨子，則瘴一路光明。」豈不以易之為廣大悉備，極天地古今之富，靡不眩存於陰陽動靜、老少變化之中，而固非小儒謏註所能窺萬一於語言文字者也？由漢以來，言易者不下九十九家。代及宋元，諸儒叢出，講義盛行，嗣是理數專門、齊秦分霸，非印版注疏失之拘泥，則拉雜諸家穿鑿附會，而於經義罕有一當也。我聖祖仁皇帝，當體坤乾，因心象畫，苞蕈聖之精神，條諸賢之傳說，欽定《折中》刊頒學校。大哉一哉，世法世則矣！臣迴恪守一經，時懼有乖義例爾。以《四書質義》刊行，坊人請以《周易質義》尾之而出。迴曰：易之義不敢知，易之書則有準。《周易折中》至詳至備，盡善盡美，參千萬世而不容或軼者也。惟是經生識短，才疏瞢然，易今經部位而為古本章程，不無目換而心忘，且去其所為講章，將一卦一章而全旨不貫、觀一爻一節而

〔註18〕又見於嘉慶《東流縣志》卷十六上《藝文志》上。
〔註19〕原文如此。

－1733－

順文不聯，甚則苦繁重而隘行廚，絕依傍而少餤飣。至於望洋思退，俍俍若瞽之，何也？今是役也，祗遵欽定《折中》，附以講章定式，各卦各爻、各章各節之後，詳載傳說，庶幾居今道古，通變宜人。既可便于誦讀，亦將廣為刊行。或無戾於覃敷文教之至意也夫！爰是，敬謹鈔輯《折中》，合併講義，名曰《周易質義》，仍《四書質義》以為言也。若生聖賢大備之後，際經學昌明之期，而曰吾茲有義可質也，是則未敢以云然也。乾隆七年十月。

　　◎乾隆《東流縣志》卷二十《藝文》：《四書質義》、《增訂四書襯義》、《古文質義》、《周易質義》、《歷代帝王紀要》、《周易存說》、《尚書存說》、《詩經存說》、《曲臺存說》、《四書存說》、《河防存說》、《詩學卿雲集》、《有吾堂文集》、《有吾堂詩集》（以上十五種俱汪思迥著）。

汪璲 讀易質疑 二十卷 首一卷 存

　　北京師範大學藏稿本（無首一卷）
　　國圖藏康熙三十四年（1695）稿本（與周易便蒙合訂）
　　國圖、遼寧、湖北、安徽藏康熙四十二年（1703）汪氏儀典堂刻本
　　◎目錄：上經一卷乾、坤。二卷屯、蒙、需、訟。三卷師、比、小畜、履。四卷泰、否、同人。五卷大有、謙、豫、隨、蠱。六卷臨、觀、噬嗑、賁。七卷剝、復、無妄、大畜。八卷頤、大過、坎、離。下經九卷咸、恒、遯、大壯。十卷晉、明夷、家人、睽。十一卷蹇、解、損、益。十二卷夬、姤、萃、升。十三卷困、井、革、鼎。十四卷震、艮、漸、歸妹。十五卷豐、旅、巽、兌。十六卷渙、節、中孚、小過、既濟、未濟。十七卷繫辭上傳。十八卷繫辭下傳。十九卷說卦傳。二十卷序卦傳。

　　◎圖說目錄：河圖圖、洛書圖、伏羲八卦次序圖、伏羲八卦方位圖、伏羲六十四卦次序圖、伏羲六十四卦方位圖、文王八卦次序圖、文王八卦方位圖、上下經六十四卦次序反對。

　　◎陳鵬年序〔註20〕：《易》之為書，聖人所以前民用而利用者，而世多以艱深杳冥求之，不失之鑿則失之詭矣。朱夫子之言曰：「某說易甚粗卻入得精；他人縱說得極精，卻入不得粗。」旨哉斯言乎！足以盡易解之微妙矣。古之學易者多從身心上體驗，及臨事觀象玩占，亦取與卦辭爻象相印證，而吉凶得失判然來告也。此其義即史官筮人之流，往往有通其解者。如崔杼之占困

〔註20〕又見於陳鵬年《道榮堂文集》卷三。

是也。即婦人女子亦有能知之者，如穆姜之占隨是也。後世紛紛註易，言理言數，迄莫能定。自光武以白水真人應運而興，好言符命，由是而圖經讖緯之書遍天下。甚且如《元命苞》《援神契》《定命符》諸書〔註21〕，莫不附會經傳，支離穿鑿以神其說。其於易為尤甚。而易理愈晦。迨伊川、紫陽二氏書出而易理乃如日月之麗天、江河之行地，而傳註益以歷久而彌光。明〔註22〕以四書五經取士，士子務為好語以取媚時人之目，且求免忌諱，號曰官樣文章。加之訓詁龐雜，人自為書，即如歸妹言夫婦人倫之大，漸之彖辭則言興王創業得天下之正，是豈聖人所不屑言〔註23〕，乃必改竄前說，解歸妹為君臣，以漸象為仕進，種種牽扯紕謬，愈失愈遠，豈聖人設象之旨哉？汪默菴先生，學道人也，其於易理，沿流討原，極深研幾，固已漱芳河洛、探根周孔矣。乃積之數十年，始成《讀易質疑》一書。其間遠引旁搜，委曲詳盡，溯厥指歸，要以平近切實為主。一切騈指影響、俗解習說，悉為屏絕。即一句一字，亦必期無悖於四聖人之意。而古今來興衰治亂之故與夫人事進退存亡之道，亦莫不燦然畢備焉。夫君子道成於己，亦將有所大用於世，而期與斯民同患。憶昔與先生遊，讀先生所作感懷詩，蘊藉弘遠，輒歎其為有心人。及讀先生《密窩記》，則又有隨遇而安、悠然自得之趣矣。以先生之學問文章，所如不遇，既老而嗜學彌篤。今出其所著易解以覺世宜民，方且橐籥無窮，垂之不朽。易不云乎：「時行而行，時止而止」，先生其殆有得於艮止之道乎？然又何能測其詣力之高深哉。余幼而學易，未能竟業，自一行作吏，判牘塵夢，訟牒旁午，勾當奔馳，略無寧晷，又其甚者寢饋俱廢，每自念安得稍稍閒暇，兀坐一室，潛心玩味，雖不敢曰五十以學易可以無大過，惟是考詞占象變之理、察剛柔動靜之宜，庶於身心少有所裨益，以無墮先人之遺緒，固我之素願，時以不得如吾意為憾。今讀先生書，又欣然自慰，為我謝先生，是固有以教我矣。時康熙甲申清明後五日，嶽麓學人通家子陳鵬年滄洲拜題于秣陵郡齋。

　　◎金廷對序：學者胸中必先有一股不可磨滅之氣默與造化相為流通，而後於身心性命飲食日用之理有以見燦然畢陳於前，蓋其道非易無由矣。宣尼

〔註21〕嶽麓書社《陳鵬年集》此句標點作「自光武以白水真人應運，而興好言符命。由是，而圖經讖緯之書遍天下，甚且如《元命》《苞援》《神契》《定命符》諸書」，誤。

〔註22〕嶽麓書社《陳鵬年集》「明」屬上讀。

〔註23〕嶽麓書社《陳鵬年集》「言」屬下讀。

云「生生之謂易」，則以此理相續不已，不假安排，而變化無窮焉。故自乾坤設位以來，易道日行於天下，易理日具於人心，而解者林立，今古相望，然其蘊愈闡而愈有所未盡，豈非易簡之中寓不測之神乎？余蒞海陽，聞汪君文儀，德潛學邃，為世通儒，所著《易經質疑》一書，偶於公務之暇受而讀之，體大而思精，研窮義理之精微，辨析諸家之同異，使四聖心源昭然如揭。自程子《易傳》、朱子《本義》之後，未有如此書者也。嗟乎！「八股出而六經微，十八房書興而廿一史廢」，崑山顧亭林嘗云爾。學者孰是窮經不輟，體身心性命之理，直與造化相流通如汪君者乎？集《周易》之大成，功不在同鄉前賢下矣。聊弁數言於簡端。廣寧金廷對撰並書。

◎序：一畫作於未有文字之先，三代聖人皆有易。古者以為卜筮之書，故《洪範》曰「謀及卜筮」，其說非《周易》明矣。孔子贊易又曰「吾得乾坤焉」，夏商易無傳，後之為易者輒流為術數之學，雖時有占驗，君子弗貴也。王輔嗣始譚理又類清言，惟程氏《傳》通人事立說，宗旨顯明。《本義》於事理訓辭甚簡，非略也，若曰書不盡言言不盡意，特以示例云爾。學究訓詁則總三百八十四爻俱牽合君臣以便應舉。夫易何所不備，爻象雖至奇，而夫子說易每在日用切實處示人以處己待物之道，非必如時說所云也。學者但據講章以為易在是矣，其所見無異蠡測管窺、扣槃捫燭也。予家世授易，曾大父承菴公《疑問》久播儒林，先大夫榕似公有《約言》一書，予亦纂集諸本彙刻家學，就正海內。然易道無窮，夫子韋編三絕鐵擿三折始曰彬彬，予何人也，敢曰筌蹄俱忘乎？新安汪子文儀以所撰《讀易質疑》見示，其言多先儒未發。文儀與予生同日月，其令嗣鈞為予首拔士，其譚經味道有年，棄青襟如敝屣，日以閉戶著書為事，蓋意致高遠，故其言亦明確閎通，剖析縝密。至於卦後之總，廼隱括全旨而錯綜以出之，名言精義，繽紛楮上，且文氣奧折如古箴銘。又從來說易者所不能及也。此書出，四聖人同患、前用、盡言、盡意之精蘊如日中天。當世將有撤皋比而從之，何必問君平於蜀中、候子雲於後世矣。余故樂得而道之。是為序。時康熙戊辰季冬上浣，年通家眷庚弟姚淳燾題於江漢書院之敬業堂。

◎讀易質疑序：余嘗謂易道無他，時中而已矣。自孔子假年學易，而記者繼之以「子所雅言，《詩》《書》執禮」，後人遂疑易道無窮不在雅言之科，當入罕言之例，而與尋常日用無關。詎知其皆庸德庸言，雖探索天人，千變萬化，而大旨不越時中乎？不知者謂《魯論》中止有大過、艮大象、恒九三，

知者則以為一部《論語》都是說易：《上論》首時習終時哉時哉，是即乾之日乾夕惕，與民之時止時行矣；《下論》首從先進終知命知禮知言知人，是即以二帝三王相傳之執中合伏羲、文、周之中正矣。至孟子又學孔子者也。學孔子者學其時，故以仕止久連各適其可斷之，其至梁、去齊諸章即去魯、去齊前案耳。《孟子》七篇詳言《詩》、《書》、《禮》、《春秋》而未嘗一及《易》，然言禹、稷、顏子易地則皆然，言曾子、子思易地則皆然，即是變易、交易、不易。義疏且于齊餽則不受、于宋薛則受、于季任儲子皆受而不報，而他日見不見則又不同，亦孰非易道也乎？繇是以觀，說易者宜近不宜遠、貴卑不貴高，何說家往往失之也？休寧汪子默菴別十八年重過溪上，手所著易義示余，余受而讀之，其為說皆平正通達，一洗世儒穿鑿吊詭之譚，即程《傳》朱《義》之中有稍涉迂遠者，亦闕而勿錄。參諸時說，可謂大醇。為服膺不已，偶拈一二扣擊之，則曰：「向謂易以道陰陽，何文王、周公竟無一字道及？惟孔子於乾坤二卦之初，一則曰陽在下也，一則曰陰始凝也，而外此亦寥寥。乃知觀象玩占只宜論剛柔，不宜泥陰陽。凡觀天察地以及取物，不若本身之為竊近也。」嗚呼！默菴為易本領蘊是數言，故其編中依理抒詞之處，莫不徹上徹下，如釋乾之或躍在淵，不以舜居攝、武觀兵為證；師坤之黃裳元吉，無以君臣定位為拘。其他妙諦真詮，未易更僕數。總之不離中正、不違孔孟者近是。然則易之不在雅言者，特以當身體不當口宣，而初非謂其高遠幽微之故也。此書出而易道明矣。余向因彙旃高先生得交於默菴，稔知其事親孝、事長恭，教子弟必以正道，而待師友復克敬克誠，夫固以身驗易。今而知言行一致惟默菴為庶幾焉。雖然，默菴宜若可自信矣，而猶以《質疑》名其書者，蓋以此教人學易之訣，不獨志謙已也。昔孔子自筮得旅，猶問於商瞿，且夫疑思問君子之道也。子貢不疑，何繇聞一貫？門人不問，何繇聞忠恕。彼謂不得於言，勿求於心，而欲於靜中養出端倪者，觀此亦可廢然返也夫！時康熙歲次壬申清和下浣，錫山同學弟張夏拜題於東林之麗澤堂。

◎序：自漢晉以來言易者無慮數百家，大約譚象數則宗馬、陸，探義理則主荀、王。至宋程子作《易傳》，謂得其義理則象數在其中，而兩家之岐途始合。朱子又以為先見象數方說得義理，不然事無實證則虛理易差，是朱子亦不敢遂以程子之說為一定而無可疑也。然則讀易者觀玩之餘，苟有心得，因抒其獨見以質諸天下後世，不愈以見易道之無窮而為聖賢之深許哉。吾友默菴汪先生承尊人惟晦先生庭訓，當舞象時即有志于聖賢之學，手錄性理書

若干冊朝夕研究，雖兵燹變亂猶置之懷抱間，時刻玩味不敢忘。及長至吳郡，以世父惕若先生介紹，遊于東林高彙旃先生之門，遂獲徧交姜、徐、嚴、袁諸君子。聞見既博智識益高，因知易為四聖人之精蘊，尤學人不可須臾離者。潛心探索，窮其旨趣，于傳義儒先之說不苟同不矜異，惟因象求理，每有創獲為前人所未發，證之於時勢，似必如此而後宜者，則筆而存之，積久成帙，名曰《讀易質疑》。自吳而楚，越四十年，孜孜汲汲，凡屢易稿，然猶不敢自是，常不遠數千里寄正于當代鉅公，如孝感熊敬脩相公，亟為許可。今年已七十矣，諸同人欲謀壽之梓以傳後世，謂余與先生幼同研、長同遊，知先生攻苦莫如余，遂以序言見屬。余惟先生一生精神全在此書，先生一生體驗亦全在此書，朱子不云乎，「人須是經歷天下許多事變，讀易方知各有一理精審端正」，又曰：「易大槩欲人恐懼修省，非必待遇事而占方有所戒，須平居玩味，看他所說道理，于自己所處地位合是如何，故云可以無大過」，若先生自少至老閱歷艱難困苦之境，與夫人情世態亦既多矣。雖老於青衿，未克伸其與民同患之志，而敦倫接物以及一言一動無不擬議于易，勤勤懇懇，以求合于中正而後已。是先生之于易真契乎朱子之所云而願學孔子者也。斯編具在，謂為先生心得之言可，謂為先生力行之譜亦可，彼紛紛于馬陸、王荀兩家之說固不足與辨，即或有疑于程朱《傳》《義》、不無小有異同者，則請於觀玩之餘，各自體驗而後審其離合之何如，幸勿執成見以議短長，致辜負先生之苦心。斯則余所望于讀易之君子也夫！是為序。時康熙辛巳夏五月端陽日，年家眷世小弟葉良儀頓首拜撰。

◎汪默菴讀易質疑序：易也者易也，變易而不窮也，簡易而可趨也，平易而近人也，非鉤深索隱、搜奇抉異、離合異同之謂也。故一畫既形，剛柔動靜包乎天地陰陽鬼神萬物，而吉凶悔吝生焉。聖人因之以明心性、立範圍、昭制度，愚夫愚婦日用飲食由之不能外。然其所以運行不息者，要在與時推移，先後不違也。伏羲承時以畫卦、文王審時以定位、周公因時以繫辭、孔子因時以作傳，在乾則曰六位時成，又曰終日乾乾，與時偕行。易之時義大矣哉。一卦之用與運會為盛衰，一爻之用與終身為進退。時之措行而不息，即易之變化而難測也。自學易者日多而易之說日紛，易之道終不能明於天下。觀象者推於占驗，探數者神於卜筮，詮理者晰於清言，且流於二氏，或失之浩渺，或失之幽隱。程子所謂隨時變化以成道者，幾人哉！後之人博稽汎涉，求其守一經而不可，《易》蓋益寡矣。汪子默菴，學宗濂洛，洞見本原，研精

於易三十餘年，成《讀易質疑》一書，諸家箋釋支離訓詁，嚴覈而駁正之，獨標一時字之義以探先聖之微旨。其言曰：「六經皆孔子所刪述，《易》則脩辭以垂訓，其旨為獨親焉。孔子，聖之時者也，仕遲久速，與時周旋，無不與易相為用也。或曰『子所雅言《詩》《書》執《禮》，獨不及《易》，必五十以學易，庶幾無過。易在孔子且不敢輕言，疑其為深微廣大，未易窺其涯際也。』不知《詩》《書》執《禮》為子所雅言，《易》則子之所躬行也。當其語門人曰『吾無行而不與二三子』者，非即實指以易之道乎？至詔賜以多學、呼參以一貫，皆因時啟其機以相導也，無非易也。」然則默菴既能得孔子之時以言易，亦猶是簡易可趨、平易可近、變易不窮也。易學已昭然於後學矣，又何疑之可質哉？彼世之一切鑿空弔詭荒唐幽渺以言易者可以悟矣。時康熙辛巳季夏，曌齋同學弟江皋頓首撰。

◎序：易肇於天地而成於四聖人，四聖人者心身渾然一天地，即是渾然一部易書，有以見夫造化之盈虛、陰陽之消息、人事之臧否、生物之榮枯、世運之升降盛衰、國家之禮樂兵刑治亂邪正、斯人之語默動靜出處進退經權常變情偽得失無非易理。故畫之卦、繫之彖爻、贊之十翼，先聖後聖其揆一也。漢晉諸儒未能心身體驗，或泥象數而流為讖緯，其失也誣；或闡義理而倡為清談，其失也誕。箋疏講注，紛紛言易而易愈褻而晦矣。自程子《大傳》、朱子《本義》出而易學乃歸于醇而不褻，易道自此永明而不晦。嗣是又有《大全》《蒙引》《存疑》諸書羽翼傳義，後之學者益得有所參互考究，窮微達渺而無難矣。雖然，學易而不實體驗於心身之間，徒務閱覽廣涉以資論說著述，矜博洽而弋聲譽，則自田何以下，言易者無慮數百家，如沉溟渤，汪洋浩瀚，橫無涯涘，探之茫茫，索之冥冥，無惑乎童而習之，白首而不得其原也。海陽汪子默菴先生，易學淵源承尊人惟晦公之庭訓，默識悅心，興然有得，爰謝時藝，殫精研思，沉潛反覆，逐卦逐爻逐字逐句，息心靜悟，設身處地，徹上徹下，徹古徹今，融會貫通，舉五經四子所載之嘉言善行、正史通鑑所紀之政事理亂，皆可證合於易。於是采諸儒之粹精，遵傳義之宗旨，其有不合者則折衷於己所獨見，大中至正之理著為定論，以發先儒傳義之所未發。其自序所云「無一時一事非易，如布帛菽粟日用飲食，不可須臾離也，可離非易也」，至哉言乎！是即《中庸》所謂「語大天下莫能載，語小天下莫能破」，鳶飛魚躍，舉目皆是也。非積數十年居安樂玩之功，詎能有此領會徹悟乎？讀其書可以想見其心身渾然、體備全易矣。此予世友姚陝山學使序曰「神而明

之，存乎其人」，洵不誣也（姚陝山尊人榕似公乃先大夫丁亥同譜）。匪惟伊川、
考亭諸先儒，即上溯羲、文、周、孔，亦可質之而無疑。而猶自視欿然，以
《質疑》名其書，其即夫子假年學易之心也乎。余家世授易，先王父文學孝
先公有手輯《定衡》一書，繙譯歲久，漫漶滅裂，幾於韋編三絕。先大夫儀部
省菴公有《大易集解》，先季父贈中書欽四公有《易義定本》，皆不幸早世，手
澤猶存。予少孤，耽耽於制舉業，數奇不偶，拓落無成，未能闡發先人之遺
經，闇汶無聞，真與草木同朽腐者。先生顧不鄙棄而屬予序，予何敢序先生
之書哉？！固謝不敏焉。既而思之，辱承先生之教，虛懷謙德，沁人心脾，義
當北面而奉為師資，爰匪凡卒讀，管窺蠡測，效夫子之贊易而贊之曰：汪子
之讀易，其至矣乎！致廣大而盡精微，窮理盡性至命之學具在是矣。請以復
之先生，其許我為知言否也？！時康熙癸未清和月，同學小弟迂菴張兆鉉拜
題於漢皋寓齋，時年六十有九。

◎讀易質疑序：人每言《易》最難讀，抑知六經惟《易》最易讀？何則？
蓋經無註則無門可入，有註則易讀矣。況五經皆註於後儒，惟《易》則註於孔
子。學易者熟讀孔子之註，以彖傳繹卦辭，以象傳繹爻辭，不求之高遠而求
之卑邇，則易何難讀之有？吾友汪默菴先生，先得此訣而自信甚篤，寢食於
《周易》者五十餘年，不覺手之舞足之蹈無非易也者。學問思辨惟易，應事
接物亦惟易，綱常倫理惟易，喜怒哀樂亦惟易。易之中富有而不窮，易之外
變化而莫測，真所謂渾身是易者矣。故於六十四卦三百八十四爻，析之極其
精而不亂，合之盡其大而無餘，讀易之功可謂勤矣。然其事易簡，其要在寡
過。寡之又寡，以至於無，要在敬慎不怠，懼以終始而已。雖然，讀易不難，
見易為難。程明道先生曰：「上天之載，無聲無臭，其體則謂之易。一語便可
見易，然而此體不可名狀，豈易見也哉？」高景逸先生曰：「易即人之心也。
今人有以易書為易，有以卦爻為易，有以天地法象為易，皆易也。然與自家
身心不相干，所以書自書、卦自卦、天地自天地也。要知此心體便是易，此心
變易從道便是易之用，所以六十四卦聖人說六十四箇以字，如君子自強不息
者以乾也，厚德載物者以坤也，非乾而何能自強不息，非坤而何能厚德載物？
餘卦又以時言之，君子所以如此者，以此時也。時者易也，總是以此也。以此
洗心退藏於密，以此齊戒神明其德，隨處是密，隨處是德，千變萬化而不離
乎是，所以自天祐之，吉無不利，而凶悔吝咎庶幾其能免矣乎！」而先生猶
自名其書曰《質疑》，此望道未見之懷，即文王衍易之心法也。吾願觀是書者，

先讀聖人之註以尋繹文周之辭，然後靜玩先生之發揮，自可以心相契合。萬不可以己之成見與先生相牴牾，而辜負先生覺世之苦心也。康熙癸未秋八月朔，紫陽同學弟施璜拜題於還古書院之歸仁堂。

◎序：不肖受質苴愚，解悟膚淺，兼有膏肓痼疾，不能深求聖賢之道。思索過當輒亢陽上炎，顛眩隨之，一切功隳半塗。嗟夫！天之所限莫可誰何也。然經傳諸書，學士家所共習者少，嘗涉獵疑義所存，每取衷於先賢注釋，幸有微言通竅，大義丕宣，未嘗不欣然有會，如春融凍解，目豁心開，依稀見作聖之門若此其近也。所愧拾人齒牙，道不根於自得，展卷淋漓，移時而逝，即追憶前言已不復得，況是訓而是行之乎？年來老益至、智益昏，思屏棄塵緣，枯坐一室，而劇火為祟，靜處益狂。間接古人，又復投其夙好，把玩怡情，暫且郤病。春季，竊欲撿先賢之書，無論朱陸異同，但居身涉世、顯切易遵者，輯而錄之。以《易》為萬理之源，當自《易》始。卒卒踰時，尚未舉筆。夏末，家文儀過陋室，自述所著，有《讀易質疑》二十卷，當先質疑於不肖，虛褒過情，赧赤甚久。自揣生平底裏，族黨共知，老而荒謬，故我復失。第宗風方替之日，吾家著述有人，固樂得其書而讀之。況讀易之志，先獲我心，尤不肖所寤寐求焉而未可必得者也？爰息念旬日，坐臥其下，每至從來糾結處必條縷明晰，晦塞處必徑路坦彝，阢陧處必源流精確，或意有別解而理歸大同，或論無大殊而旨有獨領，及乎平易中有神奇、淡泊中有精采，亦必宛轉盡致，不使有未剖之藏，遺古人之憾。總之，據孔聖之傳，釋文周之詞，故能以經還經，絕非穿鑿傅會者比。乃若天有四德五行，人有四端五典，故君臣父子之倫實稟命於繼善成性之初。孩提徵於知能，聖賢等於性命，而世教澆漓，輒相視為二義。文儀於躍淵履霜之際有隱憂焉，有峻防焉。《春秋》成而亂賊懼，此一書也，豈非大經大法之攸存者乎？方今神徂聖伏，泰山之神久虛，一二明師良友又久謝人羣，間有所窺，無從考質，止於抱樸不言，其有所疑，亦重扃固鑰，懷愚情以終古已矣。何意衰宗後彥，英英遠到，有如我文儀者乎！曩聞其足跡所至，訪謁名賢，有所師者若而人、所友者若而人，宜其探理醇正，秉議端方，嚴嚴翼翼，足為人倫之表，行事而既深切著明矣。是書也，固宜其源清而流潔也。不肖耄矣，無謂我耄而舍我，時有所教，牖愚如相瞽，是不肖所厚望於我文儀也夫！時康熙乙卯相月穀旦，愚再叔之楨題於密閑軒中。

◎說易私質：

　　《易》之為書，至矣大矣，每稱難讀，然他經皆是後儒詮釋，豈無掛漏出入之處？惟《易》乃吾夫子手筆，以經註經，如《彖傳》則先將羲皇命名及兩卦推盪妙理細細剖析，然後將卦體卦德卦象卦變之精蘊逐句逐字搜剔而詮之，規模次第，無幽不抉。至于爻辭之奇肆隱險，夫子則一一歸之于理，或提其要，或原其故，或言外申明，或意中別寄，平易明白，字順文從，為古今註疏之祖，原有門戶堂室可為依據。學者只以夫子之言為宗，反復玩味，自當融洽貫通，有不知手之舞之足之蹈之之趣矣。苟欲抗心于夫子所不言者，必為深求，猥云「當尋心地於羲皇，勿盤旋腳跟于周、孔」，愈深研愈穿鑿，愈附會愈支離，枉費工夫，于身心何補？無怪乎其難通且不易讀也。

　　《易》為易簡之學、寡過之書也。聖人看得道理親切，難以言盡，以憂患之心察民之故，借陰陽剛柔淑慝消長之道，寫出衰世愛惡情偽，使人知所取舍變通，又因屈信往來盈虛消息之妙，模出語默行止次第，使人知所鼓舞趨避，無非君臣父子夫婦昆弟朋友之倫，無非富貴貧賤患難之境，無非喜怒哀樂之節，無非禮樂刑政兵戎之事，舍子臣弟友，無所為道；舍學聚問辨、寬居仁行，無所為學；舍誠正修齊治平，無所為用；舍戒慎恐懼，無所為教；舍庸言庸行，無所為上天之載。雖明天道，實本人事。大而治亂興亡，小而趨吉避凶，精而盡性至命，麤而語默動靜，無一時無一事非易。如布帛菽粟日用飲食，不可須臾離也，可離非易也，句句字字皆有實用。竊怪今說易之家，謂易以道陰陽，務以圓妙幽渺籠罩影響，如捕風如捉影，無當實用，故愚竊以為學易須就平近切實處用功方不差了路逕，若眼光只向陰陽字面上鑽研，烏得不以幽深圓妙為能？究與聖人作易之意全不相涉。

　　所謂寡過者，不先不後，無過不及，恰好而當其可之謂也。蓋易中有剛柔之才，有中正之德，有上中下之位，有遠近之勢，有先後遲速之時。事之非者，聖人所不道；即其是而可行者，有其才而無其德，不可為也；有其才有其德而無其位，不可為也；有其才有其德與位而無其勢，不可為也；有其才德，有其位與勢而時未至，不可為也。斯為寡過之道也。子曰「侍于君子有三愆」，所謂愆者，豈不善之言乎？又如六禮備而後成婚，固也；然婚之日、婚之夜、婚之三日、婚之三月各有其時，不容先不容後也。推之天下之事無不有其恰好而當其可之候也，而可須臾離乎？惟不可須臾離，故雖愚夫愚婦無不可與知與能，烏可以吾夫子且假年學易，遂謂夫子晚而方喜易，非其所雅言？若學者未嘗經歷世變，遽欲學易，亦卒難理會，且卒不得其用也。此說倡而易

道晦矣。其原皆抗心于高遠，不肯從切實平易處用功。知此始可與言易為寡過之地。康熙戊辰八月中秋日，泊彭蠡湖小舫中棘人汪璲謹識。

◎跋：讀易而何以質疑為也？鈞嘗聞諸家大人曰：「易學之難言匪自今矣。卦畫作於羲皇，歷千萬年，吾夫子何獨以易興歸諸中古乎？說者謂前此未嘗有辭，至周而後有辭也。唯是《連山》之首艮、《歸藏》之首坤，豈皆有卦而無辭乎？意者不過占兆之繇耳。至中古之聖人，始有以默契。夫設卦立象之意，有非占兆之繇所能窺。爰即卦爻之下之辭，借天道以指人事，大而治亂興亡，小而語默動靜，遠而天下萬世，近而朝夕日用，無不一一備于辭中而無餘蘊。信哉其至周而始興乎！顧周有易矣，一王之制所當恪遵，何以太卜尚有三易之掌？《左氏》所載卜筮之文，其以《周易》斷者十不一二焉，豈不以《周易》專明夫理，誠學者之不可須臾離而非等于術數之書乎？無如後之人高者厭近而求遠，卑者舉一而廢百，從事韋編，而曾不以居安樂玩為事，務求夫過之何以寡。猶或枉其用心思于無用之地，非涉于荒渺，則失於牽附，栩栩焉以為易在是矣。易其果在是歟？」家大人有見于此，故洗心退藏，歷四十餘年寒暑晝夜，憂樂愉戚，造次顛沛之頃無碑碑索，祖十翼而宗傳義，融經貫史，昭昭然黑白分矣。而後諸說之少近迂隱、無當實用者，寧闕而弗登，蓋實從體驗自得之餘發為平易中正之論，不謬不悖，其足以徵信而行遠也，審矣。或有疑其間附己意與程朱少異者，不知此正《質疑》之所以名篇也。若徒隨聲附和、依文演義，則亦何疑之與有？薰凡六七易，質諸有道，深相推許，而家君則欿然不敢遽出。辛巳之秋，家君壽晉七十，諸同志謀所以為家君壽者，僉謂家君一生學力萃于此編，則其所以壽身而壽世者，全在此編。苟抑而弗彰，吾輩能無與有責乎？祖伯公煒，仁孝人也，喬寓中湘，與家君道契，視不肖為猶子者二十餘年矣。聞之，遂欣然為梓首卷倡之。不一載而全編告竣，誠諸君子之大有造于斯編也。其嘉惠後學之心不與家君著述之意竝垂千古也哉？小子不敏，一經潦倒，鬢斑無成，感佩之餘，敬述其始末年月，且誌明德云。康熙癸未中秋日戊子，男鈞百拜謹識。

◎戴名世《南山集》卷四《讀易質疑序》：「九師興而易道微，三傳作而《春秋》散」，善哉文仲子之論也。《易》之為書廣大悉備，而其變動不居、不可以為典要，自聖人已言之，是故淺學曲士一切瑣屑紛紜術數之說皆得托之於易。雖皆不可謂非易之所有，然徒執區區以言易，則已非易矣。易之理至《程傳》而明，至《本義》而益大明。然而年湮世遠，師傳歇絕，自晚周至宋

凡千餘年，伊川、考亭鑽研反覆，得其不傳之意，而著之為書。其書出於草創之際，豈無十之二三與文王、周公、孔子之本旨不相比附者？世苟有通經學古之士潛心冥會融釋貫通，其於程朱繼志述事能補其所未及，是亦程朱之功臣也。若乃騁其私見小慧、支離曼衍，顯無忌憚而務求勝於古人，是乃所謂叛臣者也。其或讀古人之書而阿諛曲從，不敢有毫髮之別異，是乃所謂佞臣者也。佞之為古人之害也與叛等。吾友汪君聖功出其族人默莽氏所著《讀易質疑》示余。余讀之，實有獲於余心焉。其書折衷群說而一以朱子為宗，條分縷晰，燦若黑白。而據文疏義，引伸觸類，時亦有補朱子所未及者。可謂善繼其志、善述其事，非叛而亦非佞者矣。吾故以是書為不愧朱子之功臣也。余自幼學易，迄今未有所得，默莽是書，要亦不可謂無助者，故不辭聖功之請而樂為書之。

◎彭紹升《二林居集》卷十九《儒行述》：所著書甚具，一以雒閩為宗。其《讀易質疑》尤見推於時。

◎《湖北文徵》第八卷王一寧《讀易質疑序》（康熙戊子春）：默庵先生《讀易質疑》，惟注乾坤否泰六卦，殆深之乎易而質之也。但未知果僅僅乾坤六卦如周元公所傳乾損益動數條而止，抑或如度氏年譜所稱有姤說同人諸說，致疑月巖有不傳之書乎？

◎李元度《國朝先正事略》卷二十八：其《讀易質疑》尤見推於時。

◎《小腆紀傳》卷第六十五：年十六即手錄先儒書，昕夕省覽。既長，篤於躬行，言動必秉成法。所著書甚具，一以洛閩為宗。其《讀易質疑》尤見推於時。卒年七十四。

◎楊鐘羲《雪橋詩話》卷二：新安汪璲默菴與高彙旃、吳徽仲、汪惕若、徐俟齋為師友，善言易，有《讀易質疑》二十卷，高寄詩有云：「游吳握手皆奇士，還里論心有碩儒。」

◎四庫提要：其書置象數而專言理，其凡例有云：「今說易之家謂易以道陰陽，務以圓妙幽渺龍罩影響，如捕風如捉影，無當實用。故愚以為學易當就平實切近處用功」云云，其宗旨可見。故隨文詮釋，無所穿鑿，而亦無所發明。卷末《雜卦》一篇有錄無書，疑裝緝者偶脫云。

◎道光《徽州府志》卷十五《藝文志・休寧》：汪璲《讀易質疑》十二卷。

◎民國《歙縣志》卷十五《藝文志・書目》：《讀易質疑》《儀典堂文集》（俱汪璲）。

◎民國《夏口縣志》卷十三《人物志》一《儒林》：生平不妄交遊，所師友者，錫山高彙旃、孝感熊文端公、湘潭陳恪勤公、紫陽吳徽仲、鴻川汪惕英、吳趨徐俟齋數君子而已。所著《讀易質疑》二十卷，凡八易稿，孝感稱之，以為大有功於四聖。年七十四卒，疾革前數日仍手答吳門蔡九霞論格物致知之義數千百言，則生平所養可知矣。著有《悟餘漫錄文集》《悠然草詩集》《儀典堂文集》《大學章句釋義》《周易補注便讀》《月讀問答》各若干卷。

◎周按：王紹曾先生《清史稿‧藝文志》易類拾遺：《讀易質疑》二十卷。任瑑撰，康熙間刻本。《販書偶記續》。

◎汪瑑，原名潛，字文儀，號默庵，晚號頑叟。先世居安徽休寧金壈，至瑑已占籍江夏（今漢口），為武昌府學庠生。肆力理學，潛心文章，躬行實踐。與高世泰、吳曰慎等以師友相待，尤嚴於陽儒陰釋之辨。與湘潭陳鵬年論易，反復闡明吉凶消長進退存亡之道。嘗主講東林書院。所著書一以洛閩為宗。又著有《語餘漫錄》十九卷附集二卷、《悠然草詩集》、《儀典堂文錄》、《大學章句繹義》、《月課問答》、《評點學蔀通辨》。熊賜履撰有《汪文儀傳》。

汪瑑 周易便蒙 六卷 稿本 存

國圖藏康熙三十四年（1695）稿本（與讀易質疑合訂）

國圖藏清鈔本

汪瑑 周易補注 佚

◎光緒《重修安徽通志》卷二百十九《人物志‧儒林》二：又有《大學章句繹義》《周易補注》《學蔀通辨》《語餘漫錄》《悠然草》諸書。

汪瑑 周易補注便讀 佚

◎道光《休寧縣志》卷之十二《人物‧碩儒》：流寓江漢，築密窩潛心玩易，實從人事中體驗聖人前民同患之旨，著《周易質疑》二十卷，凡八易稿而始定……所著又有《語餘謾錄》《悠然草》《大學章句繹義》《周易補註便讀》《評點學蔀通辨》諸書。

汪琬 易經解 一卷 未見

◎浙江師範大學李韋瑤《重拾考據之學：明清文獻深度整理研究的關鍵

因素》——《讀〈汪琬全集箋校〉有感》：著有《古今五服考異》八卷、《喪服或問》一卷、《詩問》一卷、《易經解》一卷、《易問六十則》《春秋雜義》及《春秋論》一卷（後三種刻入《前後類稿》、《續稿》，未單刻行世）。

　　◎汪琬（1624～1690），字苕文，號堯峰，晚號鈍翁、鈍庵、玉遮山樵。江南長洲（今江蘇蘇州）人。少孤，力學，遂工文。順治十二年（1655）進士，歷官戶部主事、刑部郎中。康熙十八年（1679）舉鴻博，授翰林院編修，與修《明史》。以疾假歸，結廬堯峰山，閉戶著述，益以文章為己任，論者謂歸有光之後一人而已，又稱其文祖廬陵而禰震川，為清初古文三大家之一。於《易》《書》《詩》《春秋》《三禮》《喪服》皆能條貫。又著有《古今五服考異》八卷、《喪服或問》一卷、《詩問》一卷、《春秋雜義》一卷、《春秋論》一卷、《擬明史列傳》、《堯峰文鈔》、《鈍翁前後類稿》六十二卷《續稿》五十六卷。

汪琬　易問　一卷　未見

　　◎浙江師範大學李韋瑤《重拾考據之學：明清文獻深度整理研究的關鍵因素》——《讀〈汪琬全集箋校〉有感》著錄。

　　◎六十則。

　　◎易順鼎《易順鼎詩文集》卷二十三《國朝文苑傳·汪琬》：琬曰：「學問貴有師承，議論貴有根據，出處貴有本末。」人謂能踐其言，而毛奇齡獨譏琬私造典禮，閻若璩又譏琬所為詩，比之明陳繼儒。然琬故不以詩名也。

汪憲　易說存悔　二卷　存

　　南京藏清鈔本（丁丙跋）

　　◎周易擬議引：

　　《傳》曰擬之而後言，議之而後動，擬議以成其變化。擬者擬其象，議者議其辭，變在象中，占在辭中，居則觀象玩辭，動則觀變玩占，義本相承。

　　聖人設卦觀象，繫辭焉而明吉凶。乾坤設卦也，二卦不言象，象即在卦中。元亨利貞、元亨利牝馬之貞云云，繫辭也。小畜、履，設卦也。密雲不雨、自我西郊、履虎尾不咥人，觀象也。二卦皆言亨繫辭也，餘卦倣此。

　　參伍以變，錯綜其數。參以變，則錯其數，中四爻是也，昔人謂之互卦。伍以變，則綜其數，初至五五爻、二至上亦五爻是也，愚謂之肖卦（具體而微）。五絲相比，《詩》言五紽、五緎是也。

初辭擬之，卒成之終。此言五爻待初上乃成卦，所謂五以變化。

若夫雜物撰德，辨是與非，則非其中爻不備。此指中四爻互卦，所謂參以變也。

剛柔相推而生變化。變者自此而之彼，即往來內外之說，先儒所圖卦變是也。化者剛化為柔、柔化為剛，如貞乾悔姤、貞坤悔復是也。變化對舉，其義自殊。若專言變，變可該化。自漢以來儒者說易之病，可一言而盡之，曰：調停經傳。文王作彖辭，今不求之彖而執《彖傳》以解彖，是有孔子之易而無文王之易矣；周公作爻辭，今不求之爻而執《爻傳》以解爻，是有孔子之易無周公之易矣。至于每卦大象取義，全不泥卦辭，先儒已言之。愚謂解彖辭不但不必泥《彖傳》，並不必泥爻辭。但求諸本卦，再求諸變化之卦，于其相承相反相似者反覆觀之，自豁然貫通，得文王設卦觀象繫辭之微旨。若解爻辭不必泥傳，然須參觀彖辭（爻辭有不與象合者，亦有與象合者）。

惟聖人能知新學者，且求其故。孔子作傳多取文王、周公言外之意，或補所未及，或推所從來，雖述也，實作也，當別為孔子之易。學者則當依文立義，解象則就象辭，解爻則就爻辭，所謂求其故也，勿躐等牽引（漢儒解經謂之故）。

《詩》云：「天生烝民，有物有則。民之秉彝，好是懿德」，孔子曰：「為此詩者，其知道乎？故有物必有則。民之秉彝也，故好是懿德」，何等通脫，豈屑沾沾于語言文字？（解鳲鳩之詩當亦相類）其傳易也亦然，故曰引而伸之觸類而長之。

畫卦猶文字。書有六義，卦亦相似。頤之類象形、訟師之類指事也，屯蒙之類會意也，晉夬之類諧聲也、損益之類假借也，家人次睽、明夷次晉之類轉注也。

坎一陽在地中，水由地中行，江淮河漢是也，流水也，有泉之水也（下偶象泉）。兌一陰在天上，若時雨降，民大悅也；其瀦于地則潦水也，無泉之水也。孔子《彖傳》《象傳》以坎為雨，玩經恐當以兌為雨。說在小畜（雨可云既，不可云陰）。

六子撰德，皆以陽爻立意。震動坎陷艮止固已，巽以二陽遊得名（三畫之終猶六畫之遯，遯猶遊也，四陽在外之象），離以二陽離得名（猶離坐離立之義），兌以二陽木得名（兌，銳也。三畫之兌猶六畫之大壯。大壯者，剛壯也，本壯而木弱則銳）。傳曰：「巽，入也；離，麗也。」則以陰爻立義。

文王、周公設卦觀象。設，陳設也，象從卦出，或本卦象，或本卦體，或本卦德（三畫），皆自陳卦悟來。今《說卦傳》第八章至十一章乃孔子據卦爻辭指點，且及于經文之外，非文王、周公以《說卦傳》為譜而遇象填用也。前人往往有以經傳傳者。

中正二義，孔子作傳又推本于剛柔上下往來內外有應無應，皆前聖引而未發之精意，此孔子之易也。

傳有與經同義者，當據傳以證經；傳有與經殊義者，不當屈經以就傳。

錢塘汪憲述。

◎邵晉涵《南江文鈔》卷十一《易說存悔提要》：《易說存悔》二卷，國朝汪憲撰。憲字千陂，錢塘人，乾隆乙丑進士，刑部陝西司員外郎。憲謂學易期於寡過，欲過之寡，唯在知悔，悔存而凶咎漸消，可日趨於吉，故以存悔顏其齋，而所著易說即題曰《存悔》。所說唯上下經，有擬議數條列於卷首，譏自漢以來儒者說易之病在調停經傳：文王作彖辭，今不求諸彖而執《彖傳》以解彖，是有孔子之易無文王之易矣；周公作爻辭，今不求諸爻而執《爻傳》以解爻，是有孔子之易無周公之易矣。孔子作傳多取言外之意，當別為孔子之易，雖述而實作也。夫自宋儒好言圖位，欲高其說於文周之上，故謂四聖各自為易，憲敷衍其說，遂謂孔子異於文周，殊不知傳以翼經，漢儒以《彖／象／文言傳》解釋上下經，義相貫通，遠有端緒，今乖離經傳而反譏漢儒為調停，可乎？然此書兼取互體，尚能自抒所見，如損益二卦中明人事以見盛衰之始，議論明晰，雖前後多沿舊解，要屬沈潛經訓而有得者也。

◎乾隆《杭州府志》卷五十七《藝文》一：《易說存悔》二卷（國朝刑部員外郎錢塘汪憲千波撰）。

◎四庫提要：是書大旨謂學易期於寡過，欲過之寡，唯在知悔，悔存而凶咎漸消，可日趨於吉，故以「存悔」顏其齋，以名其易說，蓋即耿南仲《周易新講義》以無咎為主之意。所說唯上下經而不及十翼。前有擬議數條，譏「自漢以來儒者說易之病在調停經傳：文王作《彖辭》，今不求諸彖而執《彖傳》以解彖，是有孔子之易無文王之易矣；周公作爻辭，今不求諸爻而執《爻傳》以解爻，是有孔子之易無周公之易矣。孔子作傳多取言外之意，當別為孔子之易，雖述而實作」云云，亦朱子「不可便以孔子之易為文王之易」之舊說也。夫傳以翼經，必依經以立義，故《釋名》曰：「傳，傳也。」案上「傳」字去聲，下「傳」字平聲，以傳示後人也。」朱子作《詩集傳》，不能不依詩

立義，即分《大學》為一經十傳，亦不能曰此曾子所傳孔子之《大學》，此門人所傳曾子之《大學》也，何至於易乃曰孔子之傳必異於文王之經乎！

◎汪憲（1721～1771），字千陂（波），號漁亭。浙江錢塘（杭州）人。乾隆十年（1745）進士，出嘉興錢陳群門下。官刑部主事，遷陝西員外郎。自明季遷杭，家代有藏書，與湖州嚴可均、杭州鮑廷博、朱文藻等相友，討論疑問，流通有無，切磋問學。嘗謂學易期於寡過，欲過之寡，惟在知悔，悔存而凶吝漸消，故題書齋為存悔齋。又著有《說文繫傳考異》四卷附錄一卷、《苔譜》六卷、《振綺堂書目》四卷，輯《宋金元明賦選》。

汪燮 易說 佚

◎同治《黟縣三志》卷七《人物志・文苑傳》：晚精易義，並工吟詠。著有《易說》及《森玉山房詩草》。

◎同治《黟縣四志》卷十二《藝文志》上《經部》：汪燮《易說》。

◎同治《黟縣三志》卷十二上《雜志・書籍・現在採訪書目・經部》：汪燮《易說》。

◎汪燮，字復齋。安徽黟縣宏村人。

汪學聖 問易 佚

◎道光《休寧縣志》卷十四《人物志・績學》：所著有《問易》《思誠錄》等書。

◎道光《徽州府志》卷十五《藝文志・休寧》：汪學聖《問易錄》一卷。

◎道光《徽州府志》卷十一之四《人物志・文苑》：所著有《問易》《思成錄》等書。

◎陸隴其《三魚堂剩言》卷八：又《通志》所載江知默字月巖、汪學聖字惕若，皆有志於學而以梁溪為宗者。

◎徐承禮《小腆紀傳補遺》卷第三：（高世泰）晚年以東林先緒為己任，葺道南祠、麗澤堂於梁溪，與從子愈等講習其中。祁州刁包往返論學，尤莫逆，有「南梁北祁」之目。歙人汪學聖者，所學近禪，既至梁溪，乃大悟前失，其同里施璜、汪璲、吳慎、汪知默、陳二典、胡淵、汪佑、朱宏輩方講朱子之學於紫陽書院。

◎汪學聖，字惕若。安徽休寧洪方人。長沙廩生。與金正希為筆硯友。後從高世泰講學無錫，歸而會講紫陽、還古兩書院。以為發明孔孟程朱之道

必求躬行實踐。

汪延造　周易解義　佚

◎民國《潛山縣志》卷二十七《藝文志》：《周易解義》（清汪延造著）。

◎民國《潛山縣志》卷十四《人物志》三《文苑》：晚築博易齋專事著述，有《周易講義》《兼山堂集》《史學三筆》《醫家圖說》《星卜要訣》行世（《江南通志》）。按王延造《省志》汪誤王。

◎康熙《安慶府志》卷十九《文學傳》：晚築博易齋專事著述，有《周易圖說》《周易講義》《四書講義》《兼山堂集》《史學三筆》《醫家圖說》《星卜要訣》行世。

◎汪延造，字深之，別號懶聖。安徽潛山人。博習羣書，善屬文，工辭賦。人謂其文可作四書五經讀，一時名士翕然從之。嘗與史可法朝夕論事，上六書於史可法。又遊黃道周、譚貞默之門。貞默與之著《見聖篇》《二十一史說》。

汪延造　周易圖說　佚

◎民國《潛山縣志》卷二十七《藝文志》：《周易圖說》（清汪延造著）。

◎康熙《安慶府志》卷十九《文學傳》：晚築博易齋專事著述，有《周易圖說》《周易講義》《四書講義》《兼山堂集》《史學三筆》《醫家圖說》《星卜要訣》行世。

汪有訓　周易句解　佚

◎道光《徽州府志》卷十五《藝文志》：汪有訓《周易句解》。

汪于沚　周易剩義　十二卷　佚

◎道光《徽州府志》卷十五《藝文志·婺源》：汪于沚《周易剩義》十二卷。

◎汪于沚，安徽婺源（今屬江西）人。著有《周易剩義》十二卷。

汪元璜　易經解　佚

◎道光《徽州府志》卷十一之四《人物志·文苑》：著有《易經解》。著述存於家。

◎汪元璜，字用濱。安徽婺源（今屬江西）段莘人。性孝友穎異，力學工文。乾隆癸酉登賢書。

汪兆柯 讀易總論 佚

◎光緒《黃岡縣志》卷之二十三《藝文志》：汪兆柯《讀易總論》一卷。

◎汪兆柯，字則亭。湖北黃岡人。嘉慶辛未進士，官羅定州知州。又修道光《東安縣志》。

汪兆柯 周易辭象合參 十一卷 圖說一卷 存

道光二十三年（1843）存誠堂刻本

◎周易辭象合參自序〔註24〕：《易》為四聖人之書，四聖各有易：伏羲畫卦，卦即易也；文王觀象而繫辭，辭即卦也；周公觀爻象而作爻辭，辭即爻也。孔子《彖傳》《象傳》《文言》《繫辭》《說卦》《序卦》《雜卦》雖通釋易義，然有即文王辭中之意而引伸之者，有文王所未言特揭以示人者。其引伸之者如伏羲、文王，祇有乾，坤、震、巽、坎、離，艮、兌八卦之名，孔子即有天、地、雷、風、水、火、山、澤之象。羲、文祇有奇耦之畫，孔則有陰陽、剛柔、健順、動入、險麗、止說之說。伏羲有卦象，文王作彖辭，周公作爻辭，孔子作彖傳、象傳皆羲、文卦畫卦辭中所含蘊，孔子引伸之者也。其未言者，如卦象，文王繫辭未言象，孔子即即卦之上下兩象而以人事釋之。又如姤之卦辭言女壯，勿用取女；彖傳則言天地相遇，品物咸章。歸妹卦辭言征凶，無攸利，彖傳則言歸妹天地之大義，人之終始。睽之卦辭言小事吉，象傳則言天地睽而事同，男女睽而志通，萬物睽而事類。後人因疑孔子與文王有異同，不知文王統繫一卦之辭，孔子旁通一卦之蘊。凡十翼傳文，無非曲盡易之理，旁通六十四卦之蘊也。是易至孔子發明之後，更無余蘊。任後人言象、言數、言理，總不出範圍之中。向使孔子無翼易之功，則易之義從何處推求？除卜筮外即為無用之書，而易道幾廢矣，何以垂教萬世哉！後之人言象數者昧乎義理，言義理者遺乎象數，皆未盡乎易之理也。旨哉《繫傳》之辭曰：「君子居則觀其象而玩其辭，動則觀其變而玩其占」，任後人學易、用易，總不出此二語。至矣，盡矣，無以易矣。今本此意以輯註，即取以名篇。

〔註24〕又見於光緒《黃岡縣志》卷之二十三《藝文志》，《湖北文徵》亦收錄。

◎周易辭象合參後序〔註 25〕：易自費直、鄭康成合《彖》《象》《文言》於經，王輔嗣又取爻之象、辭各附當爻，而古易淆亂。程子從輔嗣之書而為《傳》，朱子從呂伯恭古易而為《本義》，本不相混也，自明初取士易學兼用程、朱，永樂中修《周易大全》，取朱子卷次割附《程傳》之後，於是朱子所定之古本仍復淆亂。成化間，姑蘇成矩為奉化教諭，以學者苦《程傳》過繁，艱於記誦，專習《本義》，因取《大全》刪去《程傳》，又不從朱子原書。終明之世，無更正之者。至我朝聖祖仁皇帝御纂《周易折衷》而後，三百年淆亂之書復歸於正。但成學之士咸知披閱古經，而鄉曲小學，質多椎魯，翻校苦難，案頭肄業之《本義》仍係成矩之書，蓋取其尋省易了，以便初學。今《辭象合參》原名《講義》，以《本義》辭意高渾，學者驟難聆解，緣推廣《本義》之意而補其所未盡，庶幾於聖經逐字逐句皆有所發明。惟於周公爻象參以互變及《象傳》往來二字，不從卦變之說而宗《繫辭》乾坤合德之旨，為小異耳。

◎光緒《黃州府志》卷三十二《藝文志》：《周易辭象合參》四卷，黃岡汪兆柯撰（《縣志》）：後之人言象數者昧乎義理，言義理者遺乎象數，皆未盡乎易之理也。旨哉《繫傳》之辭曰：「君子居則觀其象而玩其辭，動則觀其變而玩其占」，任後人學易、用易，總不出此二語。至矣，盡矣，無以易矣。今本此意以輯註，即取以名篇（節錄）。

汪兆柯 周易圖說 佚

◎光緒《黃岡縣志》卷二十三《藝文志》：汪兆柯《周易圖說》一卷。

汪宗沂 京氏易略 不分卷 存

安徽藏鈔本

◎汪宗沂（1837～1906），字仲伊，一字詠村，號弢（韜）廬、天都老少年。安徽歙縣西溪人。早受業臨川李聯琇，從儀徵劉文淇研漢學，從桐城方宗城治宋學。又自鑽經學，博覽群書。光緒二年（1876）舉人。光緒六年（1880）年進士。任山西知縣，受聘忠義局編纂。嘗入直隸總督李鴻章幕，後辭歸。先後主講安慶敬敷書院、蕪湖中江書院、徽州紫陽書院，有「江南大儒」之譽。弟子甚眾，如黃賓虹、許承堯、汪德淵、鄭履端皆出門下。據民國《歙縣志》

〔註 25〕錄自光緒《黃岡縣志》卷之二十三《藝文志》，《湖北文徵》亦收錄。

卷十五、《皖志列傳稿》卷五劉師培撰傳，又著有《詩說》一卷、《詩經讀本》三卷、《尚書合訂》（《尚書今古文輯逸》）六卷、《禮樂一貫錄》一卷、《逸禮大義論》六卷、《逸齊論語》一卷、《孟子釋疑》一卷、《孝經十八章輯傳》一卷、《五聲音韻論》、《聲譜》一卷、《尺譜》一卷、《程可山先生年譜》一卷、《管樂母音譜》、《漢魏三調樂府詩譜》一卷、《管籥元音譜》二卷、《金元十五調南北曲譜》一卷、《旋宮四十九調譜》一卷、《韜廬隸譜》一卷、《後緹縈南曲》一卷、《韜廬文稿》、《韜廬詩略》二卷、《黃海前遊集》一卷、《韜廬劍譜》一卷、《武侯陣法輯略》一卷、《衛公兵法》三卷附一卷、《三家兵法》五卷、《三湘兵法》一卷、《太史公兵法逸文》、《黃庭經注》一卷、《道德經實注》、《汪氏原姓篇》一卷、《今文存真》、《今古文輯逸》、《傷寒論病論合編》二卷、《雜病論輯逸》、《雲氣占候篇》二卷、《握奇圖解》一卷、《龍經校注》一卷、《葬經校注》一卷。袁昶《于湖題襟集》文一收錄汪氏《屯師既濟三卦大象通說》一文。

◎劉師培《清儒得失論》〔註26〕：浙有俞樾、孫詒讓深於訓故之學，疏理羣籍，恪宗戴、王。樾作《古書疑義舉例》，足袪千古之惑。詒讓作《經迻》、《札迻》，略與樾之《平議》相類，而審諦過之。其《周禮正義》蓋彷彿金榜、胡培翬間。又東粵簡朝亮，承次琦之緒，以己意說經，進退眾說；徽州汪宗沂，徧治羣經，不立家法，尤善治平之略，精研禮樂兵農，以備世用；義烏朱一新，黜漢崇宋，尤斥今文。此數子者，朝亮蟄居雒誦，以降志為羞；宗沂依隱玩世，敢為駭俗之言；一新尚氣而競名；樾名尤高，湘淮諸將，隆禮有加；詒讓不隕先業，間為鄉閭興利。今文之學昌於南方，而桐城古文，復以張裕釗、吳汝綸之傳，流播於北。此近世學術變遷之大略也。

汪宗沂 十翼逸文 一卷 佚

◎民國《歙縣志》卷十五、《皖志列傳稿》卷五劉師培撰傳著錄。

汪宗沂 周易乾坤誼 一卷 佚

◎民國《歙縣志》卷十五《藝文志·書目》：《周易學統》九卷、《周易乾坤誼》一卷、《尚書今古文輯佚》六卷、《詩經讀本》三卷、《逸禮大義論》六卷、《孝經十八章輯傳》一卷、《十翼遺文》一卷、《逸齊論語》一卷、《孟子釋

疑》一卷、《黃庭經注》一卷、《汪氏原姓篇》一卷、《握奇圖解》一卷、《傷寒論病論合編》二卷、《葬經校注》一卷、《龍經校注》一卷、《三家兵法》一卷、《三湘兵法》一卷、《程可山先生年譜》一卷、《聲譜》一卷、《律譜》一卷、《劍譜》一卷、《尺譜》一卷、《禮樂一貫錄》一卷、《漢魏三調樂府詩譜》一卷、《管籥元音譜》二卷、《金元十五調南北曲譜》一卷、《旋宮四十九調譜》一卷、《韜廬隸譜》一卷、《後緹縈南曲》一卷、《黃海前遊集》一卷、《韜廬詩》二卷（俱汪宗沂）。

汪宗沂 周易學統 九卷 存

> 國圖藏清鮑錫章刻本
> 南京藏稿本（不分卷）
> 山東藏清末刻本（佚名批校）
> ◎附：日卦表、月卦表、來卦表、十翼遺文。
> ◎同治《黟縣四志》卷十四《雜志・文錄》載王元瑞《太乙籌算淘金歌序》（摘錄）：汪京卿故知易，以其請卜不吉，則預戒焉。吾旋里，值汪京卿主講碧陽書院，得相見。一日與吾言及洪大令請卜事，始悉其學易已五十年，致有《周易學統》一書刊行於世。吾於書披誦之，益加敬焉。汪京卿有時過吾廬，手一卷示曰：「此為《太乙籌算淘金歌》，乃宋進士邱濬所撰。予易學由其入門，是卷可傳也。

汪□ 周易釋傳

汪□輯 陸氏易解 一卷 存

> 易學六種本（鈔本）
> ◎三國吳陸績原撰。

汪□輯 干氏易傳 三卷 存

> 易學六種本（鈔本）
> ◎晉干寶原撰。

汪□輯 易學六種 二十八卷 存

> 浙江藏清蕭山汪氏環碧山房鈔本

◎子目：陸氏易解一卷，三國吳陸績撰。干氏易傳三卷，晉干寶撰。易學濫觴一卷，元黃澤撰。周易口訣義六卷，唐史徵撰。吳園周易解九卷附錄一卷，宋張根撰。易原八卷，宋程大昌撰。

王保訓輯 京氏易 八卷 存

北大藏嘉慶五至十二年稿本光緒刻木犀軒叢書本

◎卷首題：漢魏郡太守京房撰。庚申科舉人、充實錄館校錄、候選知縣王保訓集。

◎目錄：卷一周易章句。卷二易傳。卷三易占上。卷四易占下。卷五易妖占、易飛候。卷六別對災異、易說、五星占、風角要占。卷七外傳。卷八災異後序、周易集林、易逆刺、律術。

◎嚴可均《鐵橋漫稿》卷五《京氏易敘》：《京氏易》八卷，無錫王氏保訓輯本也。《漢魏叢書》有《京氏易傳》三卷，王氏於三卷外采錄遺文得四萬許言，尋以病卒於都下，其同年友嚴可均理而董之，正其訛，補其闕，仍分八卷，繕寫而為之敘曰：易以道陰陽，有陰陽即有五行。孟喜受易家陰陽，立十二月辟卦，其說本於氣，以準天時、明人事。授之焦贛，焦贛又得隱士之說五行消復，授之京房。京房兼而用之，長於災變，布六十四卦於一歲中，卦直六日七分，迭更用事，以風雨寒溫為候，各有占驗，獨成一家。孝元立博士，迄東漢末，費直行而京氏衰，晉代猶有傳習者，至《隋志》亡段嘉十二篇，《唐志》又亡災異六十六篇之四十三篇，歷宋入明，而《漢志》之八十九篇僅存三卷，蓋京氏學久廢絕矣。此由士夫隨俗，好言禎祥諱言災變，占候非利祿所需，故古書日亡，即存亦置不省覽，積漸使然也。然而《洪範》演五行，《周官》設眡祲、馮相、保章，《左氏》載魯梓慎、鄭裨竈、晉卜偃、宋子韋之言，機祥禍福著乎天而應乎人，人主因之恐懼脩省，占候廢則天變不足畏、人言不足懼矣。易道至大，無所不該。王弼以道家言解易，楊簡以佛家言解易，尚得名家，況京氏為漢易之宗，聽其廢絕，不可惜哉。今輯易傳、易占、飛候、五星、風角等篇，雖京氏占候不盡此，亦大端具矣。其世應、飛伏、建、積、互、游魂、歸魂之說，晁說之能言之，據《叢書》本三卷亦略可尋求。至六日七分之法，見《漢書》本傳孟康注、僧一行《大衍曆》議，則雖謂京氏易亡而不亡可也。然余又為之深惜者，許叔重稱易孟氏為古文，京氏將毋同（按《漢志》、《易經》十二篇，施、孟、梁丘三家，不言京者，京承孟，小異大同，故舉孟可

包京也。下文著錄《孟氏京房》十一篇、《災異孟氏京房》六十六篇、《京氏段嘉》十二篇，不先言孟氏說若干篇者，漢時孟氏易說無專行本，僅京氏易中有之，故劉向以為焦延壽得隱士之說託之孟氏也，其語未確，然非無因。至梁、陳而《孟喜章句》《京房章句》各著于錄，不知何時何人從京氏易中取出分編之，蓋在魏晉之後矣），京氏章句十卷錄一卷（《釋文》引梁《七錄》），或作十二卷（《釋文》），或作十卷（《隋／唐志》），亡於唐末。假令遺文散見尚多，異義異字亦古文矣。今輯章句，僅寥寥五十五事，曾不如占候之大端具也。余至也晚，所為望古而悵然者也。嘉慶十二年秋九月，嚴可均敘于歷下寓齋。

◎同治《湖州府志》卷六十一《藝文畧》六：嚴可均（《人物傳》）《京氏易》八卷（王保訓輯，可均校補。《敘錄》《傳述》《論證》三篇列於卷首。易章句一、易傳二、易占上三、易占下四、易妖占／易飛候五、別對災異／易說／五星占／風角要占六、外傳七、災異後序／周易集林／易逆刺／律術八。叢書本三卷見存，不錄）。

◎王保訓（？～1861），後改名旻炎。山東福山孫夼古現村人。庠生。咸豐辛酉，年未五十，罵賊被害。又著有《太拙堂文集》六卷、《太拙堂詩集》六卷。

王筆幟 易原 四卷 佚

◎道光《徽州府志》卷十一之四《人物志・文苑》：著《四書萃精》三十四卷、《易原》四卷、《禮經提要》六卷、《聽鶯軒談藝》十一卷、《恩訓堂文稿》百餘首，詩古文多散佚，文稿已行世，餘書貧未付梓，藏於家。

◎民國《重修婺源縣志》卷二十三《人物》四《學林》：晚年訓後進，尤確守程朱之學，著《四書萃精》三十四卷、《易原》四卷、《禮經提要》六卷、《聽鶯軒談藝》十一卷、《思訓堂文稿》百餘首，詩古文多散佚，文稿已行世，餘書貧未付梓，藏於家。

◎王筆幟，字穎先，號驥山。安徽婺源（今屬江西）中雲人。舉人。篤志窮經，博考漢儒以來諸箋疏，原原本本，殫見洽聞。卒年七十五。

王炳文 周易注 佚

◎沈家本《枕碧樓偶存稿》卷五《王訓導（炳文）周易注序》：絜靜精微易教也，精微之中理無不具，故傳曰：「夫易廣矣大矣，以言乎遠則不禦，以言乎邇則靜而正，以言乎天地之間則備矣。」若致廣大而盡精微，則在學易

者之極深而研幾矣。自來學易者，左氏記占驗而義理寓焉。漢代諸儒皆言象數，惟京、焦入於禨祥。迄後宋之陳邵務窮造化，雖變而不離其宗。王輔嗣黜象數而語老莊，此易家一大變也。胡瑗、程子闡明儒理，李光、楊萬里參證史事，論端日啟，其說愈繁。舉凡天文地理樂律兵法韻學算術以逮二氏之厄言，皆得援易以為說。如林光世之《水村易鏡》以星配卦、陳圖之《周易起元》以名山大川配卦、趙汝楳《易學叢書》載入營陳隊伍、焦竑之《易筌》雜引《黃庭》《抱朴》諸書、錢彭曾之《易參》於曆法推步奇門九宮干支納宮六壬以至五嶽地形禹貢水道堪輿律呂井田兵法道家釋家無不推及、蕭雲從之《易存》則又以律呂天算為宗雜入三命六壬之衍，泛濫龐雜，無所紀極，其變亦可謂極矣，獨未有以醫言易者。灤州王麗南孝廉司鐸唐縣，訓迪之暇，研究靈蘭祕典，有見於《素問》言五運有五位，《易》亦言五位相得；言六氣有六位，《易》亦言六位成章，遂悟河圖即是五運、羲卦即是六氣，即取河洛二圖及先天後天八卦方位對參之《內經》，得其會通，著為提綱二卷，凡圖三十九、辨四十二、雜說四；又為《備證》一卷，凡圖四十四、辨三十八，則取《內經》之文而以易義注之，與《提綱》互相發明。其精思妙義萃於此三卷中，又取經傳為之注，屏棄舊解，自抒心得，雖未盡有關醫學，亦時時以醫學比附之。澄思渺慮，為言易者獨闢蠶叢。紀文達公有言曰：「易道廣大，推之無所不通。以醫理而論，榮衛者陰陽也、七竅者奇偶也、心腎者坎離之宅也，其消息則姤復之機、其升降則既濟未濟之象也。至於五運六氣、司天在泉，無一不與易理通。」文達此論，初不過為易家比喻之詞，而隱若為此書導其先路。夫聖人作易，觀變於陰陽而立卦，而《內經·陰陽別論》諸篇於陰陽二字反覆言之。陰陽者萬物之終始，易之理根於陰陽，而醫之理尤在能識陰陽，此固說之變而能得其精微者也。光緒丁酉九月保定郡試，王君以此書來質，予嘉其苦心孤詣，能自成一家言，因不辭固陋而為之序。

王秉倫 易經會纂 六卷 佚

◎道光《涇縣續志》卷九《藝文》：王秉倫《易經會纂》六卷（府教授汪佑煌有序）。

◎道光《涇縣續志》卷三《文苑》：生平好覽羣書，尤精於易。所著有《周易本義會纂》六卷，府教授汪佑煌序之，謂「于《本義》字櫛懼梳，令人開卷了然。又集諸家之說，參以己見，而一以御纂《折中》為歸，用心為至勤」

云。又有《雪窗餘墨》五卷、《醫意》六卷（《採訪冊》）。

◎王秉倫，字彝仲。安徽涇縣茂林都人。歲貢生。三薦棘闈不售，以明經終。年七十六卒。

王朝玠 易經發蒙 六卷 存

湖北、南京藏康熙培桂齋刻本

上海藏乾隆五十六年（1791）繹思堂刻本

臺灣經學文化事業有限公司 2016 年稀見清代四部輯刊第十輯影印本

◎臺灣《稀見清代四部輯刊》影印本著者題王二峯。二峯為王氏號。國圖著錄同。

◎道光《徽州府志》卷十一之三《人物志·儒林》：著有《易經發蒙》《二峰文集》。

◎道光《徽州府志》卷十五《藝文志·婺源》：王朝玠《易發蒙》。

◎民國《重修婺源縣志》卷二十三《人物》四《學林》、光緒《重修安徽通志》卷二百二十五《人物志·文苑》四：著有《易經發蒙》、《二峰文集》。

◎民國《重修婺源縣志》卷六十四《藝文》一：王朝玠著《易經發蒙》、《二峰文集》四集。

◎王朝玠，字丹玉，號二峰。安徽婺源（今屬江西）詞川人。康熙三十四年（1695）任繁昌教諭。研究理學，以朱子、雙溪為宗主。其著書處曰二峯書院。著有《易經發蒙》、《二峰文集》四卷。

王朝璩 夏商二易遺文 一卷 存

清鈔王氏遺書本

江西省高校古籍整理領導小組點校豫章叢書·十三經拾遺本

◎卷首云：三易之名，紀於《周禮》，世所傳者惟《周易》一書；夏商二易，漢晉以還或顯或晦，儒先之論亦將信將疑。自元迄今，考諸藏書家，固並其贗鼎俱亡矣。廣披傳註，搜所留遺，集為一卷，附於《周易遺文》後，或亦好古嗜奇之君子所共樂玩乎。

王朝璩 周易遺篇 一卷 存

清鈔王氏遺書本

江西省高校古籍整理領導小組點校《豫章叢書·十三經拾遺》本

王朝璪 周易遺文 一卷 存

清鈔王氏遺書本

江西省高校古籍整理領導小組點校豫章叢書・十三經拾遺本

王承烈 易變釋例 十二卷 存

湖北藏稿本

國圖、山東藏 1931 年鉛印本

上海、成都藏四川萬縣信誠印刷莊 1942 年石印本

◎目錄：卷一至三上經。卷四至六下經。卷七至九《繫辭傳》《說卦傳》《序卦傳》《雜卦傳》。卷十卦象。卷十一《通義》。卷十二《緒言》。

◎自述略謂：易不亡於輔嗣之不言象，而亡於漢季諸儒之誤言象也。李鼎祚輯古注於亡缺之餘，惟荀慈明、鄭康成、虞仲翔三家略存梗概。升降之法，此卦下卦與彼卦上卦互易，此卦上卦與彼卦下卦互易。易之變例至東漢已失其傳，得此可以為證。此外之大資助益者，猶有二焉：其一為小學，其一為西學。

◎周按：此書為門人李介侯初刊於 1931 年夏，附於李氏《周易常識便讀》。後又改正百餘條，未及重刊而王氏卒。李氏攜至四川萬縣，為之校讎，鳩眾重刊於 1942 年。體例一依舊式，而徵引加多，序文另作，益《易變釋例例略》一文以為總述，又書中間加李氏案語，末附跋及《識刻王先生〈易變釋例〉始末》二文，故卷首題李介侯參訂。

◎王承烈（1863～？），字文波（聞旛）。湖北漢口沙嘴人。光緒貢生。曾任江西南昌中學、贛州師範教員。民初嘗分纂《夏口縣志》。平生研易。

◎周按：潘雨廷《讀易提要》卷十述王氏此書端末甚詳，可參。

王承烈 周易遵注解 八卷 佚

◎道光《諸城縣續志・藝文考》：王承烈《周易遵註解》八卷。

◎孫葆田《山東通志》卷百二十七《藝文志》第十：是書見《縣志》。

◎王承烈，山東諸城人。

王承乾 易經傳象 二卷 佚

◎乾隆《樂陵縣志》卷八《藝文志》下：王承乾《易經傳象》二卷。

◎乾隆《樂陵縣志》卷六《人物志》：著有《易經傳象》《鹿洞山房詩集》

《金剛經解義》及《遊覽紀勝》。

◎孫葆田《山東通志》卷百二十七《藝文志》第十：是書見《縣志》。

◎王承乾，字元御，號僾嵐。山東樂陵人。王體乾弟。工書法。康熙歲貢。官寧陽縣訓導。德盛學贍，著有《易經傳象》二卷、《鹿洞山房詩集》八卷、《金剛經解義》一卷、《遊覽紀勝》。

王椿 周易輯要 十二卷 佚

◎《湖北通志》卷七十七《藝文志》一：陳詩序曰：華顛先生深湛經術人也，著書家塾，終歲不出戶鍵。其說易也，先之以《本義》，次之以《折衷》，頗能發前人未發之祕（《知不足齋文集》）。

◎光緒《黃州府志》卷二十四《人物志》：酷嗜宋五子書，著有《周易輯要》《儀禮經傳通解》《典制窮源》《四書尋繹》等編。

◎光緒《黃州府志》卷三十二《藝文志》：《周易輯要》十二卷，蘄州王椿撰（《州志》）。陳詩序曰：吾蘄華顛先生深湛經術人也，著書家塾，語山書屋，終歲不出戶鍵。其說易也，先之以《本義》，次之以《折衷》，昔人未發之祕，傾筐倒篋，不惜盡出以示人，而先生抑然善下，無一毫矜才使氣也。蓋先生之於易，直終身焉耳矣。王氏為蘄望族，其祖孫父子兄弟累舉茂才，均習《易經》。詳詩所撰《槐園壙窆遺照》中，則先生之於是易，又世業焉耳矣（節錄）。

◎王椿，號華顛。湖北蘄州人。諸生。與陳詩同受知於胡居恒。

王存廉 先天變後天圖說 佚

◎光緒《宿州志》卷十八《人物志·儒林》：尤精於易學，著有《易筌》數十卷、《先天變後天圖說》，燬於兵燹。

◎王存廉，字范泉。安徽宿州西柳子人。廩生。潛心濂洛關閩之書。

王存廉 易筌 數十卷 佚

◎光緒《鳳陽府志》卷十七《藝文考》上：王存廉《易筌》數十卷（《安徽通志》）。

◎光緒《鳳陽府志》卷十八上之上《儒林》：說經尤精於易，著有《易筌》數十卷（《安徽通志》）。

◎光緒《宿州志》卷十八《人物志·儒林》：尤精於易學，著有《易筌》

數十卷、《先天變後天圖說》，燬於兵燹。

王大經 周易釋箋 佚

◎吳德旋《初月樓聞見錄》卷九：講學以濂洛為宗。康熙辛亥，靖江令鄭山公聘脩縣志十八卷。明年，泰州分運汪苐斯聘脩《中十場志》十卷，書成，自號盧阜逸叟。晚歲築室淘水之東，顏曰「獨善」，著書作文，學者多歸之。所著有《周易釋箋》《毛詩備考》《三禮折衷》《四書逢源錄》《史論》《字書正譌》《醫學集要》《柳城塾課》諸書，後皆散佚，惟文集八卷藏於家。

◎王鐘翰點校《清史列傳》卷七十：著有《周易釋箋》《毛詩備考》《三禮折衷》《四書逢源錄》《史論》《字書正譌》《醫學集要》《柳城塾課》等書，又輯有《泰州中十場志》十卷、《重修靖江縣志》十八卷，多不傳。惟存《獨善堂文集》八卷。享年七十二。

◎王大經（約 1653 年前後在世），字倫表，自號石袍，一號待菴居士，又號脩水子、盧阜逸史，門人私諡文介先生。原籍江西南康，其父始遷揚州東臺，即家焉。家貧，年二十始肆力於學，通六經子史百家言，為古文有奇氣。與同里沈聃開、王大成、吳嘉紀號東淘四逸。當明末時，以布衣談天下事，多奇中。入清授徒養親，不復出。康熙間，御史魏雙鳳見其文，歎為當世軼才，薦之朝，不起。會詔舉博學鴻儒，太僕卿郜浴將薦之，力辭乃已。其學以濂洛為宗。晚歲，築獨善堂於淘水之東，學者多歸之。卒年七十二。

王大猷 周易直講 佚

◎同治《崇陽縣志》卷十一《藝文志》：《周易直講》，王大猷著。

◎王大猷，號莫堂。湖北崇陽人。歷官廣文，署竹山、安陸，實授鄖縣、京山教諭。又著有《四書述義》。

王道煌 周易解 六卷 佚

◎孫葆田《山東通志》卷百二十七《藝文志》第十：是書見《採訪冊》。

◎王道煌，山東掖縣人。

王登 周易象理指掌 六卷 存

山東、南京藏道光二十三年（1843）楊桂馨碧峯書室刻本

◎或題《周易象理》。

◎林則徐《周易象理指掌序》〔註27〕：《傳》曰：龜，象也；筮，數也。物生而後有象，象而後有滋，滋而後有數。數由象生，而理實寓焉。漢氏易學皆主象數，自王輔嗣注《周易》始黜象數言義理，開《程傳》之先聲。然語涉老、莊，流為虛渺，識者病之。唐李鼎祚采子夏《易傳》以下三十五家之說，作《周易集解》，以發明象數。至希夷、康節有河洛先天之學，而象數詳。宋倪天隱述其師胡安定之說，作《周易口義》，以闡明義理。至程朱有《易傳》、《易本義》之作，而義理備。自是言易之家，宗漢學者主象，宗宋學者主理，惟御纂《周易折中》、《述義》二書，詳義理不遺象數，為能集漢宋之大成也。中州王君以名孝廉為文學博士，扣書耆學，於易尤邃，所著《周易象理指掌》，蓋恪遵《折中》、《述義》，而旁參諸家之說，因卦以求象，因象以明理。其釋卦爻取義也，特於卦之二體、爻之六位，及主卦、互卦、所來之卦、所之之卦，反復推闡，以求其說，不徒如比興之解，實能於胡氏之《易圖明辨》、任氏之《周易洗心》、惠氏之《易述》、《易例》、《易漢學》諸書而外，別樹一幟，殆史遷所謂好學深思、心知其意者乎。其篇首篇終之圖說，則皆纂述《折中》之旨，闡河洛之精微，發陳、邵之蘊奧。蓋是書之作，言象言理，無畸重畸輕之蔽，其義博而約，其言明且清，故以《指掌》名編。學者誠能即是書求之於學易之道，其如示諸掌者歟！

王滌心 讀易備忘 四卷 圖說一卷 存

國圖、北大、上海、南京、山東、遼寧、天津、中科院藏道光二十九年（1849）內鄉王氏刻慎修堂家刻本

宣統二年（1910）沭陽周氏刻本

臺中文聽閣圖書有限公司 2011 年晚清四部叢刊第五編影印宣統二年（1910）沭陽周氏刻本

◎郭程先序、王檢心序。

◎劉聲木《桐城文學撰述考》卷二「王滌心撰述」：《洛學拾遺補編》□卷、《讀易備忘》四卷、《平山縣志》八卷。

◎王滌心，字子潔。河南內鄉人。王儉心胞弟。道光十二年（1832）舉人，二十四年（1844）大挑一等。先後知直隸唐山、平山知縣，晉州知州，山西候補道，廣西橫州直隸州知州。又著有《菊潭論語講義》二卷、《責志約言》

〔註27〕道光八年十月。錄自沈祖牟輯《雲左山房文鈔》卷一。

四卷、《洛學拾遺》。

王殿黻　柴荊齋易學　八卷　佚

◎民國《福山縣志稿・藝文志》第六：王殿黻《周易義疏》□卷、《周易彙編》□卷、《讀易記》□卷（據《採訪》《行狀》錄入）、《柴荊齋易學》八卷（據《採訪》、原鈔本錄入）。

◎王殿黻，字子佩。山東福山人。咸豐歲貢。又著有《大學中庸本義》二卷、《讀詩說》、《洪範引》、《春秋本義》、《春秋綱目》、《春秋範比》、《春秋左氏傳文證》三十卷、《孝經纂注》一卷、《孝經引證》一卷、《福山見聞錄》四卷、《蓬雲堂文集》、《三十六宮圖說》一卷。

王殿黻　讀易記　無卷數　佚

◎民國《福山縣志稿・藝文志》第六：王殿黻《周易義疏》□卷、《周易彙編》□卷、《讀易記》□卷（據《採訪》《行狀》錄入）、《柴荊齋易學》八卷（據《採訪》、原鈔本錄入）。

王殿黻　周易彙編　無卷數　佚

◎民國《福山縣志稿・藝文志》第六：王殿黻《周易義疏》□卷、《周易彙編》□卷、《讀易記》□卷（據《採訪》《行狀》錄入）、《柴荊齋易學》八卷（據《採訪》、原鈔本錄入）。

王殿黻　周易義疏　無卷數　佚

◎民國《福山縣志稿・藝文志》第六：王殿黻《周易義疏》□卷、《周易彙編》□卷、《讀易記》□卷（據《採訪》《行狀》錄入）、《柴荊齋易學》八卷（據《採訪》、原鈔本錄入）。

王鼎相　易經集解　佚

◎同治《贛州府志》卷六十三《藝文志》：王鼎相（興國人，有傳），《易經集解》《史斷》《雪園詩稿》。

◎光緒《江西通志》卷九十九《藝文略》一《國朝》：《易經集解》，王鼎相撰（《興國縣志》）。

◎張尚瑗《瀲水志林》卷之六《文學》：家世受易，既里居，潛精體玩，

以傳義折衷諸家，博綜史事，上下其是非成敗之跡，著《易經集解》、《史斷》各若干卷，《雪園詩稿》一卷。

◎王鼎相，字梅巖，自號瀲泉。江西興國人。王貴卿（天啟中官建寧教諭）子。甫逾十齡，郡試冠軍，督學侯峒奇賞之。順治十一年恩貢，就試京師，塚宰杜立德重其名，延見加禮，曰：「陳無已、張無垢之流也。」當謁選，舍之而歸。性至孝。著有《易經集解》《史斷》《雪園詩稿》。

王定國 周易象數易知 四卷 存

臺灣藏道光稿本（題王安甸先生周易象數易知）

山東藏臺北縣文海出版社清代稿本百種匯刊據稿本影印

◎周易象數易知目錄：首卷敘言、易數第一太極圖、易數第二兩儀圖、易數第三四象圖、易數第四四象生八卦圖、易數第五參伍錯綜圖、易象第一太極生八卦圖、易象第二太極生六十四卦全象圖、易象第三歸藏八卦小成圖、易象第四連山八卦小成圖（附改正連山八卦方位圖）、易象第五周易八卦小成圖、易象第六歸藏六十四卦大成圖圖、易象第七周易六十四卦大成圖、易象第八連山六十四卦大成圖、易象第九孔子三陳九卦圖（附四十八卦主節圖）、易象第十歸藏六十四卦方圖、易象第十一乾坤變陰陽消息卦主月圖、易象第十二坎離變日月朔望弦晦圖、增定八卦廣象（有註）、補正上下經序卦篇、考正上下經訛字四十九條、考正上下經脫字十條、考正上下經衍文十六條、考正上下經錯句七條、考正上下繫脫字二條、考正上下繫衍文二條、讀易雜說十五條、六十四卦分宮圖說、八卦納甲圖說、上經卦象序圖、下經卦象序圖、上下經卦名次序歌。二卷上經象數易知圖註。三卷下經象數易知圖註。四卷上下繫辭註釋，說卦註釋，序卦上下篇，雜卦，訂正上繫三篇：一原理、二原象、三原數，訂正下繫四篇：一尚辭、二尚變、三尚象、四尚占。

◎文素松識：此書為清王定國所撰。自序云：「是書所言者象也，言象則不能指鹿為馬，而凡執象以觀者，其是與非皆可得而見之。以是書之所言者數也，言數則不敢謂二而作三，而凡憑數以推者，其得與失亦俱可得而知之矣。」又謂以前後二十年於斯，不忍廢棄之也，爰集成緘以俟諸有道者正焉。並有安甸、王定國印兩印。間有刪改，皆精詳清晰，信為寫正本，為未刊之祕笈。庚午冬得於金陵書肆。並以記之。萍鄉文素松識。

是書原訂六冊，以番銀九十圓得之，改為四冊。又記。

◎敘言：小子幼習舉業，專誦《本義》，而毫無所知。稍長，心竊疑之而未敢言。年三十有八，以二等教職用，遂廢詞章之學。特從事於斯焉久之，亦並無所得，一旦幡然悟曰：易道散見於九流，其源不可知，其流或可遡乎？於是舉生人致用之書，罔弗略參其殊途，微會其旨趣，如是者十有二年，為說三十餘種（今集為《象數叢書》）。乃反而求諸易，易之象又反而求其數，易之數見焉。不揣冒昧，自道光元年作《易象數說》，歷辛壬癸甲而稿成。又歷乙丙丁戊乃再脫稿焉。計所妄正者三易之名、三易之卦，於河洛二圖補其數圖之五，於先後二象證其象圖之全，於文王之作象明陰陽上下之升降，於周公之作爻明剛柔往來之互交易之體見矣，因八卦而推其用六十四卦以主歲，因六卦而推其用六十二卦以主日，因九卦而推其用四十八卦以主節，因十九節引易之辭而知言者之尚辭，因十六卦贊時之大，而知動者之尚變；因十二卦之引象而知尚象之道，補以《幾何原本》之說而制器之術明；因四十九卦為用而知尚占之法，證以《左傳》卜氏之言而卜筮之法備。易之用彰矣。分《上繫》為三篇，一曰原理、二曰原數、三曰原象，所以為易之體也。分《下繫》為四篇，一曰尚辭、二曰尚變、三曰尚象、四曰尚占，所以為易之用也。辨小象非聖人之言，而以精忽為物、游魂為變解釋三百八十四爻而皆合。黜《序卦》《雜卦》為術家之說，而以上經言天地、下經言男女，貫合上卦三十下卦三十有四而悉符。且於上下經文、《繫辭》中正訛字者五十有五條，明脫字者十有二條，辨衍文者十有八條，訂錯句者七條，自謂於易頗盡心矣。然六十四卦三百八十四爻象則昭矣，而數猶隱焉。於是復推之於《書》一百八篇，合大易乾策之數，而治統之數見焉；推之《詩》三百十一篇，合大易坤策之數，而道統之數見焉；且推之於《春秋》二百四十二年，合大易二篇之策數，而世運升降之數見焉（俱見四經《經世元符》）。象數之說備於斯，而吾夫子贊定刪修之旨亦始見於斯矣。然此皆小子一人之見一家之說也，敢遂出而問世哉？而其區區可以自信而並可以共信於人者，以是書之所言者象也，言象則不能指鹿為馬，而凡執象以觀者，其是與非皆可得而見之矣。以是書之所言者數也，言數則不敢謂二而作三，而凡憑數以推者，其得與失亦俱可得而知之矣。今歲戊子，小子年周甲，以前後二十年於斯，不忍廢棄之也，爰集成緘以俟諸有道者正焉。道光八年歲在戊子冬至前一日，建寧府建安縣儒學教諭王定國敬書於建溪學舍。

◎王定國，字安旬。原籍壽寧。官建寧府建安縣教諭。又著有《十種奇書》。

王東槐 周易考訂 佚

◎民國《續滕縣志》本傳：有考訂《周易》、《大學》等書。

◎王東槐（1801～1852），字蔭之，又字樹聲，號次屯。山東滕州人。進士。咸豐帝師。曾任江西道御史、戶科給事中、內閣侍讀學士。咸豐二年（1852）任湖北鹽法道、嶽川道、武昌道。太平軍破武漢，與其妻自縊死。又著有《王文直公遺集》。

王斗拱 周易輯略 佚

◎光緒重修《五河縣志》卷十四《人物志》二《文苑》：所著有《周易輯略》《春秋輯署》《儀禮述要》《經解訓詁》《平心課草》《平心詩草》《農家好問編》藏於家。

◎王斗拱，號建垣。安徽五河人。嘉慶辛酉科拔貢。生平制義最富。卒年五十一。

王鐸 大易捷觀 佚

◎光緒《零陵縣志》卷八《人物》：所著有《四書講義》《大易捷觀》《木菴家訓》《詩賦》《雜文》。

◎王鐸，字醒人，號木菴。本姓楊，祖士標入繼王，遂冒今姓。故又有冠名楊王鐸者。湖南永州零陵縣進賢鄉人。歲貢生。又著有《四書講義》、《木庵家訓》《醒人雜著》、詩文六卷。

王爾綱 吳劉三名家大易傳稿 存

清刻本

◎宣統《新修至德縣志》卷十五《人物志‧文苑》：所著述有《易經大全諸解折衷》、《四書大全諸解折衷》、《吳劉三名家大易傳稿》、《史詹》、《前大家文超》、《今大家文超》、《歷科後場分類文超》、《唐二周紀略》、《元馮彥思集略》、《明洪丹崖集略》、《家簡子先生遺集》、《述祖編》、《天下名家詩永初集》《二集》、《詩餘新聲》、《古今樂府》、《友聲集》、《砌玉軒集》、《梅聖俞集》、《見聞錄》。又選有《名家詩永》十六卷。

◎宣統《新修至德縣志》卷十八《藝文志》一：《四書大全諸解折衷》、《易經大全諸解折衷》、《吳劉三名家大易傳稿》、《前大家文超》、《今大家文超》、《歷科後場分類文超》、《詩永初集》、《詩永二集》、《砌玉軒集》、《友聲集》、《梅聖俞集》、《簡子先生遺集》、《馮彥思集略》、《丹崖集略》、《二周紀略述祖編》、《古今樂府》、《詩餘新聲》、《見聞錄》，以上王爾綱著。

◎王爾綱，安徽池州府至德縣（今東至）葛源人。康熙時人。幼聰慧，八歲能屬文，及長，博通群籍。善詩歌，沉鬱頓挫，古藻陸離而議論縱橫，直空千古，藝林重之。且以表微自任。凡海內詩文有未傳者，悉採錄之，以傳不朽。年八十八卒。又著有《四書大全諸解折衷》等書。弟爾緯字乃武，殖學力行，與兄相劇切，亦以博雅稱。

王爾綱　易經大全諸解折衷　存

清刻本

◎宣統《新修至德縣志》卷十五《文苑》、卷十八《藝文志》一著錄。

王範　序卦圖說　三卷　存

山東藏道光稿本

山東文獻集成第二輯影印山東藏道光稿本

◎民國《續安邱新志》卷十六《儒林傳》：幼穎慧，讀書外無他嗜，長而綜貫羣籍，其學深博無涯涘，而歸本於六經，尤深於易。

◎王範，一名濱，字模山。山東安邱人。王馭超子。王筠四弟。道光二十一年（1841）進士。以知縣分發河南，不赴，辭官歸隱，研經授徒，劉樹倫、陳蜚聲、馬步元皆出門下。卒年七十八。

王範　易經集解　佚

◎民國《續安邱新志》卷十《藝文考》：王範著《序卦圖說》《易經集解》。

◎民國《續安邱新志》卷十六《儒林傳》：幼穎慧，讀書外無他嗜，長而綜貫羣籍，其學深博無涯涘，而歸本於六經，尤深於易。

王方魏　周易廣義　十卷　佚

◎吳德旋《初月樓聞見錄》卷四：閉戶著書，四十年不入郡城，精研易

理，著《周易廣義》十卷、《纂周易解》一卷。《廣義》燬於火。《纂周易解》分太極、兩儀、四象、圖書、卦義、爻義凡六篇，其說太極云：「太者大之義，即大哉乾元；極者至之義，即至哉坤元。」又云：「卵中包含黃白，內黃為陽，外白為陰。草木之實核以藏仁，人物之胞胎血以裹氣，是時陽在內，生機業已亨毒；陰在外，意象猶然杳冥，太極之象也。周子《太極圖》中分黑白，而又黑交于白白交于黑，此則太極已剖，非復陰含陽之象。太極以陽為主，故其體圓，其數一。凡爻近陽者利，遠陽者窮，向陽者榮，背陽者辱，承陽輔陽者吉，乘陽蹈陽者凶。」

◎焦循《北湖小志》卷三：精研易理，著《周易廣義》十卷、《纂周易解》一卷。《廣義》厄於火。《纂解》分《太極》、《兩儀》、《四象》、《圖書》、《卦義》、《爻義》，凡六篇。善書法，有《朱釋十七帖》一部，里人重其人，得其所書，至今珍之。

◎王方魏，字大名，號薔城。江蘇江都人。王玉藻（字螺山）子。鼎革後，隨父歸隱北湖。時祖父王納諫之門生故人半在仕途，以書招之，堅拒不答，閉門著書。四十年不入郡城，不授徒，不遊，不酒食，往來渾渾穆穆，以全其天。惟治學於北湖，著書立說。著有《大名集》，惜亡佚，至嘉慶間，焦循僅輯得一卷。時方魏之子祖脩，字俊士，傳其父之學，以易教授。其外孫同里焦佩士祖述之。佩士既得聞王氏易說，並熟《焦氏易林》、郭璞葬法。

王方魏 周易纂解 一卷 佚

◎焦循《雕菰集》卷十五《王處士纂周易解序》：今學究之談義理者起於為八股時文，而中於科第爵祿之見，其童而習者惟知有講章，講章之所引據，則採摘於宋儒語錄。故為是學者，舍宋人一二剩語遂更無所主，不自知其量，猶沾沾焉假義理之說以自飾其淺陋。及引而置之義理之中，其芒然者如故也。處士王薔城先生，名方魏，字大名，明南京吏部員外郎納諫之孫、慈谿令玉藻之仲子。始從父於浙，既而歸湖隱居授徒，不應科舉。一鄉之人服其道、重其品，稱之曰先生。時祖若父之門生故人多居顯貴，數以書邀之，均不應。自以勝代遺民閉門自守，不入城市者三十許年。所著有《周易廣義》，以《本義》大略申其說而廣之也。《纂解》者其晚年之書，明太極陰陽、爻象占變大旨，不煩言而舉其要。凡五篇，手錄附諸《廣義》之後。蓋先生無心榮祿，不為科舉文，特津津於義理中者數十年，精熟於宋儒道學之書，又能見諸躬行、信

於鄉里，此真能學宋儒之學，非中於科第爵祿之見者所可擬之為倫也。先生之曾孫從重（字容若）與先人為中表兄弟，守祖父遺書，雖貧困難苦不輕示人。循自入小學，稍知識字，借讀先生遺書，乞之再三，始見其《纂解》一冊。未一月，先生舊廬不戒於火，遺帙盡焚，而此冊以循借讀，巋然獨存。嗚乎，其命也夫！先生善書法，片紙隻字，里人重之，而甚不易得。此本為其手蹟，尤可寶焉。時乾隆戊申春二月，焦循序。

◎光緒《江都縣續志・藝文考》第十上：王方魏《周易纂解》二卷。

◎孫靜庵《明遺民錄》卷十八：明室既亡，隨父歸北湖，遂不出。時父執及祖父王納諫故吏半在仕途，以書招之，堅拒不納，閉門著書，四十年不入郡城，不授徒，不遊，不酒食往來，渾渾穆穆，以自全其天。著有《周易廣義》十卷、《纂周易解》一卷。分《太極》、《兩儀》《四象》、《圖書》、《卦義》、《爻義》為六篇，謂太極以陽為主，凡爻近陽者利，遠陽者窮，向陽者榮，背陽者辱，承陽輔陽者吉，乘陽蹈陽者凶；以君子及中夏為陽，以小人及夷狄為陰，其寓意尤深遠。兼工書法，有《朱釋十七帖》一部。里人多珍其書。後阮雲臺表其墓，稱為處士王君云。

王棻　易韻校語　佚

◎劉聲木《桐城文學撰述考》卷三「王棻撰述」（摘錄）：《周易爻變》□卷、《易韻校語》四卷、《孫氏禮記集解校注》一卷、《曲禮異義》四卷、《經說偶存》四卷、《六書古訓》六十四卷、《史記補正》三卷、《漢書補正》三卷。

◎王棻（1828～1899），字子莊，號耘軒。浙江黃巖城東柔橋村人。少時聰穎好學，先後師從吳素吾、林香泉、姜文衡、黃濬、李飛英習經史。同治六年（1867）舉人，後不復試，專意執教著述。先後任處州（今麗水）蓮城、黃巖九峰／清獻／文達、溫州中山／東山／肄經、太平宗文、臨海正學、江西南昌經訓諸書院山長，以學行特賜內閣中書銜。著有《經說偶存》四卷、《六書古訓》六十四卷、《孫氏禮記集解校注》一卷、《史記補正》三卷、《漢書補正》三卷、《重訂歷代帝王年表》、《明年表》、《大統平議》、《大禮平議》、《明大禮駁議》、《中外和戰議》、《臺獻疑年錄》、《柔橋文鈔》、《臺學統》等，主持纂修《黃巖縣志》、《仙居縣志》、《太平縣續志》、《青田縣志》、《永嘉縣志》、《杭州府志》等書。

王棻 周易爻變 佚

　　◎劉聲木《桐城文學撰述考》卷三「王棻撰述」（摘錄）：《周易爻變》
□卷、《易韻校語》四卷、《孫氏禮記集解校注》一卷、《曲禮異義》四卷、
《經說偶存》四卷、《六書古訓》六十四卷、《史記補正》三卷、《漢書補正》
三卷。

王夫之 周易稗疏 四卷 存

　　南京藏清傳鈔四庫本

　　四庫本（二卷）

　　山東藏同治四年（1865）湘鄉曾國荃金陵節署刻船山遺書本

　　山東藏上海太平洋書店 1933 年鉛印船山遺書本

　　山東藏臺北成文出版社 1976 年無求備齋易經集成影印道光二十二年
（1842）刻船山遺書本

　　山東藏臺北商務印書館 1983 年景印文淵閣四庫全書影印國立故宮博物
院藏本

　　山東藏臺灣新文豐出版公司 1983 年大易類聚初集影印光緒十四年
（1888）刻皇清經解續編本

　　山東藏道光二十四年（1844）吳江沈氏世楷堂刻昭代叢書本（一卷）

　　國圖藏清湘西草堂刻本（一卷）

　　◎四庫提要：是編乃其讀易之時隨筆劄記，故每條但舉經文數字標目，
不全載經文。又遇有疑義乃為考辨，故不逐卦逐爻一一盡為之說。大旨不信
陳摶之學亦不信京房之術，於先天諸圖、緯書、雜說皆排之甚力，而亦不空
談元妙附合老、莊之旨，故言必徵實義必切理，於近時說易之家為最有根據。
其中如解訟卦「鞶帶」云：「帶無鞶名。鞶者鞶縷，車飾也，帶所以繫佩璲及
芾者。」考《左傳》「後之鞶鑒」杜預訓鞶為帶，《說文》「鞶」字許慎亦注為
「大帶」，安得曰帶無鞶名？又「何天之衢」梁武帝解「何」為「荷」，見於
《經典釋文》，夫之雖亦以為負荷之義，乃引《莊子》「負雲氣」為證而不援梁
武之說，亦偶然失考。至於「舊井無禽」訓禽為獲，尤不免於穿鑿附會。然如
引《禮》「人君至，命士黃裳，下士雜裳」以證黃裳之美；引《左傳》「班馬」
證「乘馬班如」當讀「乘」為去聲；引《兵法》前左下、後右高證「師左次」，
與論帝乙非紂父，「王用亨於西山」非文王，以及臨之八月、復之七日，易之

逆數，河圖、蓍策之辨，皆具有條理。卷帙雖少，固不失為徵實之學焉。

◎阮元《儒林傳稿》卷一引《提要》作五卷。

◎王夫之（1619〜1692），字而農，號薑齋，又號夕堂。湖南衡陽〔註28〕
人。晚年隱居於石船山，著書立傳，自署船山病叟、南嶽遺民，學者遂稱之為
船山先生。其事跡詳見《湖湘文庫・甲編》第63冊《船山全書》第16冊；
其著述，可參周調陽《王船山著述考略》。不贅述。

王夫之　周易稗疏考異　一卷　存

南京藏清傳鈔四庫本

四庫本

山東藏同治四年（1865）湘鄉曾國荃金陵節署刻船山遺書本

山東藏道光二十四年（1844）吳江沈氏世楷堂刻昭代叢書本

國圖藏清湘西草堂刻本

山東藏上海太平洋書店1933年鉛印船山遺書本

山東藏臺北成文出版社 1976 年無求備齋易經集成影印道光二十二年
（1842）刻船山遺書本

山東藏臺北商務印書館 1983 年景印文淵閣四庫全書影印國立故宮博物
院藏本

山東藏臺灣新文豐出版公司 1983 年大易類聚初集影印光緒十四年
（1888）刻皇清經解續編本

◎何焜彥《易經遵孔八哲類稿》卷十二《集哲》：王氏夫之《周易稗疏考
異》附皆隨筆劄記以剖析疑義。大旨不信焦、京，亦不取王弼之清言，惟引據
訓詁考求古義而已。

王夫之　周易大象解　一卷　存

山東藏同治四年（1865）湘鄉曾國荃金陵節署刻船山遺書本

山東藏道光二十四年（1844）吳江沈氏世楷堂刻昭代叢書本（一卷）

國圖藏清湘西草堂刻本（一卷）

山東藏上海太平洋書店1933年鉛印船山遺書本

山東藏臺北成文出版社 1976 年無求備齋易經集成影印道光二十二年

〔註28〕《四庫提要》謂為漢陽人，誤。

（1842）刻船山遺書本

　　黑龍江人民出版社 2010 年梁韋弦著清人易學二種〔註 29〕評解本

　　湖湘文庫本

　　◎自序〔註 30〕：大象之與象、爻，自別為一義。取大象以釋象、爻，必齟齬不合，而強欲合之，此易學之所緣晦也。易以筮，而學存焉。唯大象則惟純乎學易之理，而不與於筮。蓋筮者，知天之事也。知天者，以俟命而立命也。樂天知命而不憂以俟命，安土敦仁而能愛以立命，則卦有小有大、有險有易、有順有逆，知其吉凶而明於憂患之故，吉還其吉、凶還其凶，利害交著於情偽之感，以窮天化物情之變，學易之道雖寓其中而固有所從違，以研幾而趣時，所謂動則玩其占也。若夫學易者盡人之事也，盡人而求合乎天德，則在天者即為理，天下無窮之變、陰陽雜用之幾，察乎至小、至險、至逆，而皆天道之所必察。苟精其義窮其理，但為一陰一陽所繼而成象者，君子無不可用之以為靜存動察、修己治人、撥亂反正之道。故否而可以儉德辟難、剝而可以厚下安宅、歸妹而可以永終知敝、姤而可以施命誥四方，略其德之凶危而反諸誠之通復，則統天地雷風電木水火口月山澤已成之法象，而體其各得之常，故乾大矣矣而法其行，坤至矣而但效其勢，分審於六十四象之性情以求其功效，乃以精義入神而隨時處中，天無不可學，物無不可用，學無不可為，緣是以上達，則聖人耳順從心之德也。故子曰：「五十以學易，可以無大過矣。」大象，聖人之所以學易也。無大過者，謙辭也。聖人之集大成，以時中而參天地無過之盡者也；聖學之無所擇而皆固執者也，非但為筮者言也。君子學聖人之學，未能至焉，而欲罷不能。竭才以從，遺其一象而即為過，豈待筮哉？所謂居則觀其象也。嗚呼！此孔子之師文王而益精其義者，豈求異於文王乎？神而明之，存乎其人，非聖人而孰能與於斯？讀易者分別玩之，勿強相牽附以亂象爻之說，庶幾得之。

王夫之　周易考異　一卷　存

　　四庫本

　　南京藏清傳鈔四庫本

　　山東藏同治四年（1865）曾國荃金陵節署刻船山遺書本

〔註 29〕惠棟《易漢學》、王夫之《周易大象解》。

〔註 30〕此序與《周易內傳發例》第十九則文字同，惟文末多「衡陽王夫之序」六字。

山東藏上海太平洋書店 1933 年鉛印船山遺書本

山東藏臺北成文出版社 1976 年無求備齋易經集成影印 1935 年鉛印船山遺書本

山東藏臺北商務印書館 1983 年景印文淵閣四庫全書影印國立故宮博物院藏本

湖湘文庫本

◎鄧顯鶴《南村草堂文鈔》卷二《船山遺書目錄序》:《周易內傳》十二卷《發例》一卷、《周易大象解》一卷、《周易稗疏》二卷（舊本三卷，四庫本四卷）、《周易考異》一卷（附《稗疏》後）、《周易外傳》七卷。

王夫之 周易內傳 六卷 存

山東藏同治四年（1865）湘鄉曾國荃金陵節署刻船山遺書本

山東藏上海太平洋書店 1933 年鉛印船山遺書本

山東藏臺北成文出版社 1976 年無求備齋易經集成影印道光二十二年（1842）刻船山遺書本

湖南藏王嘉愷鈔本

湖湘文庫本

儒藏精華編點校本

◎周按：或著錄為十二卷者，乃六卷各卷分上下。

◎目錄：卷一上上經乾坤。卷一下上經起屯訖否。卷二上上經起同人訖觀。卷二下上經起噬嗑訖離。卷三上下經起咸訖解。卷三下下經起損訖井。卷四上下經起革訖旅。卷四下下經起巽訖未濟。卷五上繫辭上傳起第一章訖第七章。卷五下繫辭上傳起第八章訖第十二章。卷六上繫辭下傳。卷六下說卦傳序卦傳雜卦傳。卷末發例。

◎余廷燦《存吾文稿》不分卷《王船山先生傳》：乃著《四書讀大全說》《周易內傳／外傳》《大象解》《詩廣傳》《尚書引義》《春秋世論／家說》《左氏傳續博議》《禮記章句》並諸經《稗疏》各若干傳，作《通鑑論》三十卷、《宋論》十五卷、《莊子解》、《莊子通》、《楚詞通釋》《搔首問》《俟解》《噩夢》各種，又注釋《老子》《呂覽》《淮南》，評選古今詩各若干卷。自明統絕祀，先生著書凡四十年，其學深博無涯涘，而原本淵源，尤神契《正蒙》一書，於清虛一大之旨、陰陽法象之狀、往來原反之故，靡不有以顯微抉幽，晰

其奧窔。其自序曰：謂之《正蒙》者，養蒙以聖功之正也。聖功久矣大矣，而正之惟其始。蒙者知之始也。」或疑之曰：古之大學積之以《詩》《書》《禮》《樂》，迪之以三德六行，皆日用易知簡能之理，而《正蒙》推極夫窮神知化達天德之蘊，則疑與大學異，則請釋之。曰：大學之教，先王所以廣教天下而納之軌物，使賢者即以之上達而中人以之寡過。先王不能望天下以皆聖，故德其成人、造其小子，不強之以聖功，而俟其自得。非有吝也，抑古之為士者，秀而未離乎其樸，下之無記誦詞章以取爵祿之科，次之無權謀功利苟且以就功名之術。其尤正者，無狂思陋測，蕩天理、滅彝倫而自矜獨悟，如老聃、浮屠之邪說以誘聰明果毅之士，而生其逸護神聖之心，則但習於人倫物理之當然，而性命之至自不言而喻。至於東周而邪慝作矣，故夫子作易而闡形而上之道，以顯諸仁而藏諸用。而孟子推生物一本之理，以極惻隱羞惡辭讓是非之所緣生，故夫子曰：「五十有五而志於學。」所志者，知命、耳順、不踰之矩也。知其然者，志不及之，則雖聖人未有得之於志外者也。故孟子曰：「大匠不為拙工改廢繩，墨羿不為拙射變其彀率。」宜若登天而不可使逸獲於企及也。特在孟子之世，楊墨雖盈天下，而儒者猶不屑曲吾道以證其邪，故引而不發以需其自得。而自漢魏以降，儒者無所不淫，苟不抉其躍如之藏，則志之搖搖者，差之黍米而已背之霄壤矣。此《正蒙》之所緣不得不異也。宋自周子出而始發明體道之所緣，一出於太極陰陽人道生化之終始。二程子引而伸之，而實之以靜一誠敬之功，然游謝之徒且岐出以趨於浮屠之蹊徑。故朱子以格物窮理為始教，而檠括學者於顯道之中。乃其一再傳而後流為雙峯、勿軒諸儒，遂跡躡影沉，溺於訓詁。故白沙起而厭棄之，然而遂啟姚江王氏陽儒陰釋誣聖之邪說，其宄也為形戮之民、為閹賊之黨皆爭附焉，而以充其無善無惡、圓融事理之狂妄，流害以相激而相成。則中道不立、矯枉過正有以啟之也。人之生也，君子而極乎聖，小人而極乎禽獸。苟不知所以生不知所以死，則為善為惡皆非性分之所固有、職分之所當為。下焉者何弗蕩棄彝倫以遂其苟且私利之欲？其稍有恥之心而厭焉者，則見為寄生兩間，去來無準，惡為贅疣，善亦弁髦，生無所從，而名義皆屬漚瀁，以求異於逐而不返之頑鄙。乃其宄也，不可以終日，則又必佚出猖狂，為無縛無礙之邪說，終歸於無忌憚自非宄。吾之所始與其所終，神之所化，鬼之所歸，效天地之正而不容不懼以終始，惡能稱其盛而使信於學？故《正蒙》特揭陰陽之固有、屈伸之必然，以立中道。而至當百順之大經，皆率此以成。故曰率性之謂道。天之

外無道，氣之外無神，神之外無化。死不足憂而生不可罔，一瞬一息、一宵一晝、一言一動，赫然在出王游衍之中。善吾伸者以善吾屈，然後知聖人之存神盡性，反經精義皆性所必有之良能，而為職分之所當修，非可以見聞所及而限為有不見不聞，而疑其無偷用其蕞然之聰明，或窮大而失居，或卑近而自蔽之，可以希覬聖功也。嗚呼！張子之學，上承孔孟之志，下救來茲之失，如皎日麗天，無幽不燭。聖人復起，未有能易焉者也。惟其門人未有殆庶者，而當時鉅公者儒，如富文、司馬諸公，張子皆以素位隱居而未繇相為羽翼，是以其道之行，曾不得與邵康節之數學相與頡頏，而世之信從者寡。道之誠然者不著，是以不百年而陸子靜之異說興，又二百年而王伯安之邪說熾。其以朱子格物道問學之教爭貞勝者，猶水勝火，一盈一虛而莫適有定。使張子之學曉然大明，以正童蒙之志於始，則浮屠生死之狂惑不折而自摧，陸子靜、王伯安之蕞然者，亦惡能傲君子以所獨知，而為浮屠作率獸食人之悵乎？《周易》者，天道之顯也，性之藏也，聖功之牖也，動靜幽明屈伸誠有之而神行焉。禮樂之精微以存焉，鬼神之化裁出焉，仁義之大用興焉，治亂吉凶生死之數準焉。故夫子曰：「彌綸天下之道，以崇德而廣業者也。」張子言無非易，立天立地立人，反經研幾，精義存神，以綱維三才，貞生而安死，則往聖之傳非張子其孰與歸？是故《正蒙》者，匠者之繩墨也，射者之彀率也，雖力之未逮、養之未熟，見為登天之難，不可企及，而志於是則可至焉；不志於是，未有能至者也。養蒙以是為聖功之所自定，而邪說之淫蠱不足以亂之矣。故曰《正蒙》也。

◎譚嗣同《譚嗣同集・書信・上歐陽中鵠》十：獨惜易學尚未昌明耳。易冒天下之道，大約各教之精微誕謬，易皆足以括之，故曰至賾而不可惡。其精微處，船山《易傳》多已發明，惟誕謬處尚待旁通耳。

◎郭嵩燾《郭嵩燾全集・奏稿》光緒二年八月二十日（摘錄）：我朝經學昌明，遠勝前代，而暗然自修、精深博大，罕有能及衡陽王夫之者。夫之為明舉人，篤守程朱，任道甚勇。值明季之亂，隱居著書。康熙時，學臣潘未進呈其書，曰《周易稗疏》、曰《書經稗疏》、曰《書經引義》、曰《詩經稗疏》、曰《春秋稗疏》、曰《春秋家說》，皆採入《四庫全書》。《國史・儒林列傳》稱其神契張載《正蒙》之說，演為《思問錄》內外二篇。所著《經說》，言必徵實、義必切理，持論明通，確有依據。亦可想見其學之深邃。而其他經史論說數十種，未經採取甚多。其尤精者《周易內傳》《讀四書大全》，實能窺見聖賢聖

賢之用心而發明其精蘊，足補朱子之義所未備。

　　◎郭嵩燾《郭嵩燾全集・奏稿》光緒三年十二月初九日（摘錄）：王夫之經說繁多，疏證推衍，或間有缺誤，而如《周易內傳》《讀四書大全》，實能羽翼經傳，示人以規矩準繩之極則。方之諸儒，尤為純實。

王夫之 周易內傳發例 一卷 存

　　湖南博物館藏鈔本

　　道光二十二年（1842）守遺經書屋刻船山遺書本

　　山東藏同治四年（1865）湘鄉曾國筌金陵節署刻船山遺書本

　　山東藏上海太平洋書店 1933 年鉛印船山遺書本

　　山東藏臺北成文出版社 1976 年無求備齋易經集成影印道光二十二年（1842）刻船山遺書本

　　湖湘文庫本

　　◎末云：夫之自隆武丙戌始有志於讀易，戊子避戎於蓮花峰益講求之。初得觀卦之義，服膺其理，以出入於險阻而自靖，乃深有感於聖人畫象繫辭為精義安身之至道，立於易簡以知險阻，非異端竊盈虛消長之機，為翕張雌黑之術所得與於學易之旨者也。乙未於晉寧山寺始為《外傳》，丙辰始為《大象傳》。亡國孤臣，寄身於穢土，志無可酬業無可廣，惟易之為道則未嘗旦夕敢忘於心，而擬議之難又未敢輕言也。歲在乙丑，從游諸生求為解說，形枯氣索，暢論為難，於是乃於病中勉為作傳。大略以乾坤並建為宗；錯綜合一為象；象爻一致，四聖一揆為釋；占學一理，得失吉凶一道為義；占義不占利，勸戒君子，不瀆告小人為用；畏文、周、孔子之正訓，闢京房、陳摶日者黃冠之圖說為防。誠知得罪於先儒，而畏聖人之言，不敢以小道俗學異端相亂，則亦患其研之未精、執之未固、辨之未嚴，敢辭罪乎！易之精蘊非《繫傳》不闡。觀於《繫傳》，而王安石屏《易》於三經之外、朱子等《易》於《火珠林》之列，其異於孔子甚矣。衰困之餘，力疾草創，未能節繁以歸簡、飾辭以達意。汰之煉之，以俟哲人。來者悠悠，誰且為吾定之者？若此篇之說，間有與《外傳》不同者：《外傳》以推廣於象數之變通，極酬酢之大用；而此篇守彖爻立誠之辭以體天人之理，固不容有毫釐之踰越。至於《大象傳》，則有引伸而無判合，正可以互通之。《傳》曰：「默而成之，不言而信，存乎德行」，豈徒以其言哉？躬行不津，道不足以明，則夫之所疚醜於終身者也。丙寅中

秋月癸丑朔畢。

王夫之 周易外傳 七卷 存

湖湘文庫本

山東藏同治四年（1865）湘鄉曾國荃金陵節署刻船山遺書本

光緒石印王船山先生經史論八種本

山東藏上海太平洋書店 1933 年鉛印船山遺書本

山東藏臺北成文出版社 1976 年無求備齋易經集成影印道光二十二年
（1842）刻船山遺書本

九州出版社 2004 年船山易學集成李一忻簡體橫排點校本

湖南藏王嘉愷鈔本

中華書局 2000 年陳玉森、陳憲猷周易外傳鏡銓本

儒藏精華編點校本

◎九州出版社 2004 年船山易學集成李一忻簡體橫排點校本收《周易外
傳》七卷，《周易內傳發例》，《周易大象解》，《周易稗疏》四卷，《周易考異》。
附錄：《四庫全書總目提要》、《王船山先生年譜簡編》。

◎目錄：卷一：起乾訖否二十八論。卷二：起同人訖離二十三論。卷三：
起咸訖井二十四論。卷四：起革訖未濟三十論。卷五：繫辭上傳十六論。卷
六：繫辭下傳十五論。卷七：說卦傳一論、序卦傳一論、雜卦傳一論。

王艮 易贅 二卷 存

順治刻本

◎一名《不菴易贅》。

◎易贅序：自三代以還，世道治亂非一：其治也，必聖賢揭常道于天下，
而生民有以各正其性命；及其亂也，反厥常而變之。迭興迭廢，其端終不外
此。常變之道具于六經，六經之理統乎易，世之言易者皆言于有易之後，莫
言于易所從出之先；皆就其著于定位之理究之，莫能挈理以用位。穿鑿附會，
言日眾而易日晦，非振世之士以言掃言，反於孔周文義之前，後之學易者何
從而知真易哉！不菴先生之為《易贅》也，謂易即道，道即未發之中。中之所
著，其由為理。理之從違，是為常變。爰以常變二義盡易之蘊，窺其幾于未畫
之先，通其用于繫名之後，身畫卦之經營，不見象而見理，分篇序卦，直以一
段作用目之學易，一圖闡羲皇之秘而洩之。其言廣大精微，日用有據，豁開

千古心胸，向諸儒頂門伸腳踏去，掃除一切言詮，指出形而上事，使人忘言契理，復其無變之常。以之經世則為豪傑，而廢興亂治於是乎存；以之淑世則為真儒，而生民性命於是乎正；以之無可無不可於世，則往古來今百世聖賢之妙用不煩遠索。近指諸身，即此凡民無不與知能行，非振世者不必為豪傑、真儒、聖賢，可以整齊一世，振其綱，復其常而己不與焉，斯其人何如人哉！先生嘗言英雄末後有兩路：退步則為神仙，進步則為聖賢。聖賢吾不敢，神仙吾不屑，但能於萬境分殊挈理用之，不失其常，不見其變而已。果在變，不見其變，則於其常必極其常。以視廢興治亂，真如盃酒局棋，先生全身有活易矣。活易者，大中之道，易之所從出者也。人能由《易贅》言契於無畫之活易，即六經皆為註腳。得其用而施之三代，去人不遠。孔子曰「易以通天下之志」，無人無志，易可通之，則無人無易，此先生若不欲言而終言之，又必目之為贅也。其於世道有深慮矣。予素不知易，先生以序屬予。及史子且謂兩人進退有合于易，不敢辭而序之，謂為贅之贅可耳。灘水世社弟吳懷拜題于在我居。

◎序：數年來與無悶語，始恨不學，不能潛玩易理，雖能易，固未嘗與吾遠也。時事之常即卦爻之著，日用之而奚為不知，又將奚學乎？抑聞之邵子之闡易也，雖有負才氣者，十年不仕而從事于此，殆未之許。程子《易傳》成，久不示人，曰：覬有少進耳。易如是其難言哉？夫由日用之常以究難言之旨，自非明睿真儒莫窺厥奧，此無悶《易贅》所以作也。吾嘗求學易之要義，源于象，象源于圖，而其理一統于太極。太極不可以名求，必反證之于吾心動息之微，其闔闢之幾乎閑存之頃，其剛柔之事乎虛實，名不具明。或有移其進退消長變化之道乎使不得其源而學之，則四聖人所為明白示人者反失之訓詁揣摩。易雖不與人遠人，又惡乎知之也。無悶純世自淑，冥心默契于日用之常，不事訓詁而亦無待揣摩。其言自能超詣，德前儒所未有。蓋其知之也真，體之也切，故其操之也約，貫之也周。其曰易之用在春秋詩書禮樂，寧復有膡義。顧予不學，未能發其全蘊。而無悶且自命曰「贅」，無悶贅易乎？易須無悶贅乎？吾身一易也，吾世一易也，先羲、文以觀易，易固未始有闕；後周、孔以論易，易愈未始有窮。彼四聖人者，亦將自以為贅乎？世之學易者，又何可無無悶之贅也？年家社弟史白堅又氏拜書于靜坐之廬。

◎易贅序：有言非得已也，不得已而為之言，必因前人之缺畧訛謬而後

發其所證以補正之也。無其說之謂缺，有其說而未盡之謂畧，有其源而淆之之謂譌，無其源而橫決其流之謂謬。有缺有畧，補之可也；有譌有謬，正之可也。無缺畧譌謬而必欲以言見于世，是譫也。譫者病之所致，病於人為失其常。君子處常而不失，何病而為譫語哉？易為萬理之所自出，儒者固無不讀之也，亦無不自為得之也，然而未易言也。易之大，無所不包，則宜其有缺之者；易之精無可喻，則宜其有畧之者。大故易淆，精故難辨，而為譌為謬者不可以計。漢儒亂其數，宋儒鑿其理，即其有合于易而不失厥旨者，要非全易矣。其為缺為畧為譌為謬可勝言哉？吾早歲讀易，見爻之義而疑焉，於是悉屏其文，獨取象以觀之，以吾之疑而質之象，象不我告則悶然退，退而益不自得也則悶益深，悶極而機忽啟焉。急取而證之，無不合也。質之卦名而合，質之爻義而合，質之十翼而合，質之千百世之上千百世之下而無不合，此庶幾為全易乎？以視夫不得其源、因前人之言而務鑿以亂之者，又烏得無一言以明註之哉？然而缺畧不少也，譌與謬則斷斷無之矣。繇吾說而讀世儒之所謂《周易》者，則見文之註羲、周之註文、孔之兼註三聖也。而孔有孔之易，周有周之易，文有文之易，羲有羲之易，吾亦有吾之易，千百世上下之人無不各有其易。易固未嘗一日或變一日或失也，何有不得已而強為之言哉，吾贅矣。不菴王艮序。

◎《存目標注》一八九：浙江藏康熙刻《鴻逸堂稿》卷一卷二為《易贅》，題「太原王煒撰」，半頁九行，行二十字，白口，左右雙邊。前有吳懷序、史白堅序。

◎道光《歙縣志》卷八之五：年二十，讀易山中，豁然會心，有《易贅》之作。

◎道光《徽州府志》卷十五《藝文志·歙》：王艮《易贅》二卷（《經義考》作一卷）。

◎民國《歙縣志·儒林》卷七《人物志·文苑》：王煒號不菴，自其祖龍山及父貫一，世傳理學。年二十讀易山中，豁然會心，有《易贅》之作。

◎民國《歙縣志》卷十五《藝文志·書目》：《易贅》二卷、《鴻逸堂藁》、《漢臯小草》四卷（俱王艮）。

◎《經義考》卷六十二：陸元輔曰：歙人王艮字无悶，著《易贅》，其友始安吳懷、鄱陽史白序之。

◎四庫提要：是書每條皆泛論易理，不標經文。凡與人問答書中有論及

易者亦節錄附入。自序云：「漢儒亂其數，宋儒鑿其理，其有合於易而不失厥旨者，要非全易矣。」然大旨仍主義理而不言象數。《經義考》作一卷，稱其友始安吳懷、鄱陽史白序之。今二序並存而卷分為二，題曰王煒，蓋艮之初名也。

◎《欽定四庫全書考證》卷四十六：卷六十二，王氏《易贅》，艮自序曰：「由我說而讀世儒之所謂《周易》者，則見文之註義、周之註文、孔之兼註三聖也。」刊本「義」訛「文」，據下文改。

◎周按：或有題著者為王良者，誤。

◎王艮（1626～1701），原名王煒，字雄右，又字無悶，號不庵、廣乘樵，晚號鹿田。安徽歙縣俞岸（今森村鄉漁岸村）人。與顧炎武、漸江等遊。又著有《鴻逸堂稿》五卷、《漢皋小草》四卷、《葛巾子內外集》。

王冠山　讀易隨筆　佚

◎《中州藝文錄》、《河南通志藝文志稿》著錄。

◎王冠山，字酉峰。河南宜陽人。張恕門人。同治三年（1864）舉人。

王冠石　周易注　二卷　佚

◎民國《臨淄縣志》卷二十七《人物志》七：克承家學，尤精易學，著有《周易注》二卷。

◎民國《臨淄縣志》卷三十四《藝文志》：《周易注》，王冠石撰。

◎王冠石，字原洛，號筠園。山東臨淄人。王時亮子。乾隆乙卯舉人，考取覺羅官學教習，期滿引見，授直隸寧晉縣知縣，未赴任卒。

王光甲　讀易補義　八卷　佚

◎光緒《重修安徽通志》卷二百二十五《人物志》：王光甲（著《讀易補義》八卷、《乾變坤化圖說》）。

◎光緒《重修安徽通志》卷三百三十五《藝文志》：《讀易補義》八卷（王光甲著）、《乾坤變化圖說》（王光甲著）。

◎民國《重修婺源縣志》卷三十五《人物》八：家貧力學，嘗匯參宋五子書，著《讀易補義》八卷，繪圖繫注，脈絡貫通。又《括囊心法》四卷。

◎王光甲，字冠山。安徽婺源（今屬江西）銀峰人。博覽羣書，尤精《文選》。著有《讀易補義》八卷、《括囊心法》四卷、《乾坤變化圖說》。

王光甲 乾坤變化圖說 佚

◎光緒《重修安徽通志》卷二百二十五《人物志》：王光甲（著《讀易補義》八卷、《乾變坤化圖說》）。

◎光緒《重修安徽通志》卷三百三十五《藝文志》：《讀易補義》八卷（王光甲著）、《乾坤變化圖說》（王光甲著）。

王國瑚 易經窮鈔定本 七卷 存

順治八年（1651）刻本

◎一名《易經窮抄六補定本》。

◎王國瑚，字夏器，號珍吾。山西呂梁臨縣人。王含光祖。又著有《四書窮鈔》。

王國黌 三易合攷 佚

◎同治《常寧志》卷九《藝文》：唐先榮序署：表弟王子莪士精於易，其家傳也。莪士之伯著《三易圖說》，為中丞巴公所稱賞。莪士繼其志作《三易合攷》。

◎王國黌，字莪士。湖南常寧人。歲貢。又著有《四書摘要》。

王國年 易困輯解內外篇 存

江西藏清鈔本

◎王國年，生平未詳。

王含光 易圖直解 一卷 存

康熙十九年（1680）刻本

山東、南京藏南京京華印書館 1936 年鉛印本

◎王紹曾先生《清史稿・藝文志》易類拾遺作王涵光。

◎乾隆《蒲州府志》卷二十二：《谷口集》、《易學三述》、《易圖直解》，國朝河南按察使猗氏王含光著。

◎王含光（1606～1681），幼名照，後字表樸，號似鷦，又號鶴道人、谷口逸人。山西運城猗氏（今臨猗）王村人。崇禎三年（1630）舉人、四年（1631）進士，觀政吏部。六年（1633）授行人司行人，十三年（1640）遷吏部驗封司主事，十四年（1641）升考功司員外郎。十七年（1644）為李自成軍虜獲，被

脅入陝，給官不受，後逃歸。順治二年（1645）以原官起用，授吏部儀制司員外郎。順治四年（1647）充會試同考官，六年（1649）遷吏部考功司郎中。七年（1650）遷文選郎，加太常寺少卿。十年貶光祿寺丞，十一年年復升本寺少卿。十二年（1655）轉太僕寺少卿，權攝督捕侍郎。十三年（1656）升河南按察使。康熙四年（1665）致仕歸鄉，興學課士，成就甚多。深慕山巨源似仕非仕似隱非隱，築園名「似園」。嘗披覽經史百家以至釋道雜家、天文地理、書畫醫卜等，無不窮其精微，考其得失。精書法。又著有《谷口詩集》七卷、《四書疑注》、《吟壇辯體》、《金剛經解》、《道德經解》、《醫在選要》等。又編訂《王氏家譜》。

王含光 易學三述 一卷 存

康熙十二年（1673）刻本

山西大學藏康熙十九年（1680）刻本

南京藏南京京華印書館 1936 年鉛印本

王皥校錄 大易象數鉤深圖 一卷 存

乾隆五年（1740）向山堂刻六經圖定本六種本

◎目錄：易有太極圖、乾知太始、坤作成物、天尊地卑、參天兩地圖、日月為易、河圖數圖、洛書數圖、天地之數、乾坤之策、乾坤六子圖、渾天六位圖、伏羲先天圖、方圓相生圖、仰觀天文圖、俯察地理圖、伏羲八卦圖、八卦取象圖、文王八卦圖、八卦象數圖、四卦合律圖、八卦納甲圖、剛柔相摩圖、八卦相盪圖、六爻三極、五位相合、帝出震圖、蓍卦之德、序上下經圖、三變大成圖、重易六爻圖、六十四卦天地數圖、六十四卦萬物數圖、卦爻律呂圖、運會曆數圖、乾坤大父母圖、復姤小父母圖、八卦生六十四卦圖、八卦變六十四卦圖、陽卦順生、陰卦逆生、六十四卦反對變圖、復姤臨遯泰否六卦生六十四卦、日月運行一寒一暑卦氣之圖、六十四卦卦氣圖、十三卦取象圖、三陳九卦之圖、參伍以變圖、十有八變圖、一陰一陽圖、先甲後甲圖、陰陽君民、陰陽奇耦、二儀得十變化、十日五行相行、大衍之數圖、揲蓍之法、陽中陰、陰中陽、通乎晝夜圖、河圖百六數、八卦司化圖、類聚羣分圖、序卦圖、雜卦圖、太元準易卦名圖、太元準易卦氣圖、皇極經世全數圖、邵氏皇極經世圖、溫公潛虛擬玄圖、潛虛性圖、說卦配方圖古今易學傳授圖。

◎王皥自序：《六經圖》平生所見諸本互有異同：一為西江信州學石本，

鉅幅十二，每經視圖之疎密為大小，錯綜分二幅為上下卷，未載何代鐫刻、編輯姓氏，好古者為其摹搨之難也，易木本以行，每一經上下卷各析為四篇，修廣倍長；一為宋紹興中布衣楊甲鼎卿所譔，乾道初苗君昌言、毛君邦翰序而刻之，迨萬曆乙卯，新安吳君繼仕，校讎摹刻，極其精工，卷帙亦頗修廣；踰年丁巳，蘭谿郭君若維依樣翻刻，宛若吳本。是皆窮經之士所珍祕。康熙己丑，龍眠江氏宗石刻縮為常帙。又壬寅瀨上潘君案鼎宗吳本，斂若羣書式，別署禮耕堂本。雖皆剞劂弗逮，亦聊便披讀爾。皛按同為經圖，各有漏略，郊居杜門，竊擬匯為一書，專主鼎卿所譔，而以石本輔其未備，每圖務加詳覈，歸於至當。量圖注布格，數易其稿，手寫成帙。得《易經圖》七十有二、《尚書圖》六十有八、《詩經圖》四十有四、《春秋圖》一十有五、《周禮圖》六十有二、《禮記圖》五十有一，共圖三百一十有二。凡依舊本編錄者，或有圖無注，或圖詳注畧，或圖注而有舛錯，倘承譌襲謬，懼貽誤來學。迺會粹羣書，參訂增補，附載各經圖卷後，折衷有道，示不敢逞臆見也。攷《宋史》有葉仲堪《六經圖》七卷、俞言《六經圖說》十二卷，外此專經圖復有四十餘家計二百八十餘卷。然則圖顧不盡於鼎卿所譔，因吳氏据楊本重刊較石搨更為明晰，而葉、俞遺編又復不傳，故第以是本為宗而商榷之可矣。友人醵金謀梓，止成《易》《詩》《書》三經，餘未卒業。新都楊子次銘素稱博雅，於己未秋偶探未刻稿，閱之稱善，且資其挍對，慨延良工續刻，數月而竣。亟衷述原委，緘寄臨沂椅園先生，緣皛屬門下士，曾以質諸函丈，許其問世。今必樂觀厥成，不惜一言弁其端，俾款啟寡聞之士，得附青雲以顯，而次銘高義亦足徵度越常流矣。乾隆五年庚申夏五，古呰繇城南廎莊王皛書。

　　◎王皛，安徽六安人。

王鴻鑛　易彙解　十卷　佚

　　◎道光《徽州府志》卷十五《藝文志・婺源》：王鴻鑛《易彙解》十卷。

　　◎王鴻鑛，安徽婺源（今屬江西）人。著有《易彙解》十卷。

王宏撰　周易筮述　八卷　存

　　四庫本

　　乾隆五十八年（1793）滋德堂刻本

　　康熙三十二年世德堂刻本

　　臺北商務印書館 1983 年景印文淵閣四庫全書影印國立故宮博物院藏本

西北大學出版社 2015 年劉學智、方光華主編關學文庫孫學功校注王弘撰集本

◎自序：易者天也，筮者人也。伏羲、文王、周公言天，孔子言人。蓋易至孔子而正德之事備，則莫備於筮。筮者和順於道德而理於義，窮理盡性以至於命之學也。學之不講，而但求之吉凶，於是以朱子謂易本卜筮之書為淺之乎言易，不知伏羲示象，文王於蒙、比發初筮、原筮之義，周公於革發未占、有孚之義。至孔子作《大傳》，无非發象占之義。其在《論語》引恒九三之辭而曰不占，是以易為卜筮乃朱子之所以考諸聖人而不謬者也。《書》建稽疑五謀，而卜筮居其二，記曰「疑而筮之則弗非也，日而行事則必踐之」。聖人之以卜筮為教也，觀象玩辭、觀變玩占，顯諸仁，藏諸用，人事盡而天道協，夫豈苟而已哉？自焦贛出而聖人隱，自《易林》出而聖人之言隱。京房、管輅、郭璞輩繼之而相天相地相人之術百家雜起，言易者日紛，去易日遠。詭僻誕怪，求知所不可知，而道德性命之事荒矣。故予責亂易之罪，以贛為首。《太玄》《元包》《潛虛》《皇極篇》之作，皆思以私智自見。用三、用五、用七、用九，卒失其自然。又或飾以古文奇字，以是求天人之合，亦徒勞矣。近世之深於易者，推韓恭簡公，其著《易占經緯》兼用《易林》。予為是書，必黜《易林》，惟奉《周易》之辭，而撰著之法則以《啟蒙》之所定者為主。竊慨夫以聖人之道而流於術也，舉焦、京、管、郭一切可驚可疑之事、附會之說概擯之，即所傳邵子前知其不以著得者，亦无取焉。乃知程子所謂與堯夫同里居三十餘年无所不問而獨未及數者，其言非漫然也。燕處一齋，屏去百慮，曠視古今，洞徹物我，本朱子之說以上溯四聖人之旨，曉然於天地變化之神、陰陽消長之妙，決嫌疑，定猶豫，正言斷辭，莫非教戒，使之不迷於吉凶悔吝之途，而適乎仁義中正之歸。而胡氏所謂朱子於易學為金聲玉振者，可以俟諸百世而不惑矣。其末或有一二端之不合，蓋心之所見不敢自匿而隨響遂影以冀貌於學者之虛名也，然與經傳之言則無不合焉。庶幾後有知者，亦可以告無罪矣。雲臺後學王宏撰自序。

◎跋：易之為道，廣大精微，無所不包。其體立於無私，其用神於不測。學之者須洗盡俗腸，澄心靜氣，探其本，窮其用，其要歸于大中至正。其戒嚴於邀倖鬼誕，固未可以淺嘗得也。乃世之學者，非拘牽文義則膠執管見，非泛求象數而忘其所以則執定名理而遺卻象數，甚至以一腔私念、末世功利，冀倖之私解說四聖微言，是故言愈多而理愈晦，古之聖人閑邪存誠之妙

用、開物成務之大功，嗚乎棄如土矣。不識程子言理而不言數，與言理而數不能外之道，朱子言理而兼言數與言理數，而《程傳》益昌明較著，實有所以並行不悖者，其故維何？王徵君先生山史抱道談經，積學七十餘年，偶遊南國，相與聚首洞然書屋，扣厥原本，盖深得力于伊川、考亭之秘者。出晚年所訂《筮述》八卷並手錄《程傳》示予曰：「今人大都理會制舉藝，讀《周易本義》者多，讀《程傳》者少。求其理與數之兼貫、卦爻象彖之互相發明也，難矣。若《程傳》不行於世，祗讀《本義》，是宗考而忘祖矣。余為揀先師田愧材先生重刻《二程遺書》內《易傳》曰有是以公海內矣，《筮述》是吾責也。」爰授之梓以問世，其間扶陽抑陰，發《本義》所欲發，自序已概及之，小子何知，究未審于易功罪為何如耳。康熙癸酉陽月，三原後學員賣載謹跋。

◎何焻彥《易經遵孔八哲類稿》卷十二《集哲》：王氏宏撰《周易筮述》，以朱子謂《易》本卜筮之書，因作此篇以明其義。凡十五篇，雖專為揲者而作，然闢焦京之小術、闡義文周孔之宏旨，立論悉本經義，與方技家所說迥殊。雖列於易類，不以術數論，然於易筮則未得也。

◎乾隆《華陰縣志》卷十五《經籍》：六經所載，皆以卜筮並言。卜用龜，筮用蓍，《易大傳》「幽贊於神明而生蓍」，不復言龜。是書以蓍為主，故曰《筮述》，凡八卷。

◎四庫提要：宏撰以朱子謂易本卜筮之書，故作此編以述其義。其卷一曰《原筮》、曰《筮儀》、曰《蓍數》。《筮儀》本朱子，並參以汴水趙氏。其卷二曰《揲法》，其卷三曰《變占》，尊聖經，黜《易林》，稽之《左傳》，與朱子大同小異。其卷四曰《九六》、曰《三極》、曰《中爻》。中爻即互體。其卷五曰《卦德》、曰《卦象》、曰《卦氣》。《卦氣》本邵子、朱子，並附《太乙秘要》。其卷六曰《卦辭》。其卷七曰《左傳國語占》、曰《餘論》。其卷八曰《推驗》，采之陸氏，其涉於太異可駁者弗載。其書雖專為筮著而設，而大旨辟焦、京之術闡文、周之理，立論悉推本於經義，較之方技者流實區以別，故進而列之易類，不以術數論〔註31〕焉。

◎王宏撰（1622～1702），字修文，亦字無異，號山史。陝西華陰縣人。康熙十八年舉博學鴻儒，被召至京，藉故有病未參加廷試。名士王士禎、汪琬、施潤章等與之為友。著有《砥齋集》十二卷、《周易筮述》八卷、《周

〔註31〕《庫書提要》無「故進而列之易類，不以術數論」數字。

易圖說述》四卷首一卷、《正學隅見述》一卷、《砥齋題跋》一卷、《山志》
六卷。

王弘撰 周易圖說述 四卷 首一卷 存

國圖藏康熙二十六年（1687）佟毓秀、馬如龍武林刻本

國圖藏乾隆四十四年（1779）趙振鐸、于光華先生堂刻本

陝西藏道光二年（1822）大荔李致遠堂刻本

上海藏光緒三十三年（1907）蘭州敬義堂刻本

上海藏清鈔本

西北大學出版社 2015 年劉學智、方光華主編關學文庫孫學功校注王弘撰
集本

◎王弘撰《周易圖說述序》〔註32〕：天地事物之理、聖賢之意，有語言
文字所不能遽悉者，莫如圖為易曉。朱文公作《周易本義》，首列九圖以明易
之原，而《卦變》一圖本於河陽陳氏之說，乃又增其變，為後儒之所疑。予
為是編，特復陳氏之舊，而更益以諸家圖說。或相證合，或相發明，或推測
一義，或旁通別類，雖其間有重見疊出至涉於璅屑，弗恤焉。於戲！易之變
化至不可窮也，狀可一言以蔽之曰「一陰一陽之謂道」而已。一陰一陽之謂
道者，言不貳也，不貳則交，交則生，生則惡可已？故又曰「生生之謂易」，
斯不測之神也，神也者，妙萬物而為言者，言乾坤之不貳也，狀後能變化既
成萬物者，言乾坤之不測也。故六子用事而乾坤之德可知矣。是其義莫著於
象數，知象數者莫精於邵子康節。康節而後談象數者不一家，唯其符契自
狀，引而伸之、觸類而長之，故足述也。雖然，不求之象數，易不可見也。
徒求之象數，易亦不可見也。則所謂體用一原、顯微無間者果何如哉？蓋孔
子而後，善說易者當獨尊子思，《中庸》一書莫非易也。孔子散而言之，故曰
「仰則觀象於天，俯則觀法於地，觀鳥獸之文與地之宜，近取諸身，遠取諸
物」。子思一以貫之，故曰「其為物不貳，則其生物不測」；易有太極焉，《中
庸》曰「於穆不已」，又曰「上天之載，無聲無臭，太極之謂也」；易有三才之
道焉，《中庸》曰「博厚所以載物也，高明所以覆物也，悠久所以成物也」；
三才備矣，吉凶悔吝之占，易所謂教人知幾之學也，《中庸》曰：「莫見乎
隱，莫顯乎微」；齊戒以神明其德，窮理盡性以至於命，所謂教人藏密之學

〔註32〕錄自乾隆《華陰縣志》卷十五《經籍》。又見於王弘撰《砥齋集》卷一下。

也，《中庸》曰「戒慎乎其所不睹，恐懼乎其所不聞」；易以知來，《中庸》曰
「至誠之道可以前知」；易以開物成務，《中庸》曰「經綸天下之大經，立天下
之大本，知天地之化育」，狀則易之所以與天地準，而《中庸》之所以與天地
參者，不從可識乎？於戲！書不盡言言不盡意，知變化之道者，亦存乎人之
自得而已。昔康節作《皇極經世》，程純公曰：「堯夫之法只加一倍耳。」康節
歎其聰明。他日正公舉問純公，曰：「已忘之。」後之學易者，觀於是編，能
盡康節之法，又能為純公之忘，則古之所云善易者不言易，斯旦暮遇之矣。
華山王宏撰自序〔註33〕。

　　◎馬如龍序：古來函蓋萬有、研理極數之書，莫精于《易》。易之所原本
者何？河洛是也。使無河洛，則無有易；無有易，則不得備卜筮以牖百姓之
衷，而聖人同患之情以隱。故學者探本溯源，斷自圖書始。易說繇商瞿而下，
施、京、馬、鄭繼之，一變而為輔嗣王氏之易，再變而為圖南陳生之易。意見
互異，駁雜不精。至程朱《傳》《義》出，而四聖人之道始著。程朱之所宗者，
大抵濂溪與康節耳。周子無極太極之說，渾渾灝灝，根極理奧，析及毫芒，能
使陰陽動靜生生不窮之義經緯縱橫，了然在人心目，談易家信難逾越其闌闕
矣。邵子《皇極經世》一書，以元統會，以會統運，以運統世，上追洪濛之
世，下究混合之末，分配十二時，就河洛中五之數推而衍之，而知來彰往億
千萬類之胎卵化生、億千萬劫之天地開闢，舉不外此。參數日不遺乎理，其
有功於圖書也，固宜後世經生束髮就塾，各占一經，或詡為易壇宿望，而叩
之以圖書原委，茫然不識為何物。夫理與數相表裏也，不知數，安知理？不
知理之寓於數，安知數中之皆理？且不知河洛之理與數，則言卦言爻言辭言
占象變，童而習之，壯而文之者，咸糟粕耳。易學之榛蕪可勝道哉！余友王
公無異，篤學潛修，睥睨章句，於六經史學靡不淹貫，而尤殫心於易學。今上
御極之十六年舉博學鴻詞，屢以疾辭。雅志著書，絕意仕進，泊如也。他日出
所為《周易圖說述》示余曰：「君素有同心者，曷為我訂正之，得無繆戾否？」
余展而覽其圖、究其說，剖悉奇耦之生成、辯論陰陽之變化，圖書分合之數、
卦畫生變之理，分流別派，條理井然，俱博証先儒而裁以己意。探本溯源，曲
盡其蘊，迥非剽竊雷同者比。不禁喟然嘆輿曰：王公之窮年力學而不以仕進
為榮也，有以夫！余向服王公之才，今喜是編之作，理數俱陳，得以啟發蒙

〔註33〕王弘撰《砥齋集》卷一下「則古之所云善易者不言易，斯旦暮遇之矣。華山
　　　　王宏撰自序」作「斯善矣」。

贐，而為河洛功臣也。因授梓而為之序。金明馬如龍序。

◎佟毓秀序：易之為道也，廣大悉備，變動不居，有意言象數焉，非極研之無以窺其藩籬，矧夫堂奧。自漢田和以至鄭元皆言象數，魏王弼起而掃之，然往往涉於老、莊。而京房、焦贛、郭璞之徒，又雜以技術。唐孔穎達宗王、李鼎祚祖鄭，各是其所見、毀所不習。學者分岐，莫知適從也久矣。宋邵子精於象數、程子獨言理，至朱子而兼之，而易學始明於天下。余嘗隨侍家君入關中訪三輔文獻，即知徵君王山史先生。及遇華陰，歷三峯之勝，周行於煙村潤道之間，而白叟黃童，無不誦先生之德者。不圖卓子康、王彥方之風復見於今日，遂同友人南枝特造其廬，則松菊三徑，牙籤萬卷，先生方偃仰自如也。留談信宿，得讀所著書《周易圖說述》四卷約十萬餘言。蓋以邵、朱相傳之九圖為的，而博采諸家為之折衷。純正精粹，自得之詣，不苟同於人間，亦有與邵、朱之言微異者。夫朱子師程子者也，而作《四書集註》，不盡用程子之說。為學之道，罔敢自欺，大綱既同，無害其節目之異也。余聞南枝言顧亭林先生常語人云：「今之學易者講象數而不局於象數者，惟王山史耳。」信哉其言矣。因借錄副本，藏之笥中。丙寅攜至武林，將付諸剞劂以廣其傳。太守見五馬公曰：「此余夙心也。」遂共成之。襄平佟毓秀序。

◎乾隆《華陰縣志》卷十五《經籍》：《周易圖說述》四卷（王宏撰著）。

◎乾隆《華陰縣志》卷五《建置》：待菴，王宏撰之山房也，初曰讀易廬。所著《周易圖說述》《周易筮術述》悉成於斯。

王化平 周易解蒙 四卷 存

鈔本

◎劉仞千《臨朐續志》：王化平《周易解蒙》四卷，為手自鈔本，雖擇輯諸註成書，而於乾坤二卦文言頗有發明，亦邑內解易者所不可多得之作也。

◎王化平，山東臨朐東窪子人。附生。平生好鐫石，有《石刻百壽圖》。

王化平 周易口義 佚

◎民國《臨朐續志‧藝文》著錄是書手鈔本，提要云：雖擇輯諸注成書，而於乾坤二卦文言頗有發明，亦邑內解易者所不可多得之作也。

王懷玉 羲經精義 一卷 佚

◎光緒《重修皋蘭縣志》卷二十《藝文》：《羲經精義》一卷，王懷玉箸。

◎光緒《重修皋蘭縣志》卷二十三《人物》三：著有《羲經精義》《糾心集》。

◎王懷玉，字玉如。甘肅皋蘭縣人。庠生。明易學，與同邑陳育仁以性理書相切劘。

王蕙蘭 周易研翼 不分卷 存

山東博物館藏稿本

丁氏鈔本

◎孫葆田《山東通志》卷一百二十七《藝文志》第十：《周易研翼》十五冊，王蕙蘭撰。蕙蘭字仲芳，一字東圃。長清人。光緒癸未進士，歷官任邱知縣。是書有鈔送本。首二冊為諸圖，三冊至十冊解上下經，十一冊《文言》，十二三冊《繫辭》，十四冊《說卦》、《序卦》，十五冊《雜卦》，附朱子《筮儀》。採取諸說甚富。

◎《續提要》略云：其訓釋博採先儒諸說，極為繁富。類皆先折衷程朱，而斷以己意，大抵明白簡要，無穿鑿坿會之談，亦不雜以術數、圖書之說，擷漢宋之精華，而刊其蕪累，頗可為學易者之津梁。惜原書成後，未能重為編定，故其間錯簡脫葉，極為眾多。故訛謬之處，尚能為之重加整理，去其蕪累，則盡善矣。蕙蘭極嗜易，闡象數，闡義理。是書所採眾說，上自漢晉，下迄元明，摭拾凡百餘家。又能萃眾說而折其衷，故所坿己說，亦極篤實也。

◎民國《長清縣志·邑人著述》作《周易衍翼》十五卷。

◎王蕙蘭，字仲芳，一字東圃。山東長清人。光緒癸未進士，歷官任邱知縣。著有《周易研翼》。

王吉震 周易輯說 四卷 佚

◎孫葆田《山東通志》卷百二十七《藝文志》第十：是書見《採訪冊》。其說以來氏為宗。

◎王吉震，字海霆，號雨橋。山東膠州鼇山衛人。同治癸酉拔貢，官內閣中書。

王季球 讀易知解 二卷 佚

◎民國《宿遷縣志》卷九《選舉》：著有《讀易知解》二卷、《公餘自省

錄》一卷、《試墨齋吟草》二卷。

　　◎王季球，江蘇宿遷人。同治甲戌（1874）進士，官內黃、溫縣、蘭儀知縣，在任候補直隸州。工詩擅文。又著有《公餘自省錄》一卷、《試墨齋吟草》二卷。

王家璧　洪範通易說　一卷　存

　　湖北藏王家璧雜著稿本

　　◎光緒《黃州府志》卷三十二《藝文志》：《洪範通易說》，黃岡王家璧撰。

　　◎光緒《武昌縣志》卷十《藝文》：《洪範通易說》王家璧撰。

　　◎光緒《武昌縣志》卷十六《人物》：又有《周易集注》《洪範通易說》《老子注》《南華經注》《奏議》《雜文》各稿。

　　◎王家璧（1814～1883），字孝鳳，又字月卿。湖北孝感人。學於江漢書院。道光十二年（1832）秀才，十七年順天舉人，廿一年考取覺羅官學教習，徒步萬里探父。道光二十四年（1844）進士，授兵部主事，充順天鄉試管錄官和會試受卷官。曾國藩深器之。咸豐四年（1854）以兵部主事升任候補員外郎。咸豐七年（1857）入胡林翼幕，委辦捐釐事宜。咸豐九年（1859）回任兵部。同治間數入曾國藩幕襄贊營務。同治六年（1867），由曾國藩奏保以四五品京堂候補，未幾發交左宗棠軍營差委。同治十年（1871）回京供職，授太常寺少卿，隨後改授順天府府丞。光緒三年（1877），任奉天府學政，後因故降三級調用，旋授鴻臚寺少卿。又著有《狄雲行館偶刊》、《狄雲行館詩文集》、《老子注》、《南華經注》等。

王家璧　周易集注　存

　　湖北藏王家璧雜著稿本

　　◎光緒《黃州府志》卷三十二《藝文志》：《周易集注》，黃岡王家璧撰（家璧武昌籍）。

王家璧　周易條辨　佚

　　◎光緒《淮安府志》卷三十八《藝文》：《周易條辨》《三禮存疑》《春秋集解》《四書識小錄》《地理續經》《求志錄》《知性錄》《天學闡微》《句股啟蒙》《方田正誤》。

　　◎光緒《鹽城縣志》卷十六《藝文志》下：王家璧《周易條辨》《三禮存

疑》《春秋集解》《四書識小錄》《求志錄》《知性錄》《天學闡微》《地理續經》《句股啟蒙》《方田正誤》（光緒《府志》皆已著錄），《增訂天文恆星訣》《算法一隅》《雲巖文鈔》《雲巖詩存》（皆其孫步丹家藏鈔本）。

◎王家璧，江蘇鹽城人。

王嘉賓 周易會解 十六卷 佚

◎光緒《臨朐縣志》卷之九上《藝文》：書云以程子《易傳》、朱子《周易本義》為宗，而二書中又先《本義》而後《程傳》，以《傳》偏於言理，不及《本義》之備也。亦有舍《傳》《義》而采及眾說者，上自漢晉，下迄元明，摭拾凡二百餘家。雖擇焉不必悉精，而博證旁參，亦可云勤學矣。間附己說，亦自篤實。

◎孫葆田《山東通志》卷一百二十七《藝文志》第十：《縣志》載是書云：以程子《易傳》、朱子《周易本義》為宗，而二書中又先《本義》而後《程傳》，以《傳》偏於言理，不及《本義》之備也。亦有舍《傳》《義》而采及眾說者，上自漢晉，下迄元明，摭拾凡二百餘家。間附己說，亦自篤實。

◎王嘉（家）賓，字恪庭。山東臨朐城東楊家莊人。道光丙午歲貢。又著有《古邴記略》四卷《總紀》一卷。父明經號雪園，亦續學士。

王嘉璿 易經解 佚

◎道光《續修桐城縣志》卷二十一《藝文志》：《四書解》《易經解》（王嘉璿撰）。

◎王嘉璿，安徽桐城人。

王檢心 易經說約 佚

◎同治《續纂江寧府志》卷十四之一《人物》：箸有《易經說約》《春秋本義》《孝經本義》《四書存真》《禮傳合鈔》等二十餘種。又刊《姚伯山全集》《香峯文鈔》以行世。

◎汪士鐸《汪梅村先生集》卷十一《直隸候補道王公墓誌銘》（代涂中丞）：先生箸有《易經說約》《春秋本義》《孝經本義》《四書存真》《禮傳合鈔》等二十餘種，又刊姚公《伯山全集》、《香峰文鈔》以行世。

◎劉聲木《桐城文學撰述考》卷二「王檢心撰述」：《易經說約》、《春秋本義》、《孝經本義》、《四書存真》、《禮傳合鈔》、《歷代帝王紀年表》一卷、

《朱子白鹿洞書院揭示集解》□卷。

◎王檢心（1804～1869），幼名立人，字子涵，一字惺齋。河南內鄉人。道光五年（1825）舉人，十五年以舉人大挑一等分發江蘇候補知縣，後歷任興化、句容、儀徵、宜興、銅山等六縣知縣，官知州、知府、道員、按察使，封階文林郎、奉直大夫，晉賜中憲大夫。晚年與李堂階、左宗棠組理學社。主講菊潭書院、內鄉義塾。光緒二年從祀鄉賢。子五：之濬、之沂、之城、之沆、之江。又著有《春秋本義》等二十餘種。同治八年（1869）與修《內鄉通考》。

王建常 太極圖集解 不分卷 存

陝西藏趙蒲校刻本

清麓叢書·養正十二編本

◎郭嵩燾《郭嵩燾全集·日記》光緒二年八月初一日著錄。

◎是書以為「太極實理也，而陰陽五行萬物只是這個道理貫通」、「五行統陰陽，陰陽統一於太極」，故取朱子之解以發明太極圖說。卷首有先天八卦圖、太極圖以及自序。

◎吳大澂《請王建常從祀文廟疏》〔註34〕：奏為先儒闡明理學、羽翼聖經，請從祀文廟，仰祈聖鑒事。竊查咸豐十年閏三月軍機大臣遵旨議定嗣後從祀文廟，以闡明聖學傳授道統為斷，其忠義激烈者入祀昭忠祠，言行端方者入祀鄉賢祠，以道事君澤及民庶者入祀名宦祠，概不得濫請從祀文廟。臣自同治十一年奉命視學陝甘，到任之初，訪求遺逸，即聞國初理學名儒王建常，恪守程朱，躬行實踐，與鰲屼李中孚同時，而學問之純粹過之，東南學者，知有李中孚而不知有王建常，李中孚之《反身錄》盛行海內，而王建常之《復齋錄》久已湮沒不彰。臣於按試之暇，搜採遺書，潛心披閱，讀其所著《小學句讀記》《大學直解》《書經要義》《春秋要義》《太極圖集解》《律呂圖說》《四禮慎行錄》《復齋錄》各書，逐一研求，悉心體會，知其講貫之精切、學識之純正，直接名儒胡居仁。又當陽明學盛之時，力排異說，篤信程朱，其功不在本朝陸隴其之下。特僻處一隅，不求名譽，名亦不顯於世。著述雖多，未經採入《欽定四庫全書》，張伯行所輯《正誼堂叢書》亦未之及。二百年來，秦土大夫知有程、朱、薛、胡之學，皆建常篤守之功，而其名卒未能大著

〔註34〕錄自光緒《同州府續志》卷十四《文徵續錄》上。

於天下。表微闡幽，臣之責也。臣謹按初名建侯，字仲復，號復齋。朝邑人。明發挺擊案贈刑部侍郎王之寀之從子。父之寵，鎮撫散官。建常三歲喪母，十歲喪父，事繼母以孝聞。年二十為諸生，學使汪喬年器之。年二十遂棄舉業，銳意聖學，於六經子史、濂洛關閩之書無不詳究，身體力行，年近八十，家貧常不舉火，而泰然自得，造次必於禮。崐山顧炎武寓居華下，慕其名，遂與訂交，數以疑義相質。富平李因篤、華陰王宏撰數稱之於當道。建常發跡渭濱，教授生徒，足不入城市。學使許孫荃造廬，持金為壽，辭不受；贈以詩，不答。題其門曰「真隱」。其學以主敬存誠為功，窮理守道為務，生平尤致力於小學。以《小學句讀記》教其弟子，多所心得。所著《復齋錄》六卷，於身心性命之要，深切著明，其大旨則在發明程朱以斥陸王。其言曰：「今之學者多是為名，若做切己功夫，則名心自消。」又曰：「凡學者立志，須是真要為天下第一等人、做天下第一等事。所謂第一事，盡性盡倫是也；所謂第一等人，希聖希天是也。」又曰：「學莫貴有得，則所守不變，至老愈堅。」又曰：「自欺最細，如有九分義理，雜一分私意，猶是自欺。」又曰：「日用工夫大要，察念慮之密、心術之微，驗之出入起居之際，體之應事接物之間，必一一盡合道理，不愧不怍，方是切實。」至第六卷所闢陽明各條，辭嚴義正，其一生得力所在，實與胡居仁《居業錄》一脈貫通，淵源無異。而斥邪衛道之功，與陸隴其不謀而合，實為宋以後關中第一大儒。澄城張秉直《讀書存疑》謂其「主敬似胡敬齋，存養似薛敬軒，其言平正純粹溫厚和平亦似敬軒，而又能暗然自修，不求聞達，非篤實為己、剛毅有守者夫豈能然」？識者以為確論。其他撰說如《書經要義》《春秋要義》《大學直解》，皆足闡明聖學，羽翼經傳。以之附祀廟廷，允為不愧。應請飭下廷臣會案，將朝邑王建常從祀文廟之處，出自聖裁……除將刻本《小學句讀記》六卷、《大學直解》二卷、《書經要義》六卷、《春秋要義》五卷、《太極圖集解》一卷、《律呂圖說》二卷、《復齋錄》八卷、《四禮慎行錄》一卷咨送禮部備查外，尚有《兩論輯說》十卷、《詩經會編》五卷、《忠誠錄》一卷、《復齋別錄》一卷、《復齋日記》二卷《餘稿》六卷，刻本絕少，未經訪獲。合併陳明，謹繕摺具奏，伏乞皇太后、皇上聖鑒訓示。謹奏。

　　◎王建常（1615～1701），初名建侯，字仲復，號復齋。陝西朝邑（今大荔）人。與顧炎武交厚。生平尤致力於小學。

王鑑 易虞集 佚

◎道光《徽州府志》卷十二之六《人物志·隱逸》：生平用力於易，共文善書。晚喜遊名山，累月忘返。著有《易虞集》、《檢身／自怡》等集。

◎王鑑，字兼三。安徽婺源（今屬江西）中雲人。恬淡敦實，不慕榮名。

王鑑心 易經圖說 一卷 佚

◎宣統《南海縣志》卷十一《藝文略》：《易經圖說》一卷（國朝王鑑心撰。據《採訪冊》）。

◎王鑑心，廣東南海人。著有《易經圖說》一卷。

王杰 讀易劄記 佚

◎嘉慶《韓城縣續志》卷三《續賢良傳》：杰工書善文，邃四子書，晚嗜易，有《讀易劄記》及《讀論語孟子錄》，皆藏於家。

◎王杰（1725～1805），字偉人，一字惺園，號畏堂，晚號葆淳，諡文端。陝西韓城人。乾隆十二年（1747）赴關中書院，師從孫景烈。乾隆十八年（1753）拔貢。十九年選授藍田教諭，未赴任。二十一年（1756）入陝甘總督尹繼善幕為記室參軍，後改任陝甘巡撫陳宏謀幕。二十六年（1761）恩科狀元；二十七年（1762）任湖南鄉試副考官；二十九年（1764）提督福建學政；三十二年（1767）擢侍讀；三十三年（1768）授庶右子，同年遷侍讀學士；三十四（1769）升少詹事，任武會試總裁；三十六年（1771）充日講起居注官、南書房行走，晉內閣學士兼禮部侍郎，充江西鄉試正考官，旋督學浙江。三十九年（1774）回京，任禮部右侍郎，不久轉刑部右侍郎，充四庫全書館及三通館副總裁；四十年（1775）充會試副總裁；次年轉吏部右侍郎，閱看《大清一統志》，充武英殿總裁，辨明史，任國史館副總裁；五十二年（1787）由兵部尚書授東閣大學士，加太子太傅。嘉慶七年（1802）致仕。又著有《讀論語札記》《讀孟子札記》《葆醇閣集》《賡揚集》《芸閣賦詩》等。書法工行楷，與張照、曹秀先齊名。朱珪《知足齋文集》卷五《太子太傅東閣大學士軍機大臣予告在家食俸特贈太子太師諡文端王公墓誌銘》可參。

王杰 惺園易說 二卷 存

國圖、天津、山東、遼寧、中科院藏嘉慶二十年（1815）阮元刻葆淳閣集附本

◎民國《韓城縣續志》卷四《文徵錄‧著述書目》：《苞淳閣賦頌》一卷《題跋》三卷《序》一卷《傳記》一卷《讚議誌銘》一卷《應制詩》四卷、《虞揚集》十卷、《芸閣賦詩》二卷、《奏摺》四卷、《惺園易說》二卷《續集》二卷。

王潔 學易經濟編 佚

◎王源《居業堂文集》卷十八：其著述有《三經際考》（以《書》與《春秋》相接，而《詩》緯其閒，考其異同，論其世變，合三經為一經，博采先儒之說，參以己意，而聖人作經之意昭然，共六十卷）、《學易經濟編》（論列二十一史人物行事是非得失而雜引易象以斷之，若《韓詩外傳》體，二十卷）、《洧盤子集》（詩四卷、古文二卷），俱堪傳世行遠，而編輯先業師全書（四十卷，先兄論學之言俱附其中）、為馬宛斯先生參訂《繹史》（百六十卷。已梓行，而先兄名與序為口口口口口所刊），皆有功後學者。

◎梅文鼎《續學堂詩文鈔》卷三《王先生八十壽序》：潔以孝聞，所著《三經際考》，以《春秋》接《尚書》，而《詩》緯其閒，合三為一，以明作經大旨。又論列廿一史行事，引易以斷，為《學易經濟編》。

◎王潔（1637～1691），字汲公，別字洧盤。順天大興人。王源兄。受業梁以樟，潛心理學，窮究經史。少補諸生，輒棄去。著有《三經際考）、《學易經濟編》、《洧盤子集》。

王介之 易本義質 四卷 存

明刻本

◎論者稱其說不違古本，不徇曲說，協於訓詁，精於義理。

◎王介之（1606～1686），字石子，一字石崖，號耐園，又號鏗齋。湖南衡陽人。王夫之兄。崇禎十五年（1642）同舉於鄉。明亡，遁跡山林，以著述為事。晚題座右曰：「到老六經猶未了，及歸一點不成灰。」又著有《春秋四傳質疑》二卷、《詩傳合參》二十卷、《耐園家訓》《詩經尊序》《春秋家說補》。

王金誥 周易傳義合鈔 佚

◎民國《臨淄縣志‧藝文》著錄。

◎民國《臨淄縣志》本傳題《周易義傳合鈔》。

◎王金誥，字綸堂。山東臨淄人。咸豐辛亥舉人。

王景賢 周易玩辭 一卷 存

國圖、山東藏同治十三年（1874）三山王氏刻羲停山館集六種本（楊希閔跋）

◎是書逐條論列六十四卦，不章解句釋，於每一卦下作略說一篇，敷陳卦之大義，闡明身心性命之理。六十四卦畢，僅數千言。如謂元亨利貞即仁義禮智，又謂乾剛健、坤柔順，君子既當法天，猶宜效地，剛柔合德，不可有所偏至。

◎王景賢（1798～1873），字子希，又字頌仙，號希齋，自號伊園主人。福建閩縣（今福州）人。道光元年（1821）補博士弟子員，十九年（1839）舉人。咸豐元年（1851）舉孝廉方正。服膺理學，以朱子為宗。平生授徒數十年，間治章奏於顯宦如王懿榮、林則徐之門。又著有《論語述注》十六卷、《牧民贅語》一卷、《性學圖說》一卷、《困學瑣言》一卷、《談異》（《伊園漫錄》）八卷、《伊園文鈔》等書。

王景緒 周易遺筌 佚

◎民國《福山縣志稿・藝文志》第六：王景緒《周易遺筌》□卷（據張鵬翀《山左詩續鈔引》錄入）。

◎民國《福山縣志稿・人物志》第七：景緒通經術，擅詩賦，著有《周易遺筌》及《曜圃詩集》各若干卷（據採訪冊及鵬展《續抄引》纂入）。

◎孫葆田《山東通志》卷百二十七《藝文志》第十：是書見《山左詩續鈔》。

◎王景緒，字星瑞，號曜圃。山東福山人。王從繩子。乾隆乙西舉人，歷官福建永春直隸州州同、大田縣知縣、雲南鶴慶／鎮雄等州知州，所至有聲。

王九成 易經易簡集 二卷 圖書 二卷 佚

◎民國《邳志補》卷二十二《藝文》：王九成《易經易簡集》二卷、《圖書》二卷。

◎同治《徐州府志》卷第十九《經籍考》：邳州王九成《易經易簡集》二卷、《圖書》二卷。

◎王九成，山東濟寧人。隨父官居下邳。弱冠入邑庠，不樂仕進。

王巨任 易經貫義 佚

◎民國《東莞縣志》卷八十三《藝文畧》一：《易經貫義》（國朝王巨任撰。范《志》）。

◎王巨任，字宗尹。廣東東莞人。王文冕父。鍵戶讀書，寒暑不枕，務得要旨。著有《易經貫義》、《詩經貫義》。

王闓運 周易說 十一卷 存

山東藏光緒三十二年（1906）東洲刻湘綺樓全書本

湖南藏稿本

◎各卷首題：李氏集解，王氏說。

◎趙爾巽《清史稿》列傳二百六十九《儒林三》（摘錄）：嘗曰：「治經，於《易》必先知易字有數義，不當虛衍卦名；於《書》必先斷句讀；於《詩》必先知男女贈答之辭不足以頒學官、傳後世。一洗三陋，乃可言禮。禮明然後治《春秋》。」又曰：「說經以識字為貴，而非識《說文解字》之字為貴。」……所著書以經學為多，其已刊者有《周易說》十一卷、《尚書義》三十卷、《尚書大傳》七卷、《詩經補箋》二十卷、《禮記箋》四十六卷、《春秋公羊傳箋》十一卷、《穀梁傳箋》十卷、《周官箋》六卷、《論語注》二卷、《爾雅集解》十六卷，又《墨子／莊子／鶡冠子義解》十一卷、《湘軍志》十六卷、《湘綺樓詩文集》及日記等。子女並能通經，傳其家學。次子代豐，早世，著有《公羊例表》。

◎錢基博《近三百年湖南學風》（摘錄）：於時學者承乾嘉以來訓詁名物之學，習注疏，為文章法鄭玄、孔穎達，有解釋無紀述，重考証略論辨，掇拾叢殘，而不知修辭為何事；讀者竟十行，欲隱幾臥。而闓運不謂是，因慨然曰：「文者，聖之所托，禮之所寄，史賴之以信後世，人賴之以為語言。辭不修則意不達，意不達則藝文廢，俗且反乎混燉。況乎孳乳所積，皆仰觀俯察之所得，字曰『文』，言其若在天之星象，在地之鳥獸蹄跡，必其燦著者也。今若此，則文之道或幾乎息矣。然辭不追古，則意不循今；率意以言，違經益遠。是以文飾者普尚虛浮，馳騁者奮其私知。故知文隨德異，寧獨政與聲通！欲驗流風。尤資總集。」為輯《八代文粹》……又曰：「文不取裁於古，則亡法。文而畢摹乎古，則亡意。然欲取裁於古，當先漸漬乎古。先作論事理短篇，務使成章。取古人成作，處處臨摹，如仿書然，一字一句，必求其似。如

此者，家信賬記，皆可摹古。然後稍記事：先取今事與古事類者，比而作之；再取今事與古事遠者，比而附之，終取今事為古所無者，改而文之。如是者，非十餘年不成也，人病欲速。」遂教諸生以讀十三經、二十四史及《文選》。漢儒人專一經，諸生亦各治一書，毋貪多，毋不經意。日有記，月有課，而闓運精勤校閱，將順其美，而匡正其不及。暇則習禮，若鄉飲投壺之類，三年皆彬彬矣。厥後廖平治《公羊》《穀梁》《春秋》，戴光治《書》，胡從簡治《禮》，劉子雄、岳森通諸經，皆有師法，能不為阮元《經解》所圇，號曰蜀學，則闓運以之也……縣人張正陽者，本鍛工也，耽吟詠而為人佣，一夕，睹白桃花盛開而月色綺映，忽得句曰：「天上清高月，知無好色心。夭桃今獻媚，流盼情何深！」姜畬陳鼎見之大驚曰：「子詩何似孟郊？然非王先生不能成子名。」會大雪，戴笠著屐，單衣磬踔，造門投卷。閽者見其面垢衣敝，拒不為通，則大呼曰：「我以詩謁王先生，乃卻我耶？」閽者不得已為進。方設筵宴邑令，邑縉紳先生咸在，闓運即席開卷讀，顧曰：「邑中有此詩人耶！」延之上座，座客愕然。正陽泥淖滿身，而貂狐裘麗，嫌為所污，莫敢與酬對。闓運則殷勤問訊，遂使受學而補諸生，通三禮、《春秋》、《尚書》、《詩經》，講評孜孜，撰有《詩經比興表》、《禮經喪服表》，闓運嘆為前人所未發也。

◎王闓運《湘綺樓文集‧箋啟》卷五致陳編修（伯雙）：闓運晚邁屯愙，頗傷真性，近始招收餘魂，重理篇章，讀易探爻，稍有所見。

◎王闓運《湘綺樓文集‧箋啟》卷五致黃編修（仲弢）：子培令弟於天津相見，洵為俊上。芾卿《周官》之學尚未窺其崖略，他日若成，必付鈔刊。謙雖美德，於講學有妨。晤時均先求至，再當奉啟也。闓運還家，又補寫《周易》三卷，稍有訓故。鄉人士近欲並治《尚書》，亦尚未暇應之。

◎王闓運《湘綺樓文集‧箋啟》卷五致李制臺：闓運八年閉戶，一出求書，經史研尋，斐然有述。比已寫定《易／書箋說》，方搜治《公羊春秋》，他日謹當繕本呈覽，或茲過庭之訓。

◎王闓運《湘綺樓文集‧箋啟》卷五致龍學士：闓運空往空返，不俗不僧，稍減牢愁，仍尋故業。近又寫成《周易》三卷，略有發明。方督妞兒新著《爾雅》。十二經皆有家本，足與大監抗衡。但苦煩囂，未能精究耳。

◎王闓運《湘綺樓文集‧箋啟》卷七致樊藩臺（樊山）：闓運還山後，刻成《易說》一部，寫定拙詩十二卷，上已送上《三禮箋》，續當有獻。

◎易順鼎《盾墨拾餘》卷十《湘綺年丈見示舊作和函樓元日讀說文詩依

韻和畲》（丙申正月）：漢宋水火雖分途，儒墨陰陽實兼蓄。

◎易順鼎《盾墨拾餘》卷十《和程六子大代湘君述原韻一篇即送其別兼送汪九頌年》（摘錄）：南邦學子推建鼓，湘綺（壬秋年丈）葵園（王益吾祭酒）登兩廡。吏部（伯嚴奐份）同持風雅盟，翰林並作湖山主（頌年眉壽）。皮何（麓雲、棠蓀）經術成棲遲，周郎（郢生）文字袁郎（叔瑜）詩。廖羅張鄒（笙階、順循、伯純、沅帆）苦憂國，欲鑄銀山填漏卮。俞子（恪士）長身黃子（蓉瑞）短，邊塵幾令朱顏涴。

◎杏園《湘綺樓全集跋》：湘綺先生十一經皆有注，廿二史皆有贊，周秦諸子亦各有校釋，取精用宏，故能經學精深，直契心源，獨開生面，高出先儒之上。史學直當雁行班馬，詞章閎博，奄有漢魏晉唐大家之長，豈惟吾鄉耆宿，實當代之山斗也。先生躬萬夫之稟，讀書輒過目不忘，神識過人，非偶然矣。乃余親炙門牆，因具悉其學力堅苦，尤為殊絕，又豈專恃天事以勝人者？卓爾有立，欲從末由。竊於先生之書歎觀止焉。經子諸注詩文各集及《湘軍志》久矣風行海內外，區區尺牘豈足以見先生？然先生之文如白雲在天，舒卷自如，頃刻萬變。又如黃河九曲，一曲千里，波瀾愈大。豎一義，石破天驚；摛一詞，海涵地負。即尺牘中未嘗不可見其淵博閎富。其文不拘一格，無美不備。大之有關於經世之閎謨，小之有益於詞人之藻采，精之足以為儒林之津逮，粗之亦足以為世俗之鍼砭。涉筆成趣，自見化工，先生真雄於文者也。末學何能仰贊右詞，輒出所藏以付梓人，公諸同好云爾。計箋啟八卷，又文集八卷、詩集十四卷，合為全集三十卷。光緒丁未冬月弟子杏園敬跋。

◎王闓運（1833～1916），字壬秋，晚號湘綺老人。湖南湘潭人。咸豐三年（1853）舉人。年十九補諸生，與武岡鄧輔綸、鄧繹、長沙李壽蓉、攸縣龍汝霖結蘭陵詞社，號「湘中五子」。曾入曾國藩幕。先後主尊經書院、長沙思賢講舍、衡州船山書院，成材甚眾。光緒三十四年特授檢討，加侍讀銜。辛亥後長清史館。又著有《湘綺樓全集》。

王闓運箋 周易 十一卷 存

山東藏光緒三十二年（1906）東洲刻王氏五經箋本

王克揿 周易考義 一卷 佚

◎道光《重修膠州志》卷二十《藝文》：王克揿《周易考義》一卷。

◎孫葆田《山東通志》卷百二十七《藝文志》第十：是書見《州志》。

◎王克捄，字幼藻，一字至泉。山東膠州人。乾隆丁酉舉人。又著有《尚書考義》一卷、《左傳考》、《孝經考》一卷、《馬班異同》一卷、《老子解》、《楚詞考義》一卷、《爾雅考異》四卷、《韓文考異》八卷、《古字考》、《古音考》、《書目評》。

王恪 周易衷孔 十二卷 首一卷 存

山東藏乾隆十一年（1746）蘇嘯軒刻本

◎自序〔註35〕：羲皇畫卦，文周繫辭，孔聖作十翼以闡明之；文述羲，周述文，孔述羲、文、周也。羲、文雖有先後天之異，而乾天坤地震雷巽風坎水離火艮山兌澤位異而象同，文周止有卦爻之分，而爻從卦出，周辭猶文也。至孔之《彖傳》專說彖辭，《小象傳》專釋爻辭，《大象傳》專釋象義及體易之功，《文言傳》專釋乾坤之彖辭，《繫辭傳》就卦爻、蓍策、圖象而贊之，釋卦傳、釋重卦之由及八卦之象，《序卦傳》明文王六十四卦有一定之序，其義已散見于《彖傳》，由于錯綜，猶隱而未見，復作《雜卦傳》以闡之。有錯有綜，而互體具焉，而易象傳矣。由是羲、文、周之易原流共貫，煥若中天。第見文之闡義、周之闡文、孔之闡羲、文、周而集其成也。自後儒有各自為易之說，而四聖岐矣。岐之中又有岐，予竊懼焉。自髫齡以迄今五十餘年，有得輒識之。因本諸孔子之十翼，以折衷諸家，約其旨以歸於一，名之曰《衷孔》，益信四聖之止一易也。乾隆三年歲次戊午九月五日甲寅，時年六十有九。

◎嘉慶《直隸太倉州志》卷五十三《藝文》二：《周易衷孔》十二卷（王恪著）。

◎光緒《嘉定縣志》卷二十四《藝文志》一：《周易衷孔》十二卷（王恪著。自序曰：羲皇畫卦，文周繫辭，孔聖作十翼，後儒有各自為易之說，而四聖岐矣。因本十翼，折衷諸家，約其旨以歸於一）。

◎沈起元《敬亭公自訂年譜》卷下乙丑六十一歲：余九年外任，心力已疲，至是得少息。在寓中日閱儒書，覺貧富貴賤舉不足計，名利二字益能淡定，惟理欲之介不可不嚴。然檢點身心，彌覺寡過之難。從秦少宗伯處借來渠所著《周易象義日箋》與愚千所著《周易衷孔》參看，尚多所未愜處，遂有

〔註35〕又見於嘉慶《直隸太倉州志》卷五十三《藝文》二。

治易之志，苦未得遍閱諸儒書也。

◎周按：王紹曾先生《清史稿‧藝文志》易類拾遺：《周易表孔》無卷數，王恪撰，乾隆十一年蘇嘯軒刻本（雷夢水《販書偶記續編》《易廬》）。

◎王恪，初名慮，字愚千。江蘇婁東（今太倉）人。康熙五十七年（1718）進士。以知縣用，發往直隸，歷署繁劇，後補唐縣。主江西豫章書院。又著有《長留詩集》十卷、《蘇嘯軒文集》十二卷、《霞綺詩餘》二卷。

王立極　讀易隨筆　佚

◎光緒《永年縣志》卷三十《人物傳》：晚尤邃於易，年八十餘卒。著有《易經解惑》《讀易隨筆》《大學膚見》若干卷。

◎王立極，字範用。諸生。博學強記，每至一處，必背誦一書乃去。

王立極　易經解惑　佚

◎光緒《永年縣志》卷三十《人物傳》：晚尤邃於易，年八十餘卒。著有《易經解惑》《讀易隨筆》《大學膚見》若干卷。

王漣　易經正義　佚

◎嘉慶《廬州府志》卷三十二《文苑》、光緒《續修廬州府志》卷四十四《儒林傳》：所著有《四書正義》《易經正義》《還讀堂詩文集》。

◎王漣，字修溯（遡）。安徽廬州（今合肥）人。王華〔註36〕子。五歲能文，性孝，居母喪，哀毀骨立。乾隆癸酉舉於鄉，以家貧親老難違色養不應禮部試，教授門徒，門下多達者。所著有《四書正義》《易經正義》《還讀堂詩文集》。

王亮功　讀易旁求　八卷　存

定襄牛誠修 1916 年鉛印雪華館叢編‧經類本

◎或著錄四卷。

◎自序：讀易何以言旁求也？言旁則疑非正也。雖然，旁亦正之所賅也，有正而兼有旁者，本理之常。余惡夫止求其正而不知其旁，並其正者亦昧之，是故求其正矣，兼推其旁。欲其旁參互證，以盡易中之蘊，固非止求其旁反遺夫正而不復求。而必以旁為言者，明心之所向也。天下之理有縱則有橫、

〔註36〕字秋岳，本休寧名諸生，友教四方，卜居合肥。

有經則有緯，縱與經其正也、橫與緯則旁也。孔子謂聖人智周乎萬物，萬物旁行而不流，夫道既可以旁行，則易亦可以旁求。先聖之傳易也，既於六十四卦依次解之，復於《序卦》依次聯之，此明乎正之義也。而又類舉履謙九卦以明處憂患之道、類舉離益十三卦以明制器尚象之事、兼取鳴鶴以下之七爻、憧憧以下之十一爻以明卦之用，而皆不依卦爻之次，豈非旁通曲暢，示人以讀易之法乎？茲於六十四卦之義依次解說，而於其中義可相通者，如乾與坤、屯與需及比、大有、臨、觀、小畜、大畜等卦，亦繹其相通之義而為之辭。大象繫於各卦之中，有不盡依乎卦義者，聖人明用易之道與訓詁自不同，故另舉釋之。至於二與四、三與五等爻，聖人類明其義，自當類釋其辭。以及仰觀俯察、進取遠取、觀鳥獸之文等卦，亦略舉其概，蓋欲遵聖人之學以為學，而不敢自謂有當也。惟以求之有年，稍有窺尋，恐其久而忘之，故隨時條記，為初學入門之資，或不無少補云。

　　◎光緒《代州志》卷七《藝文志》：訓導王亮功《讀易旁求》四卷、《春秋三傳比事屬對》一卷、《讀左偶見》三卷、《繹孟》一卷、《歷代紀事年表》十卷、《史學提要續編》一卷、《經史韻編》十卷、《省愆錄》五卷。

　　◎王亮功，字寅鄉，號鳳皋。山西定襄宏道鎮嘴子村人。道光十四年（1834）舉人。甲辰大挑二等，以教職用。咸豐四年（1854）選代州訓導，任職二十餘年，後升寧武府教授。性沖簡，嗜古籍，收藏甚富，聞異書，竭力購之，鉛槧未嘗釋手，暇則鼓琴投壺為樂娛。以公事與太守某力爭，謁諸大府，既得直，遂告歸。代人延之主講斗山書院，因復僑居代州，執教十餘年。年八十七卒於代。弟子數千人，桃李遍晉北。著有《讀易旁求》四卷、《春秋經論摘文》四卷、《讀史贊要》一卷、《春秋三傳比事屬對》一卷、《讀左偶見》三卷、《繹孟》一卷、《經史韻編》十卷、《綱鑑歷年紀事圖表》、《通鑒紀事年表》、《歷代紀事年表》十卷、《史學提要續編》一卷、《樸齋省愆錄》五卷。

王亮功 易說 佚

王麟祥 易參 三卷 存

　　雍正六年（1728）刻本

　　◎光緒《漳州府志》卷三十三《人物》六：著有《易參匯言》。

　　◎光緒《漳州府志》卷四十一《藝文》一：《易參匯言》，王麟祥撰。

　　◎雷夢水《販書偶記續編》著錄。

◎山西榮河亦有王麟祥，字星生，號曉峯，咸豐九年進士。與此非一人。

◎王麟祥，福建南靖縣人。王麟瑞弟。兄弟並以孝友稱。

王魯得 周易纂義 不分卷 存

山東藏清鈔本

◎民國《高密縣志》卷十五《藝文》：其書《四書纂義》《周易纂義》《管窺錄》皆刻行世，未刻者尚數種。

◎孫葆田《山東通志》卷一百二十七《藝文志》第十：是書有刊本行世，見王寧焯所撰《王康水傳》。

◎徐乾學《憺園文集》卷二十一《四書易經纂義序》：高密王先生所著《四書纂義》若干卷、《易經纂義》若干卷，齊魯間學者多宗之。予從少宗伯子言先生所見其書，宗伯少而受學於先生之父，先生今其年九十矣，故著書者年已七十，人猶稱之曰小王先生。而宗伯家子弟又皆受學焉，蓋其父子間自為授受，而所傳浸已廣矣。其書大抵《四書》主《章句集句》《或問》、易主《本義》，而參以朱子之門人及朱子以後諸儒之說及《蒙引》《存疑》《淺說》諸書，間有發明亦必衷於至當，而非臆斷也。愚嘗病永樂中之輯《大全》者採摭未廣，宋元人經解尚多遺漏。今又將三百年有明一代諸儒之說亦當節取庚續。每欲啟之主上，會諸書局皆未竣，弗果。今已歸田，子言方為春卿，宜以斯事為職分，乘間言之。若《纂義》一書，乃他時脩《大全》者之椎輪土鼓，而先生父子亦可謂當世之儒林祭酒者也。抑漢之為《魯論》者，以安昌之貴而加多，故時人語曰：「欲言《論》，念張文」。今老王先生有宗伯為之高弟，學者之視其書，儻亦張文之比邪，豈止行於齊魯間也？易自王注行而鄭學絕，愚又病夫略象占而談義理者之偏也。高密固鄭公鄉也，為我諗王先生得毋有意更為一書以發康成不傳之旨乎？愚雖老於田間，當更為先生序之也。

◎王魯得，字鈍夫。山東高密人。王大椿子。邃於性命之旨，早有文名，著述尤富。以明經終。又著有《四書纂義》十六卷、《三經解義》、《性理輯要》、《古文訂義》、《管窺錄》一卷。

◎周按：明田汝耔亦撰有《周易纂義》。

王履中 易通 十七卷 卷首一卷 存

咸豐辛亥（1851）強恕堂刻本

◎凡例：

一、易本深奧，學者難明，故是編以經通經，兼及史傳，期令會通，庶皆易曉。

一、先聖卦象爻象俱由本體取用，至占卜因人各有時位，茲可不載。

一、理象兼言，以理為主。爻凡互變，亦閒取焉。閱者可以類推。

一、雜取前人之說，發明聖經，未便申言，所引其有全引他氏者，概用某云。

一、意主明理，專詳人事，而占卜趨避，寓于其中，閱者參之。

一、易本虛象，意含實理。如鏡照物，因端占卜，隨時變通。故卷中所引舉一例，餘無嫌旁及。

一、是編引彼證此，意恐嫌鑿，高明正之。

一、圖書方位，最宜玩索。先賢指授，已極昭著。閒附己見，以備參稽，高明酌之。

◎序：六經皆主一義，《易》則無乎不通：《書》之誥誡、《詩》之比興、《禮》《樂》之明備、《春秋》之理亂得失，《易》無不具，是以無不通也。孔子之作十翼也，神明之德、晝夜之道、六爻發揮之情，皆以通言。然其書變化不測，必兼理象二者始揭其徵。逐象而忘理，則失之鑿，不足以原易之體；索理而遺象，又失之虛，不足以究易之用。皆非所謂通也。通之則體用兼全，非精於錯綜參伍，曷由能之？六安王君禮門，善讀書，務求心得，向以四子之學見知於嘉興沈公，以優行貢京師。歸而益戀其修，謂六經之蘊與四子相發明，而《易》尤該六經之全也。漢以來傳註家言卦氣、爻辰、飛伏、納甲，各主一說。自王輔嗣以理解易，而諸說寢微，見於李氏《集解》者猶識其家法異同。程朱出而兼明體用，易學因以大顯。因即經傳之文精研之，繇二子上溯漢魏，更求四聖遞傳之緒而先儒未言者補之，邑言者引伸之，間為駢語互證之。既成，名之曰《易通》，凡若干卷，出以示余。余與禮門常相晤，稔其所學有年矣。而是書之成在詩，要之，先知其年雖老，猶將次第以及他經，而以此總括六經之蘊也。遂不辭譾陋而為之序。道光歲次己酉八月，太倉愚弟王寶仁書於六安學舍之紫來堂。

◎自序：《易》之理廣大悉備，无所不通之書也。四聖人垂世立教，至精至微，實有以貫三才、該萬象，傳之百世不能移、學之終身莫能盡矣。儒者觀象玩辭、觀變玩占，无往非範圍天地、曲成萬物之深誼。蓋諸經之蘊蓄、四

子之發揮，信皆可以易索之、因易通之也。夫聖人之道無事不在易，即無言不在易，惟學易者蓋自領之，善自通之，而其義可見矣。漢唐而後，言易者數百家，祖京、焦者主象數，宗王、何者主義理。究之，數自理來，理從數見，二者相通，而學易者當以明理為正。二篇之策萬有一千五百二十，大抵因天地以正人心，本乾坤以定人事，所謂吉凶消長、進退存亡，皆務取而警諸身。觀《論語》孔子兩言及易，一曰「不恒其德，或承之羞」，一曰「假我數年，卒以學易，可以無大過」，而其他無聞焉。斯可悟聖學之所以取易、聖教之所以傳易、與凡人之所以用易也。夫易之爻期於變通，易之象觀其會通，易之用貴於流通，易之情得其旁通，易之蘊岡弗貫通，程子謂「至哉易乎！其道至大而无不包，其用至神而无不存」，殆深明易理而責人以通之謂乎？履中不才，幼讀《周易》，苦於莫喻。長玩其辭，參考眾說，訓詁畧明，不自揆度，爰輯為《易通》十七卷。兼明象數，用怵身心，雜引他經，期令易曉，固非敢自詡明通，亦聊以備觀省云爾。道光二十有二年歲次壬寅仲春月朔日，六安王履中序。

◎王履中，安徽六安人。又著有《大學宗朱直解》四卷、《中庸宗朱直解》四卷、《論語說》二十卷、《孟子說》十四卷。

王履中 周易類義 八卷 存

咸豐辛亥（1851）強恕堂刻本

◎卷八為《雜說》。

◎周易類義自序：聖人設教，立卦非形氣之粗；儒者傳經，占爻窺道德之本。矧以鈎深索隱，待抉精微；豈容得意忘言，莫參奧蘊。夫畫啟苞符，羲經為文字之祖；而理宗河洛，《周易》其性命之全。法象示以變通，推類括古今休咎；易簡成其廣大，充義該天地經綸。末學居安樂玩，道宜貫乎三才；彰往察來，教必明乎四聖。爰因成《易通》以後，觀象玩辭；亦猶述《詩要》于前，斷章取義。情有專主，仍惟各指所之；意可旁通，是用概從其類。咸豐元年歲次辛亥仲秋月朔日，六安王履中序。

王懋竑 記疑 六卷 存

北大藏清雷門書屋鈔本

◎周按：王懋竑《讀書記疑》卷之一即為《易經》。

◎王懋竑（1668～1741），字子中，又字與中。江蘇寶應人。少從叔父式

丹學，刻勵篤志，精研朱子之學，身體力行。康熙五十七年進士。乞就教職，補安慶府學教授。雍正元年（1723），以薦被召引見，授翰林院編修，上書房行走。性恬淡，少嘗謂友人曰：「老屋三間，破書萬卷，平生志願足矣。」歸里後杜門著書。校定《朱子年譜》，大旨在辨為學次序，以攻姚江之說。又所著《白田雜著》八卷，於《朱子文集》《語類》考訂尤詳，謂《易本義》前九圖、《筮儀》皆後人依託，非朱子所作。

王夢弼 太極圖說 佚

◎民國《無棣縣志》卷十二《人物志》：又有《太極圖說》《三才我覽》《家禮集註》《小學摘註》，皆手錄成書，不下數十萬言，卓然性理名家。

◎王夢弼，字枚兆。山東無棣人。康熙丙寅拔貢。王埏子，四明仇兆鰲極稱其父子「情屬父子、義若師徒」，惜其兩世窮經而不能通顯，著書而力不能剞劂。卒年七十一。

王夢弼 易經大成 佚

◎民國《無棣縣志》卷十二《人物志》：宿德碩學，四書五經皆有譔次，題曰《遵註》。尤邃於易，會通義理、象數，折衷其是，闡前人所未發，顏曰《易經大成》。又有《太極圖說》《三才我覽》《家禮集註》《小學摘註》，皆手錄成書，不下數十萬言，卓然性理名家。

王明 新易學 無卷數 存

浙江藏樂清中國文化服務社 1946 年鉛印本

◎目錄：《易經白話注解序》《周易白話注解卦歌》《周易白話注解圖說》。卷一上經：乾坤屯蒙需訟師比小畜履泰否同人大有謙豫隨蠱臨觀噬嗑賁剝復無妄大畜頤大過坎離。卷二下經：咸恒遯大壯晉明夷家人睽蹇解損益夬姤萃升困井革鼎震艮漸歸妹豐旅巽兌渙節中孚小過既濟未濟。卷三繫辭上傳、繫辭下傳。卷四說卦傳、序卦傳、雜卦傳。

王明弼 易象 二卷 佚

◎自序〔註37〕：人事顯而易見，天道渺而難知。至伏羲、周文始洩之於易。然猶言天道也，未言人事也。孔子著為《彖》《象》以及《繫辭》，由天道

〔註37〕錄自《陝西通志》卷七十四《經籍》第一。

而推之人事，俾學者曉然於天人之以至，奉之以脩身寡過，而漸臻乎窮神知化之微。弼也事易有年，潛心玩易，不揣愚昧，姑取卦象，妄加詮解，非敢曰即是而見聖學之心，亦庶幾勉求知乎聖學之功云爾（本書自序）。

◎四庫提要：是編取六十四卦大象，列《本義》於前，而各敷衍數語於後，殊無所發明。

◎乾隆《咸陽縣志》卷二十《藝文》五：王明弼，撰《易象》一卷。

◎《皇朝通志》卷九十七：《易象》二卷，王明弼撰。

◎民國《重修咸陽縣志》卷七：案清代邑人著作有李叔方《玉山樵隱詩稿》、張調燮《秋水堂遺論》、王明弼《易象》、張奇逢《緩齋詩集》、王仁民《畢原剳記》、楊仙枝《傷寒準繩》、甯蘊古《咸陽備考》，附識於此，俾有考焉。

◎雍正《陝西通志》卷七十四《經籍》第一：《易象》一卷（鳳翔教授咸陽王明弼撰）。

◎王明弼，字亭二。陝西咸陽人。例貢。康熙四十七年官鳳翔府教授。又著有《周子疏解》四卷、《性理纂要》二卷。

王明文 易經闡微集解 佚

◎光緒《分水縣志》卷九《藝文志》：《易經闡微集解》，（國朝）王明文箸。

王名儒 易窈窱 佚

◎乾隆《續修曲沃縣志・人物志》：所著有《易窈窱》藏於家。

◎乾隆《續修曲沃縣志・藝文志》：王名儒《易窈窱》。

◎王名儒，山西曲沃人。

王鳴之 易經講案文稿 佚

◎光緒《霍山縣志》卷十一《人物志》下：於六經子史皆細加評點，著有《易經講案》《文稿》《爾爾軒詩集》燬於賊。

◎同治《六安州志》卷三十三《文苑》：著有《易經講案》《文稿》《爾爾軒詩集》，惜未刊行，燬於寇。

◎王鳴之，字桐喈（階），號一來。安徽霍山人。廩生。考古必探本原，讀書必求心得。著有《易經講案》《散齋文稿》《爾爾軒詩集》。

王命宣 周易家訓 四卷 存

中科院、湖南省社會科學院藏乾隆十四年（1749）重刻本

◎乾隆《續修曲沃縣志‧藝文志》：王命宣《周易家訓》。

◎王命宣，山西曲沃人。官教授。

王命岳 周易雜卦牖中天 一卷 存

恥躬堂文集本

清代詩文集彙編影印恥躬堂文集本

◎四庫提要《恥躬堂文集》條：卷十九為《周易雜卦牖中天》，卷二十為《讀詩牖中天》。據其自序，謂「辛卯冬，夢文王、周公先後車蓋喝道甚盛，命岳自牖中窺視，故以名也。」其書分十二篇，大旨謂《易‧雜卦》無錯簡，而以互卦之法推求其義……尤非說經之正軌也。

◎乾隆《晉江縣志》卷九《人物志》：師事黃道周，覃思易學，多所發明。

◎李清馥《榕村譜錄合考》卷上：上又問《序卦》之義如何，奏曰：「《序卦》必有深意，但如《序卦》所言，頗有附會處。即如需本為待義，中間偶有飲食之語，如何云需者飲食之道也？所以歐陽修直說《序卦》非孔子之言。又如《雜卦》更把《序卦》次第從頭顛倒一番，中間亦必有箇意思，從來無人說得的確。萬歷年間蕭良有有《卦序圖》，先帝時科臣王命岳有《雜卦說》，看來頗有意思，然亦多有附會穿鑿。」

◎王命岳（1610～1668），字伯咨（次），號恥古。福建晉江人。博學工文，尤精於易。崇禎十二年（1639）舉人，順治十二年（1655）進士，選庶吉士。官至刑科都給事中。又著有《讀詩牖中天》、《千秋寶鑒》、《恥躬堂文集》二十卷等。

王謨輯 三易通占 佚

◎同治《金谿縣志》卷三十二《書目》：《三易通占》（王謨撰）。

◎光緒《江西通志》卷九十九《藝文略》一《國朝》：《三易通占》，王謨撰（《金谿縣志》）。

◎王謨（1731～1817），字仁圃，別字汝糵、汝上。江西金溪人。乾隆三十三年（1768）舉人，四十三年（1778）進士。自求任教職，遂選授建昌府學教授。又著有《孟子古事案》四卷、《補孟子釋文》七卷、《補史記世家古今人表》五卷、《家語廣注》四卷、《酒中正讀書》九卷、《不語述》十六卷、《讀書

引》十二卷、《逸詩詮》三卷、《韓詩拾遺》十六卷、《汝穮詩抄》八卷《文鈔》十二卷、《江右考古錄》一卷、《經說》、《十三經策案》十二卷、《尚書雜說》、《左傳異辭》、《論語管窺》、《爾雅後釋》、《夏小正傳箋》四卷附《大戴禮公符篇考》一卷、《漢叔孫通禮器制度》一卷、《晉孫毓五禮駁》一卷。又仿宋代王應麟《困學紀聞》體例著《汝穮玉屑》二十卷、《豫章十代文獻略》五十二卷、《漢唐地理書鈔》兩編五百餘種、《漢魏叢書》九十四種。又輯《漢鄭玄三禮目錄》一卷、漢崔寔《四民月令》一卷、蔡邕《明堂月令論》一卷、吳射慈《禮記音義隱》一卷、漢張霸《百兩篇》一卷、漢劉向《五行傳》二卷。

王謨 易經策案 三卷 存

乾隆四十二年（1777）寶田齋刻本

山東藏嘉慶十三年（1808）書業堂刻十三經策案本

山東藏善成堂刻十三經策案巾箱本

王謨輯 歸藏 一卷 存

嘉慶三年（1798）刻漢魏遺書鈔本

◎晉薛貞原注。

王謨輯 京房易傳 一卷 存

嘉慶三年刻漢魏遺書鈔本

◎漢京房原撰。

王謨輯 九家易解 一卷 存

嘉慶三年（1798）刻漢魏遺書鈔本

◎漢荀爽等原撰。

王謨輯 連山易 一卷 存

嘉慶三年（1798）刻漢魏遺書鈔本

◎晉薛貞原注。

王謨輯 易洞林 一卷 存

嘉慶三年（1798）刻漢魏遺書鈔本

◎晉郭璞原撰。

王謨輯 易飛候 一卷 存

嘉慶三年（1798）刻漢魏遺書鈔本

◎漢京房原撰。

王謨輯 周易章句 一卷 存

嘉慶三年（1798）刻漢魏遺書鈔本

王納表 周易訓要 佚

◎道光《建德縣志》卷十二《人物志》、光緒《嚴州府志》卷十九《人物》、民國《建德縣志》卷十四《人物志》：著有《四書／周易訓要》，旁及醫方、地理諸解。

◎民國《建德縣志》卷十三《藝文志》：《周易訓要》，王納表箸。

◎王納表，字乾所。安徽建德（今東至）人。順治四年貢生。性穎悟，博極羣書，潛心理學，日與生徒發明性命宗旨。兩舉賓筵，年八十三卒。又著有《四書訓要》《地理解》《醫方解》。

王培生 易解 不分卷 佚

◎《中州先哲傳·文苑》：著《易解》，大義不越程朱，而疏通簡易，恍然當於人心，多儒先所未發。

◎王培生，字公載，號勇庵。河南寶豐人。康熙二十四年進士，銓瀏陽知縣，晉戶部湖廣司主事。

王裵 周易本義一簣 三卷 佚

◎光緒《江西通志》卷九十九《藝文略》一《國朝》：《周易本義一簣》三卷，王裵撰（《吉安府志》）。

◎王裵，字旦衣。江西安福人。其學以薛文清、胡敬齋為宗。嘗為施閏章言：吾儒靜字主無欲，禪學靜字主無事，閏章甚韙其言。

王佩搢 讀易解象 二卷 存

山東博物館藏咸豐八年（1858）黃縣居易堂鈔本（題榮城縣王老先生所著讀易解象）

◎光緒《增修登州府志》卷四十三《文職》：王佩搢，生員。著有《讀易

解象》《戴經集解》《禹貢集解》。

　　◎光緒《增修登州府志》卷六十一《藝文》、孫葆田《山東通志》卷一百二十七《藝文志》第十：此本仍《本義》原本，而以彖曰為《彖傳》、六爻象曰為《爻傳》，《大象》上加大字，而移於《爻傳》之末，以此為孔子易。本於《折中》，義亦可通。

　　◎王佩擂，字辰山。山東榮成人。生員。

王佩蘭　易讀　二卷　佚

　　◎道光《徽州府志》卷十一之三《人物志・儒林》：著有《易讀》二卷、《學庸講義》《松翠小菀裘文集》《晉亭詩集》若干卷。

　　◎道光《徽州府志》卷十五《藝文志・婺源》：王佩蘭《易讀》二卷。

　　◎王佩蘭，字紉以，號晉亭。安徽婺源（今屬江西）西清源人。乾隆乙酉拔貢，任蘇州府訓導。教士以篤行為先。告歸，閉戶著書。嘗董修武溪族譜，丙午編纂邑志。以子恩注例贈內閣中書，並贈萊陽縣知縣。

王丕揚　易經的新發現　不分卷　存

　　山東藏 1947 年河北省第一監獄鉛印本

　　◎王丕揚（1899～1961），號眉菴。河北深澤人。王孝箴（字勤生）長子。

王丕揚　周易辭解　不分卷　存

　　國圖藏鈔本

王溥注　易　六卷　存

　　欽穀集稿本

王祺　易定解　一卷　佚

　　◎道光《徽州府志》卷十五《藝文志・婺源》：王祺《易定解》一卷。

　　◎王祺，安徽婺源（今屬江西）人。著有《易定解》一卷。

王岊望　少漁讀易記　七卷　存

　　湖北藏咸豐刻本

　　◎光緒《嘉定縣志》卷二十四《藝文志》一：李兆麟序。

　　◎王岊望，字少漁。嘉定（今屬上海）人。諸生。候選訓導。

王洽遠 擊壤老談易 一卷 佚

◎民國《齊河縣志》卷三十四《撰述》:《孝經刊誤註說》《擊壤老談易》《經書說》《靖節詩話》《嶺雲集》,右俱王洽遠著。

◎王洽遠,字澤長,號擊壤老。山東齊河人。庠生。又著有《孝經刊誤註說》《經書說》《靖節詩話》《嶺雲集》。

王清珊 周易簡義 五卷 佚

◎自序〔註38〕:羲經六十四卦,卦辭爻辭最簡奧奇險,曲盡物情。其取象處天機湊拍,匪夷所思。精理奇趣,不但後人無此理想,即古聖再為之,亦必移步換形。註易者拘泥穿鑿,於古聖一縷精思去之愈遠。余於諸經講解,雖極沈晦處,一再探索亦可了然。惟於六十四卦爻象,雖博採眾說,似粗明其大義,一闔卷便覺茫然。甚矣《易》之難讀如此也!敢言箸述哉!易之最古者莫如《連山》《歸藏》,嘗聞之燕生先師曰:「《連山》天易也,《歸藏》地易也,有法數而未有書。《周易》人易也,始有書矣,而不詳於義也。商瞿受易孔子,五傳而至田何,雖有異義,一以象數為宗。自王弼之說出,陰陽占筮皆眠為術數之流,而易晦矣。子曰:『易有聖人之道四焉』,非直有其辭而已。蓋嘗譬之,象數者水之源木之本也,卦有定名則水出木生,而某水某木可知已。六爻則其派與枝葉也,派之通塞、枝葉之華悴,則爻之吉凶也。辭則水之經、木之譜也,學者執經與譜而不復尋其源本,謂學易,可乎?世儒王主理、鄭主象,二家局見,古今所同,顧承學左祖王氏者為多。繇象無筌蹄可尋,而理則管蠡可測也。西漢費氏諸家,其講易多主象數。北宋盛時,河南程子出,師濂溪所學,以接鄒魯之心傳,謂象數卜筮,不足發明易義,於是盡棄漢儒之學說而折衷於理。後數十年,朱子箋註六經,《易》之一書,以《程傳》詳於義理,因言卜筮即易道之一端,補《程傳》所未備。觀於《語類》所載,朱子每自言《本義》未安,未及修改,則其為未定之稿明矣。近世讀易註者,見其無所依據,有以《易憲》為課本者,殊不知其偏駁實甚;有以《廣義》為課本者,其中雖有可取,究亦泥於傳義,而未免於偏駁。前清御纂《折中》《述義》二書,博採漢唐以來諸儒論說,《折中》折義理之中,《述義》折象數之中,務使古聖人所以開天明道而垂教者,推闡無遺,俾天下後世知易之所以為易,進修之全、治平之大,胥於是乎著,而不囿專門以

〔註38〕錄自民國《重修鎮原縣志》卷十五《藝文志》。

隘聖經也。自科舉廢、學校興，余桐昧無知，閒居久賦，甘肅文高等學堂聘為經學教員，日與經書為鄰。而楊鼎臣總辦尤注重《周易》一經，迺取《折中》《述義》二書朝夕披覽，編輯講義，益以李氏鼎祚《集解》、何氏楷《訂詁》、李氏光地《觀彖》、盧氏浙《經義審》及註疏、《通志堂經解》諸家言，擇其說之精當者，約文申義，彙為十卷。以蕪詞冗字，層見疊出，遂大加淘汰。如髮之櫛、如蕊之耨，渣滓漸去，真諦始宣，刪去原稿之半，始克成編。自愧少習舉業，溺志詞章，雕鏤纂組、虛浮無用，年甫三十，始讀有用之書。棄糟粕而咀菁莘，沿枝葉以尋本源，是編先後十年，粗具規模，凡所引用舊說及參用諸說，皆不復識別姓氏，名曰《簡義》，惟取簡約以便初學之誦習云爾。

◎韓城王棣序〔註39〕：夫結繩既代，往籍肇興，於焉提要鉤元，發凡起例，周官所掌三皇五帝之書；左相所能，八索九邱之故，渺乎難稽，缺而弗備。其經尼山所刪定者，《書》以道政事、《禮》以謹節文、《樂》以陶性而怡情、《詩》以勸善而懲惡，原原本本，炳炳麟麟，誠文章之囿田、經籍之典要也。然能兼三才之撰、為五經之原者，其惟《周易》乎？自伏羲畫卦以來，孔子贊《易》而後羣儒踵起，異說朋興。迄於今，溢杼盈箱，汗牛充棟，侍中不能奏其略，鼎祚不能舉其名。承學之徒，入歧路而徬徨，覺方寸其瞀亂。夷嘗綜而論之，漢崇疏註，義理既多影響，次序不無錯訛；宋崇義理，圖極弁諸簡端，象數視為毫末。延壽、京房之輩，誤作卜筮之書；光山、金壇之圖，託為神靈所授。遂致四聖心傳乾坤法象，謬悠已久，傳習無由。而我少堂夫子，奮然起矣。夫子器姿敏、功力深，含咀百家，牢籠千古，書讀潛夫臺下，任隨回樂峯前。頂千佛經，早織登科之記；談當世務，適丁多事之秋。身受困窮，飽經憂患。晦明藏用，故知之者希；安賤榮貧，故守之者固。嘗取《周易》而研究焉，體黜偽以求真，學由博而反約。漢冊疑誤，隻字溝通；宋註是非，片言折正。象數義理兼而有之，禮樂兵刑奐乎尚矣。所著《周易簡義》，立言有則，含味無窮，歷二十餘年苦思冥索以得之，蓋已毛洗髓伐，耳目一新矣！人第見其應變無方、端居多暇，聖經資其羽翼，師範樂其陶甄。張安道之為文，未嘗起草；江文通之夢筆，早已生花。詩有開天風格，文擷史漢精華。策似賈長沙之謀治安，論與王節信相伯仲。頭頭是道，滔滔不窮。固宜領袖乎羣英，不徒韋編之三絕。而《簡義》一書，能發古聖不傳之秘，尤為生平得意之作也。

〔註39〕錄自民國《重修鎮原縣志》卷十五《藝文志》。

他日散落士林，或流布海寓，必有爭先快覩者矣。棣壚憶韓城，宦遊隴坻，巖居夜雨，座入春風。藏輔弼之書，空貽謨於燕翼；讀橫渠之易，曾聽講於虎皮。渥荷栽培，屬為序引。尺素飛來，將取裁於郭璞；《太玄》草就，殊有愧於侯芭。

◎光緒《餘姚縣志》卷十七《藝文》上：清瑚偕弟清槤校經於姚江學署，合觀李鼎祚《集解》、何楷《訂詁》、李光地《觀彖》、盧浙《經義審》及注疏、《通志堂經解》諸家言，恪遵御纂《折中》《述義》，約文申義，彙為五卷。

◎民國《重修鎮原縣志》卷十九《文存》附錄顏永楨《新志書跋語》：鎮原慕喬堂先生，以名孝廉為教官三十餘年。著《春秋輯傳辨疑》百餘萬言，久為士林所欽仰。其次子少堂孝廉能世其家學，少聆鯉庭之訓，長為鴻麗之文，執文場牛耳垂四十年。所著《周易簡義》《十三經要略》《甘寧青歷代大事紀》《求是齋集句詩鈔》等書均待梓。

◎王清瑚，號少堂。甘肅鎮原人。

王勸 易詁 十卷 佚

◎乾隆《諸城縣志》十三《藝文考》第十：王勸《易詁》十卷、《周易三註》十卷、《書詁》六卷、《孝友齋文集》一冊。

◎咸豐《青州府志》卷三十三：王勸《易詁》十卷、《周易註》十卷、《書詁》六卷、《孝友齋文集》一卷（本傳俱不載。見《縣志》）。

◎孫葆田《山東通志》卷百二十七《藝文志》第十：見《縣志》。

◎王勸（1608～1692），字旌淑，號淮南，亦號仲子，原號衰華。山東諸城水西（今屬高密市注溝鎮）人。崇禎九年（1636）舉人。順治四年（1647）進士。歷官宜興、文安知縣。又著有《四書詁》《孝友齋稿》。

王勸 周易三注 十卷 佚

◎乾隆《諸城縣志》十三《藝文考》第十著錄。

◎孫葆田《山東通志》卷百二十七《藝文志》第十：見《縣志》。

王人麟 周易文 二卷 佚

◎民國《蕭山縣志稿》卷三十《藝文》：《周易文》二卷（清王人麟撰）。

◎王人麟，浙江蕭山人。著有《周易文》二卷。